山东利得清算事务有限公司
简介

　　山东利得清算事务有限公司（以下简称利得公司）是一家长期从事企业重整、清算、并购及破产重整、审计、评估、重整招商、资产变现、人员分流安置为一体的专业化服务公司，具有一级破产管理人资格，是山东省破产管理人协会常务理事单位，下设淄博、烟台、青岛三家分公司。

　　利得公司从业人员110多人，其中执业律师86名，注册会计师11名，拥有大量具有多领域资格的专业复合型人才，多名律师同时具有保荐代表人、证券从业资格，部分律师同时具有注册会计师、注册税务师、一级建造师、注册工程造价师、网络工程师等多领域资格。公司聘请了各行业领域多名专家，建立了行业专家库。复合型人才及专家储备有力保障了利得公司全面充分地履行管理职责，极大地推动了重整企业重整期间的生产经营，为业务持续拓展提供了强有力的专业支持。

　　利得公司以破产重整、企业清算为主营，办理了几十家包括央属国企、市属国企、民营公司、外资公司重整清算、资产变现、债权债务清理、工商、税务注销案件等。截至2019年底，利得公司共接受委托办理各类清算重整项目38个，其中房地产企业重整项目十几件，盘活变现破产财产过百亿元。利得公司秉承"为政府解忧、为企业解困、为职工解难"的服务宗旨，面对严峻复杂的房地产破产案件，勠力同心，克服困难，办理了大量房地产破产重整案件，有的成为在本地乃至省内有重大影响的经典案例。2018年，成功完成了威海历史上最大的威海广信房地产重整案、文登区最大的威海中天房地产重整案，其中广信公司破产重整一案，作为山东省"2019年优化营商环境、净化社会环境十大典型案例"备选案例，网络投票排名第一。2019年成功办理了"烂尾"十年、广受瞩目的山东省首例纯外资房地产开发公司威海正土公司"韩国城"重整案。

　　为力争打造山东地区房地产重整专业品牌，利得公司较早进入重整清

1

算行业，建立了全国首家管理人利用产权交易中心挂牌招募重整投资人信息化招商机制。2020 年，作为破产管理人首批成功入驻阿里集团打造的破产管理人招商平台，开辟了对破产企业以及重整清算地产项目的投资人线上推广招募方式，和全国多地从事重整以及清算业务的同行建立了广泛联系，开展全方位合作，参与了大量实体企业包括山东泰汽集团等多家企业的市场退出业务，在房地产企业重整领域积累了丰富的经验。

山东泰祥律师事务所
简介

　　山东泰祥律师事务所（以下简称泰祥所）是一家专注于破产重整清算、金融保险以及资本市场业务的合伙制专业律师事务所。本着勇立潮头，励精图治，重在精尖的办所指导思想，泰祥所业务范围和执业团队不断发展壮大，在破产清算重整、金融保险以及新三板、四板等领域取得了突出业绩，赢得了业内外的普遍赞誉，先后为几十家企业在"新三板、区域性股权交易市场"挂牌交易提供了专项法律服务，进入了全国中小企业股份转让系统（新三板法律服务机构），是齐鲁股权交易中心法律服务机构、山东省直单位定点法律服务律师事务所、山东产权交易中心定点法律服务律师事务所、山东省高级人民法院二级破产管理人等，下设淄博、威海等分所。泰祥所拥有近50名律师，他们毕业于北京大学等国内外名校，接受过高等法律专业教育并拥有长期法律实践经验，具有很高的法律专业素养和业内良好业绩。

　　山东泰祥所与山东利得公司建立了良好的战略合作关系，利得公司办理的多起有影响力的大型房地产重整案件都是由泰祥所合伙人担任项目负责人。创始合伙人闫飞律师具有国家一级注册建造师资格，其主办的广信公司重整案取得了良好的社会效果。高级合伙人孙建生律师具有注册会计师、注册造价师、注册税务师等多项专业资质，主办了正土公司重整案和中天公司重整案，全程参与了广信公司重整案。侯登辉、丛菡、孙婷婷、张宇石等多名律师也都全程参与了利得公司承办的威海博大房地产、华晟永泰置业公司等其他房地产重整案件。多年的地产类重整业务使得一批又一批律师得到历练和成长，进一步增强了履职能力，积累了大量成功经验。

序　言

　　庚子伊始，一场突如其来的新冠肺炎疫情让人们忙碌的脚步停息下来，难得的清静与充裕的时间使我有了闲暇，可以梳理平时思考的破产专业问题。两年来，本律所破产团队迎难而上，知难而进，在超负荷强压力下圆满完成了多起大型破产案件的破产管理人工作，其中一些已成为在本地乃至全省有着重大影响的案例。如何更加科学地规划办案流程，提升团队整体能力，为相关部门和当事者提供参谋借鉴，我思索再三，决定把团队经手办理的几件房地产破产重整案例经验和相关实务操作进行总结归纳。元宵前夜，拥有丰富的房地产破产重整业务经验的律师通过微信群组建了编写小组，利用网上会议系统，召开了《房地产企业破产重整操作指引》编委会第一次交流会，大家集思广益、各抒己见，统一了思想，确立了大纲，明确了重点，并根据各位律师的专业经验和业务特长进行了分工。

　　本书开篇阐明了房地产破产重整程序在盘活土地资源、化解社会矛盾、治理城市烂尾等方面不可替代的作用，让城市建设的决策管理者充分认识到破产重整是通过法定程序，在各方监督下，由管理人实际操作，协助企业摆脱财务困境、恢复经营能力的重要的、专门的司法程序。具体来说，针对烂尾项目而言，破产重整程序就是在司法监督下，由管理人推动，通过再融资、引入投资人等方式盘活资产，建设完成烂尾项目并进行销售，向消费性业主交付房屋或者以销售所得清偿债权的程序。我们力争用案例说明破产重整程序中的司法手段与行政手段的各自作用与基本区别；行政权在治理城市烂尾中无法触及和解决深层次矛盾；司法程序与行政力量结合体现"府院联动"方式的优越性等。文中以一线实务工作律师的独特视角，把利用破产重整程序治理城市烂尾项目的意义向城市决策和建设管理者作一简要陈述。

　　本书第二编主要阐述房地产重整的基本操作流程，管理人在房地产重整的各环节如何充分履责确保重整成功。重整从接受法院指定接管债务人开始，但接管债务人如何运作，破产法以及相应司法解释没有明确规定，基本都是依靠实务操作中的经验积累。这是管理人需首要面对的问题，尤其在房地产重整案中，对债务人的接管以及接管后的财产调查与管理都有很多的特殊性和复杂性。本书每章的开始对重整通用流程先作出说明，并对房地产企业特有的操作实务单独特别论述。关于"债权的申报、审查与确认"一章，《企业破产法》中虽有相关规定，但担任管理人的破产团队仅仅依据《企业破产法》第六章的规定是无法完成纷繁复杂的债权申报与审查工作的，好在全国很多高级人民法院或中级人民法院以及各地律师协会都出台了相应的破产案件流程指引可供借鉴。我们的团队更侧重于从房地产企业独有的工作侧重点来阐述撰写，从业主债权申报表的设计和信息采集重点到房地产企业破产的各种特殊债权的审查，再到债权人会议以及重整计划草案的编写都是整体围绕房地产企业的特殊问题展开论述。

本书第三编是阐述房地产企业破产重整案中目前最具有代表性的一些热点法律问题及流行观点，包括已售房产（网签备案并预告登记的房屋）是否属于债务人财产；应当优先保护的购房消费者的范围和认定标准；消费者购买的未取得商品房销售许可的房产是否应该保护；消费者所购房产已办理了抵押的是否应予以优先保护；大量为抵债而签订的房屋买卖合同是否可以要求继续履行或行使取回权；以房抵债破产前已经交付债权人的房产，管理人可否收回；购买商铺（非住宅）破产前已经完成交付的，管理人是否应当继续履行合同，交付是否以建筑物达到法定交付条件为依据（单体验收）；进入破产程序是否是阻却普通债权人要求继续履行合同的法定事由等法律问题。我们对办理的多起房地产重整案衍生诉讼的相关判例进行了梳理分析和总结，以期将法院目前对房地产重整程序中以上热点问题的主流判决观点作出评判并呈现给大家。

我们办理了多起社会矛盾比较突出、涉众较广、牵涉民间借贷资金量大以及"烂尾"时间长（最长10年）的大型房地产企业破产重整案。其中，威海广信房地产重整案作为山东省高级人民法院"2019年优化营商环境、净化社会环境十大典型案例"备选案例，网络得票排名第一，该重整案之后已经成功向消费性购房户交付房屋1000多套。截至目前，我们办理的所有房地产重整案重整计划草案全部由债权人各组自行表决通过，无一例法院强裁，无一例转破产清算，重整成功率达百分之百。我们期待通过本书将一些经验与大家一起分享，希望破产管理人、代理房地产衍生诉讼的律师同仁、拟进入破产程序的企业负责人以及准备参与或正在参与房地产重整的投资人，能通过本书有所启发和获益。

正写序言之时，手机头条推送了一条新闻，2020 年，受新冠肺炎疫情影响，未来一段时期内国内外大部分行业将不可避免受到冲击，房地产行业也不例外。据人民法院公告显示，2020 年开年至 2 月 10 日，全国已有约 96 家房地产相关企业宣告破产，而这仅仅是个开始，随着疫情进一步蔓延，未来更加不可预知，由此深感编写此书的必要。

编者

2020 年 2 月 11 日

目　录

第一编
房地产企业破产重整概述

　　本编主要阐明了房地产重整程序在解决盘活土地资源、化解社会矛盾、治理城市烂尾项目等方面具有不可替代的作用，让城市建设的决策管理者充分认识到破产重整是通过法定程序，在各方监督下，由管理人实际操作，协助企业摆脱财务困境、恢复营业能力的重要的、专门的司法程序。

　　针对烂尾项目而言，破产重整程序就是在司法监督下，由管理人推动，通过再融资、引入投资人等方式盘活资产，建设完成烂尾项目并进行销售，向消费性业主交付房屋或者以销售所得清偿债权的程序。我们力争用案例说明重整程序中的司法手段与行政手段的各自作用与基本区别；行政权在治理城市"烂尾"中无法触及和解决的深层次矛盾；司法程序与行政力量结合体现"府院联动"方式的优越性等。文中以一线实务工作律师的独特视角，把利用破产重整程序治理城市"烂尾"的意义向城市决策和建设管理者作一简要陈述。

第一章
房地产企业破产重整的意义

烂尾项目尤其是烂尾楼已经成为严重影响社会稳定和金融安全的重大社会问题，它不仅浪费大量社会资源，透支社会信用，影响城市形象，也给当地经济和产业发展埋下大量隐患，依法妥善解决烂尾楼问题已成为政府必须面对的重要工作。

一、烂尾项目存在的普遍性问题以及行政权治理"烂尾"的局限性

(一) 烂尾楼项目成因及存在的普遍问题

烂尾楼成因复杂，但总结起来主要由以下几种情况造成，一是项目开发商在缺乏足够建设资金的情况下，仅靠部分启动资金盲目建设，由于开发商实力不足，经营不善，未能如期收回投资，导致项目建设停滞；二是开发商对市场供求产生错误判断，项目操作资金过于庞大，房屋大面积空置，资金长期积压并最终无法承受形成停滞；三是受诸多大环境冲击和政治经济政策和其他不可抗力因素的影响，造成项目下马；四是开发楼盘已经完工，但因欠费等原因致使相关手续不齐全，无法办证，除此之外也不能排除个别开发商预先设置陷阱进行诈骗。种种原因形成的烂尾楼情形都会引发大量的社会矛盾，主要有以下几个方面。

1. 无法向业主交付房屋

烂尾楼项目，表面上看是因为资金问题，而本质上是资金、运作模式、各种利益交织形成的，具体表现为无法向已经支付全部或大部分房款但尚未取得房屋所有权的购房者交付房屋，一些大的烂尾楼项目会造成成百上千户业主利益无法实现和搬迁户回迁等问题，时间拖延越久矛盾愈加突出，严重时会引起群体上访及极端事件的发生。

2. 民间借贷债权人的维稳问题

高利贷维稳问题是房地产企业形成"烂尾"后一个非常热点的问题。受

金融政策调控的影响，大部分房地产企业难以获取正常的银行贷款，转而以抵顶房子的形式向社会资本进行借贷，由此大量民间资金以高利贷的方式汇集到地产项目当中，而项目一旦"烂尾"，民间借贷参与人的权益则无法实现。相较于金融机构的借款而言，高利贷的出借人往往都是自然人，一般不享有抵押权，大都通过抵顶房产和创设新的担保模式办理网签备案或预告登记等进行放贷，该群体出借人数众多，金额巨大，笔者办理的个别房地产重整案件中借入的民间资金高达 18.92 亿元，其中通过内部职工借入的高达1.55 亿元。"烂尾"后该部分借贷人会持抵顶借款后签订的房屋买卖协议以买房人的名义维权，通常比消费性购房户采取的维权方式还要激烈，因此，高利贷出借人在房地产企业"烂尾"后是一大不稳定因素，给政府带来巨大的维稳压力。

3. 欠付大量的工程款难以启动恢复工程建设

开发企业资金紧张或资金链断裂后，施工企业采取的最简单的维权方式就是停止施工，导致欠付农民工工资，这也是"烂尾"的主要原因。工程停工后由于开发商不能拨付工程款，施工单位会通过诉讼拍卖变现在建工程执行工程款，而在建工程是房地产的主要资产，拍卖在建工程会加剧预售房屋购买人的恐慌，从而使其进一步采取多种手段进行维权，其重要诉求就是要求政府相关部门恢复烂尾项目的工程建设。在前期工程款未获清偿，后期工程款也无保障的前提下，施工单位无法恢复施工，这种情况下烂尾项目的续建将遥遥无期，因此烂尾楼是否恢复施工以及如何恢复施工，是需要解决的突出难题。

4. 法律关系错综复杂

相对于其他企业而言，房地产企业涉及的债权更为复杂，其债权人不仅包括常规的金融机构、税务机关、职工、民间借贷债权人等，还涉及公积金中心、购房户、建设工程承包商、材料供应商、农民工等特殊主体。烂尾工程无法正常融资，民间高利贷盛行，大量新型的如网签备案加预告登记的让与担保以及以房抵债等担保模式出现，同时对已抵押房产对外出售会造成消费者与抵押权人的权利冲突。在建工程抵押权、建筑优先权以及消费性购房优先权三种权利相互交织，各类债权人与烂尾企业的诉讼生效判决在执行中会涉及各种债权清偿顺位等问题，在"烂尾"后期公司深陷多重多项债务，各种诉讼保全和执行中查封措施在原有已形成的复杂的法律关系上会形成新的连环法律问题。以上各类问题环环相扣，矛盾层层叠加，"烂尾"时间越长，问题越复杂。

（二）行政权解决烂尾项目的局限性

处理和解决好烂尾楼问题，整治市容市貌，盘活闲置土地资源，促进房地产业健康有序发展，政府能发挥出其固有的强大作用，无论是从解决社会矛盾向购房户交付房屋还是从优化城市形象盘活土地资源等角度看，都得靠烂尾楼盘活，重点是恢复施工，最终目的是让项目实现"重生"。目前来看，全国各地方政府都比较重视，对城市烂尾项目的治理也都被提上议事议程，相继出台了整治和处理烂尾楼的有关地方性文件，对治理"烂尾"也发挥了重要作用。具体来说，行政权在解决烂尾楼方面存在以下局限性。

1. 政府介入"烂尾"治理权力行使边界模糊

政府究竟如何介入烂尾楼的续建，介入深度和广度、公权力充分行使与对私权利干预的最小化是首先需要解决的。笔者浏览了各地出台的治理"烂尾"的地方性文件，内容多集中在落实各级责任主体以及涉烂尾项目的土地规划等相关扶持政策上，大多偏重于宏观，涉及具体问题时，广东省珠海市提到项目转让需经原业主三分之二以上同意，山东省提出了切实保护购房消费者债权优先权的原则。烂尾项目中，政府往往要面对大面积的购房户上访维权以及农民工讨薪等非常激烈的具体诉求，解决具体问题首先要做的是摸底调查，核实掌握基本情况，从楼房销售，农民工欠薪具体数额，到停工时项目土地抵押、法院查封等。很多具体问题需要调取企业的账目才能查清，这就出现了需要原开发商配合甚至于提供账册账目的问题。由于大多烂尾项目开发商都跑路了或根本找不到原开发商，能找到的也可能不配合，摸底很容易陷入困境。在没有证据证明原开发商或管理层涉嫌相关刑事犯罪具备刑事立案的条件下，法律并没有赋予政府或其他相关部门去核查或调取一个公司的经营账目的权利。即使涉嫌犯罪，相关部门也只能围绕犯罪展开调查，无法对"烂尾"后形成的法律问题作出结论以及为形成的社会矛盾提出解决方案。行政权很难全面介入产生烂尾项目的破产企业中，但很多具体问题的解决必须要全面介入甚至接管企业才能搞清楚。

2. 行政权直接介入烂尾项目深入解决具体问题存在难度

其实恢复工程建设属于启动生产，按道理来说属于一个企业自主经营范围内的事，烂尾项目启动恢复施工，一是要解决开工主体和开工资金。建设项目所有开工手续都是办理在原开发商名下，要启动工程恢复工程建设，还要以形成烂尾楼的原开发商作为主体，并以其名义融资，原开发商账户和资产往往都被层层查封冻结，在"烂尾"前已穷尽了所有借款手段，不解除冻结查封是不可能再融到开工资金的。二是要解除烂尾项目的层层查封与冻结。实践中政府或相关部门都会组织债权人召开协调会，但查封和冻结解除只能凭全部债权人自愿，即便是现有债权人全部同意解除，也无法确保出现新的债权人重新采取查封或冻结，只要资产和账户都处于查封和冻结状态，烂尾楼的复活就没有可能。

3. 政府无法确认各类债权及其权利顺位等法律问题

《中华人民共和国企业破产法》（以下简称《企业破产法》）颁布时尚没有房地产企业破产，《企业破产法》中几乎没有专门调整房地产破产的条款。司法实践中法院对房地产破产衍生诉讼许多热点法律问题尚没有统一的法律依据，政府在面对各类上访维权主体时，无法从行政权的角度作出正确的判断和准确的答复，即使让律师、政府法律顾问和法制办等参与答复，由于无法全面客观掌握所有的一手资料，也很难作出令人信服的解释，即使能作出一定的解释也不能解决恢复工程建设交付房屋等实质问题。如上所述，政府在面对大量的购房户和农民工上访维权时，难以甄别谁应该得到优先保护，如果政府迫于压力垫资建设，各类债权人之间权利如何分配也难以解决。烂尾楼盘活单靠行政和市场手段，资金成本和时间成本都会很高，也很难从根本上解决问题，很多烂尾项目在这种协调推进过程中往往一拖就是几年，最终还是无法盘活。

二、利用破产重整程序启动烂尾项目的优势

目前很多行政机关以及企业对于破产制度的积极意义了解很不充分，将"破产"简单理解为"破产清算"，而完全忽略了重整制度的"企业拯救理念"及其救赎功能。《企业破产法》第2条规定："企业法人不能清偿到期债务，并且资产不足以清偿全部债务或者明显缺乏清偿能力的，依照本法规定清理债务。企业法人有前款规定情形，或者有明显丧失清偿能力可能的，可以依照本法规定进行重整。"因此治理城市"烂尾"应当依法积极推动形成"烂尾"的企业进入重整。

（一）重整是治理烂尾项目的有力措施

通过重整可以为形成"烂尾"的房地产企业松绑。在烂尾项目进入破产程序之前，围绕烂尾项目的所有诉讼尚不能依据《企业破产法》由法院统一管辖，法院对各自受理的案件各自裁判分头执行。普通债权人申请执行烂尾项目下的房产，必然引起购买相应房产的购房户提出执行异议，工程款优先权的执行也会面临同样问题。施工方在申请执行建筑优先权，查封拍卖所属烂尾楼项目公司名下的房产时，大量的购房户包括办理网签手续的其他非购房户债权人都会提出执行异议或执行异议之诉。加上民间借贷等各类普通债权人在产权登记部门也办理了相应的网签备案等手续，也纷纷主张权利保护。实践中出现个别开发商将应当安置百姓的回迁房产抵押给银行，银行申请执行回迁户会向法院提出执行异议，会出现各类权利人相互交叉提出执行异议或执行异议之诉，各类权利都无法得到真正的确认和执行。进入重整程序后，《企业破产法》第 19 条规定："人民法院受理破产申请后，有关债务人财产的保全措施应当解除，执行程序应当中止。"为保障对企业的挽救，《企业破产法》第 75 条第 1 款规定："在重整期间，对债务人的特定财产享有的担保权暂停行使。但是，担保物有损坏或者价值明显减少的可能，足以危害担保权人权利的，担保权人可以向人民法院请求恢复行使担保权。"更重要的还可通过重整程序将属于债务人的资产释放出来。以我们团队办理的广信公司重整案为例，法院受理广信公司破产时二期 23 万平方米近 2000 套房产无一套在广信公司名下，全部网签备案给了各类债权人，但已经停工 23 万多平方米的"半拉子"工程达到综合验收需要后续建设资金约 4 亿元，如果仅依靠破产法停止执行，解除查封，暂缓担保物权的行使，还不足以具备盘活一个烂尾楼盘的条件，除了执行程序可以中止查封得以解除之外，最重要的是在重整程序中将网签备案给普通债权人的房产全部释放，法院通过裁定将网签备案或办理预告登记给普通债权人名下的房产全部解除。以广信公司重整案为例，通过法院裁定收回一共三批网签备案在普通债权人名下的房产，住宅 608 套建成值 5.27 亿元（不含重整期间新办预售的洋房），商业办公 169 套建成值 1.99 亿元（含 3 套预留给恒丰银行的大商铺），产权车位 975 个，人防车位 211 个（不含待定），建成值 1.1 亿元，总计约 8.36 亿元的房产。因为有了回收房产作为基础，整个 23 万平方米的"半拉子"工程继续施工才有了保障，才能依据《企业破产法》的规定在重整期限内重启工程建设，引入了投资人并按重整计划在一定时间内将烂尾工程进行完善达到综合验收，最终将烂尾企业财产以最高的价值给各类债权人清偿债务，正是《企业破产法》的这一系列法律规定及司法保障措施才使债务人得以松绑，可以说如果没有司法重整程序的有力保障，烂尾项目很难顺利盘活，并且这一系列的措施只有在重整程序中才能实现，针对烂尾企业大量的个案执行和查封等措施只会加剧对企业的捆绑程度，最终结果是各类债权人的目标和利益会随着"烂尾"的形成而无法实现。所以说，重整无论从哪个方面来说都是治理城市"烂尾"效果最好、最有力的措施。

（二）符合法定条件尽快进入重整程序不要轻易宣告破产清算

房地产开发兼有劳动密集、资金密集的特点，消费市场和金融市场交织，涉及重大民生和社会秩序稳定。所有"烂尾"重整都是为了复工盘活，一旦宣告破产后资产无人竞拍陷入僵局后复工就会被搁置。大型复杂的"烂尾"项目在立案时可做相应的技术处理，提前预计案件清产核资的复杂性和重整招募投资方的情况，可以先申请破产清算，给管理人清产核资留出时间，出现潜在投资方时及时转入重整程序，避免在法定重整期间无法完成重整工作，造成重整程序无限拖延。进入破产程序的房地产企业义务负担重，利益冲突大，若简单宣告破产后变卖，债权受偿的法律效果差，还可能引发群体性事件。以笔者团队办理的正土房地产开发有限公司（以下简称正土公司）重整案为例，正土公司为山东省内韩资独资房地产开发企业，开发建设的韩国城项目总建筑面积约 10 万平方米，因资金不足和经营不善，工程自 2009 年起便全面停工，2016 年 8 月威海经区法院受理正土公司破产清算，最终因资产拍卖价格较高、投资过大经过两次拍卖一次变卖都无人问津，导致该烂尾项目一度搁浅。2018 年 7 月 24 日威海经区法院重新裁定受理正土公司重整案，2019 年 4 月（仅用了 9 个月）便通过重整计划恢复了工程建设，此案是利用重整程序将 10 年的烂尾楼盘活的经典案例。值得一提的是实践中出现的重整式清算，主要是围绕烂尾楼盘活及其保值增值开展工作，烂尾楼也只有复工续建达到验收办证的情况下才能有效克服单一破产清算的弊端。为避免找不到重整投资人简单宣告清算拍卖资产出现的永久性搁置，一般由管理人或原债务人申请自营业，将未完工程进行完善，待通过综合验收达到办证条件后，再宣告破产进入清算程序。这种情况下虽然宣告破产清算，但可以向购房户交付房屋，建筑优先权、抵押权等债权人的权利随着建筑物完善也会得以实现，其他所有普通债权人也能得到清偿保障。重整式清算虽然不属于企业破产法规定的法定程序，但它是在没有重整投资人情况下的一种创新操作模式，值得推广。

（三）通过重整指定的管理人对形成"烂尾"的企业全面接管

企业进入破产程序后，法院可指定破产管理人，根据《企业破产法》的规定，破产管理人履行下列职责：（1）接管债务人的财产、印章和账簿、文书等资料；（2）调查债务人财产状况，制作财产状况报告；（3）决定债务人的内部管理事务；（4）决定债务人的日常开支和其他必要开支；（5）在第一次债权人会议召开之前，决定继续或者停止债务人的营业；（6）管理和处分债务人的财产；（7）代表债务人参加诉讼、仲裁或者其他法律程序；（8）提议召开债权人会议；（9）人民法院认为管理人应当履行的其他职责。如上所述，行政权在面对形成"烂尾"的原开发企业时，根本无法全面介入，对很多问题的调查都是隔靴搔痒，但进入破产程序后管理人将全面接管企业。《企业破产法》第25条规定，管理人的所有职责，从公司治理上基本替代了依据公司法原破产企业董事会的所有职权，此外还有企业破产法赋予的或人民法院认为应当履行的职责。管理人在接管破产企业后展开的所有工作，除了全面接受法院的指导外，更重要的是与负责调度该烂尾项目的政府部门全面对接，管理人基本都是由法律、财务等企业重整方面的专业人才组成，其对破产企业形成的所有调查结果、存在的问题、救赎企业复工建设的工作思路以及与债务人有关的各项评估审计报告都会与政府部门进行无缝对接。实践中，绝大部分管理人会将破产的相关工作进展以及需要政府相关部门解决的问题等，形成破产案件管理人执行职务的工作专报定期上报地方党委或破产领导工作小组。笔者办理的广信公司破产案，管理人上报地方党委政府以及破产工作领导小组的各类专报接近上百份。事实上除了一些纯专业性法律问题，围绕破产企业展开的其他所有工作基本都是按地方党委政府的建议进行，甚至对一些争议较大、涉及面较广的影响重整进程的重大疑难法律问题也要报告党委政府，或由法院、管理人与破产工作领导小组反复研究共同决定。在重整程序中，地方党委政府通过对管理人的全面调度，相当于通过司法权的重整，间接对形成"烂尾"的企业进行了接管和控制，从而使行政权在治理"烂尾"的过程中找到了强有力的抓手。

（四）继续开展营业借款列为共益债工作

"烂尾"之前房地产企业普遍存在土地使用权抵押、欠付建设工程价款等情况，复工资金的优先受偿将会与抵押债权、建设工程债权等产生冲突，如不妥善解决，将会严重影响复工资金的注入和工程复工。《最高人民法院关于适用〈中华人民共和国企业破产法〉若干问题的规定（三）》（以下简称《破产法司法解释三》）第2条规定，破产申请受理后，经债权人会议决议通过，或者第一次债权人会议召开前经人民法院许可，管理人或者自行管理的债务人可以为债务人继续营业而借款。提供借款的债权人主张参照《企业破产法》第42条第4项的规定优先于普通破产债权清偿的，人民法院应予支持，但其主张优先于此前已就债务人特定财产享有担保的债权清偿的，人民法院不予支持。这一规定进一步明确了烂尾项目启动先期建设资金可列入共益债，优于其他普通债权清偿在法律上得到优先保障。笔者团队2018年办理的广信公司重整案就是一起利用借入共益债务快速启动烂尾楼建设的典型案例。法院裁定广信公司重整时，上千名业主要求立即恢复工程建设，但清理原债务人几十个账户后总计余额不足几千元。迫于恢复建设及尽快交房的压力，管理人果断决定先行恢复生产经营，采用续建式重整方式，一手启动生产经营一手抓清产核资，通过共益债的方式引进5000万元资金，最终在法院受理破产后一个月内便将23万多平方米的工程全面恢复建设，截至重整计划通过管理人将破产企业交付给重整方时，管理人通过自行融资以及清收的各类款合计9000余万元全部用于工程建设，重整期间管理人自营业产值达1.2个亿。广信公司破产项目是当地政府有史以来唯一一个没有政府投入资金而由管理人自行恢复生产并完成重整的破产项目。

（五）通过破产程序确认各类债权人的权利及其顺位

《企业破产法》赋予破产管理人的一项重要职责就是接受债权申报和对债权进行初步审查。该法第113条确立了破产财产在优先清偿破产费用和共益债务各类债权的清偿顺序，房地产企业进入重整后，首先从债权清偿排序上就突破了《企业破产法》第113条的规定，管理人首先要对消费性购房人进行梳理确认，确认中遇到的最大问题和常见现象就是签订了以房抵债的各类债权人都以消费性业主优先权主张权利。其次是工程款优先权的确认，包括以上两项优先权在内的抵押权债权人、职工债权人、高利贷出借人等在内的各类债权人，进入破产程序后都通过申报债权的方式，由管理人进行初步审查后交由债权人大会核查，经债权人大会核查无异议后最终报法院确认债权，对管理人确认的债权有异议的还可以通过法院提起破产债权确认异议之诉，破产后以上各类债权确认诉讼都统一由破产法院管辖。根据现行法律法规及司法解释，确认的债权依次按破产费用及共益债务，被拆迁人、购房人、购房人定金返还、建设工程价款、担保物权，工资等劳动债权，税收债权、无担保民间借贷及以房抵债等普通债权和其他债权顺位进行排序，并按法定顺位依法获得公平清偿，从而彻底依法化解因长期烂尾延期清偿债务而诱发的各类社会问题。

（六）充分利用法院对重整计划的强制批准权

在破产重整程序中，管理人通过公开招募，重整方缴纳一定保证金后由管理人或重整方制作重整计划，重整计划在经债权人分组表决通过后报法院执行。根据《企业破产法》的规定，重整计划草案未获得各表决组一致通过时，如果符合法律规定的条件，法院可以直接以裁定的方式批准通过该重整计划，这就是重整计划的强制批准。威海半岛蓝庭项目由于开发商资金链断裂而停工。该项目牵扯土地房产被抵押、拖欠农民工工资、搬迁户逾期回迁、无法向购房户交房等多个问题，涉及群众1300多人，矛盾问题错综复杂，社会反响十分强烈。为妥善解决问题，文登区多次召开专题会议，反复研究探讨，提出了"依法依规、公开公正、确保稳定"的总体原则，明确了"政府介入引导、市场化解决"的工作思路，于2016年底启动了处置程序，法院牵头实施破产重整，在普通债权组未通过重整方案、盘活可能再次搁浅的情况下，为避免各类债权人更大的损失，果断依据《企业破产法》的规定行使强制批准权，维护了各方主体利益的平衡，为工程复工赢得了时间。目前该案重整计划执行顺利，后续工程已经全部完工。

三、"府院联动"治理城市房地产烂尾项目

"府院联动"治理城市烂尾项目就是指政府各职能部门和法院相互协调、信息互通，必要时可以设立联动会议办公室等机构，对烂尾项目做到提前预

防、及时救助、有序进入司法程序，以最快捷的效率、最低廉的成本、最合理的方式、最合法的程序推动烂尾项目治理的机制。"府院联动"机制的核心是法院主导法定程序，政府参与协调解决非法定程序的其他相关事务，通俗地讲就是"该法院做的法院做，该政府做的政府做"。房地产企业破产因涉及的法律关系复杂，群体庞大，单纯依靠司法程序往往难以解决所面临的复杂问题，因此"府院联动"显得尤为必要。

（一）建立"府院联动"机制的必要性

1. 供给侧改革政策的需要

中央经济工作会议提出要尽可能多兼并重组、少破产清算，做好职工安置工作。地方政府作为政策执行者，应当根据供给侧改革的经济政策要求，推动并服务于调结构与去产能，服务于处置"僵尸企业"，这其中就包含通过"府院联动"机制服务于法院审理破产案件，解决破产程序衍生的一系列问题。

2. 国务院明确要求

国务院《优化营商环境条例》直接将县级以上地方人民政府建立企业破产工作协调机制上升为法律法规明确的法定职责范畴。国家发改委等部委《关于进一步做好"僵尸企业"及去产能企业债务处置工作的通知》即要求"建立政府法院协调机制"，支持各级人民法院按照法定条件受理各类破产申请。因此，快速推动破产拯救功能，建立或优化常态化、制度化的"府院联动"机制是政府工作的一项重要的内容。加强府院互动协作，建立并完善一套既符合中国国情又遵循司法规律的"府院联动"机制，有助于破产法律制度的顺利实施，实现破产法的功能。

3. 最高人民法院规定

《全国法院破产审判工作会议纪要》明确了进一步完善破产重整企业识别、政府与法院协调、案件信息沟通、合法有序的利益衡平四项破产审判工作机制，政府与法院协调作为四项工作机制之一予以进一步明确。各地法院对于房地产等涉及面广、金额较大、影响广泛的企业破产一般也要求建立"府院联动"机制，受理前应当积极争取政府的支持，加强请示汇报及加大与地方政府沟通协调力度，积极协调地方政府联合各有关职能部门全程配合法院，做好破产案件审理中属于政府应当承担的相关职责。

（二）法院、政府在"府院联动"机制中各自的职责

1. 法院独立履行的法定程序

在破产程序中，法院履行的法定程序包括立案审查与受理、指定或更换管理人、裁定受理案件后通知已知债权人并予以公告、确定管理人报酬、确定债权申报期限、终结破产程序或终止重整、和解程序、裁定批准重整计划、终止重整程序并予以公告、裁定和解、召集债权人会议讨论和解协议草案、裁定破产财产变价方案、裁定破产财产分配方案、裁定破产法规定的其他相关事项、召集第一次债权人会议、审理破产案件产生的衍生诉讼、债权确认之诉以及通过裁定收回属于债务人的网签备案在普通债权人名下的财产等，根据《企业破产法》的有关规定对相关人员处以罚款、训诫、拘留、监督管理人依法履职等。在整个破产程序开展过程中，法院居于主导地位并由法院依法推进。

2. 政府在房地产企业破产重整程序中的主要职责

房地产企业重整除了需要法院通过法定的程序解决债权确认、债务清偿顺位、重整计划草案的批准等破产法问题外，还会产生一系列需要政府履行职责解决的与破产相关的需要政府协调解决开工许可、开发资质恢复、完成土地拆迁土地使用年限延长、规划涉及容积率的调整、回迁安置房选房及交付、开发土地及项目手续完善、不动产登记证书办理、商品房购销合同备案、预告登记、过期查封等行政手续办理与撤销、社会稳控及其他大量的社会协调工作。此外，政府还要参与协调金融债权人，债权人会议的外围交通疏导、管制，必要时落实税收、土地等帮扶优惠政策，参与战略投资人的洽谈，协助重整计划制定，协助管理人共同做债权人投票工作等，促进重整计划或和解协议、清算变价、分配方案通过等。在破产重整程序中，有的重整投资人与政府洽谈的相关重整优惠扶持条件等会列入重整计划作为参与重整或执行重整计划的必要条件和前提，需要政府履行相关承诺的，重整方会要求政府单独做出相关承诺。在此方面，各地政府做法不一，山东威海对部分案件的做法是政府部门在企业进入破产程序前期即参与企业稳定防控预案制定，必要时协调解决流动资金，指导企业安全生产，协调开工许可证更换等。

（三）"府院联动"机制的发起模式及政府的角色与定位

1. "府院联动"机制的发起模式

从各地实践看，主要分为两种模式：一种模式是政府主动服务型，即房地产企业在项目烂尾后，在企业（债务人）自救、债权人与债务人主动和解无效债权的追债的情况下，启动破产程序，并寻求政府帮助。政府主动服务企业，指导并帮助企业梳理存在的问题，整理立案资料，开展重整价值及可行性分析，协助草拟重整计划草案或预重整方案，主动与法院对接、协调，建立政府与法院的互动，推动企业进入破产程序。涉及农民工工资、回迁安置、商品房买卖或其他群体性纠纷或事件，政府主动作为，引导并帮助企业解决问题，无法解决时，引导并帮助房地产企业启动破产重整、和解或清算程序。政府主动与法院对接沟通，建立政府与法院的工作联席机制，或者以政法部门召集政府与法院召开会议的方式建立联系，形成"府院联动"机制。另一种模式是应法院要求政府参与型，此种模式主要是房地产企业在面临各种困境后，在自身无法恢复建设和解决存在的问题的情况下自行要求启动破产程序，并依法向法院提出破产重整申请。法院接受相关立案材料后，经初步审查认为符合立案条件，但考虑到一系列复杂因素，主动以召集会议、发函等方式与房地产企业所在辖区的政府联系，要求建立工作协调机制，向政府介绍破产程序的有关情况及程序启动后可能需要政府协调的事项，听取政府对于该房地产企业破产重整的意见，或直接向政府提出建议支持企业启动破产重整。在组织形式上，政府可根据本地烂尾项目实际状况，成立由市领导挂帅的领导小组，经统一协调进入司法程序的案件，个别影响范围广，社会反映强烈的烂尾项目实行区域领导包干制度，一抓到底。在工作机制上建立由分管领导、法院、住建、公安、税务等各相关部门组织的联席会议制度，严格按照"工作项目化、项目清单化、清单责任化"的原则，实施信息共享、定期调度、督查奖惩等配套机制。确保各参与部门工作有章可循、有据可依，有序稳妥快速推进。

2. 政府在房地产企业破产重整程序中的角色和定位

首先，"府院联动"机制是法院主导司法程序推进的破产案件一体化处理模式，但不是房地产企业破产重整程序的主导因素，而是协助解决有关行政职能的事务，以及社会稳控等问题。破产管理人在房地产企业破产程序启动上应当自行承担主体责任，政府也应当准确定位，发挥引导、推动功能。其次，"府院联动"机制下应把握好司法权与行政权在房地产企业破产程序中的边界。房地产企业申请破产后即为法院的一个案件，案件审理必须回归法院的审判职权领域，在案件程序推进中涉及或衍生的社会问题的解决，则是政府的职责领域，政府既不能缺位，也不能越位，而法院更不能够让位。在破产立案进入司法程序前，很多地方政府对开工续建、接待上访在内的维稳工作都义不容辞，一旦法院立案后，诸如生产经营筹集资金、开工建设、上访维稳等都应让法院来做，比如说立案后在应对购房户以及债权人上访问题上出现职责转移。究竟是由谁来负责答复接待呢？可能更多的还是应该由政府承担维稳责任，如破产立案后到政府上访的主要是围绕复工续建、燃气、水电暖供应等一系列诉求，属于政府各个部门相互协调才能解决的。烂尾楼盘进入司法程序后，建议对积累的比较突出的重点诉求，政府应当与法院紧密配合，在应对规模上访等稳控方面应当统一研究应对方案，统一口径对外答复。再次，"府院联动"机制中政府应站在优化营商环境的高度看待自己的角色定位。对于政府而言，招商引资、项目落地环节需要营造良好的营商环境，房地产企业项目开发过程中需要营造良好的营商环境，尤其在房地产企业出现困难甚至因资金链断裂、项目烂尾陷入困境后更需要有良好的营商环境，帮助有重整价值的烂尾项目起死回生。对烂尾闲置资产的招商工作，威海市从2019年开始把全市的烂尾闲置资产纳入全市统一招商的大盘中，将烂尾闲置资产作为招商引资的重要合作载体，全面开展信息梳理、项目包装、推介合作等工作。总之，烂尾楼盘进入司法程序后，政府仍应当与法院紧密配合，把控时机，确保每个重整案件能找到最适格的重整投资人。

3."府院联动"工作机制应贯穿整个重整程序

首先，"府院联动"应当建立在对城市烂尾治理工作的摸底调查阶段，政府应该主动出击，直面矛盾，本着便于承接项目的原则，对闲置资产进行分析研究，对每处闲置资产的原来用途、所在区域、产权单位、占地面积、建筑面积、手续办理等情况一一厘清，形成闲置资产信息数据库，实施动态管理，对已盘活利用的资产进行"销号"。尽早与法院破产审判团队和专家进行对接，在通过摸底排查掌握基础情况的同时，依法将符合重整立案条件的烂尾项目直接分流推动进入重整程序，邀请具有破产专业经验的社会中介机构全程参与调查并出具相应法律意见，确保对于符合破产立案条件的烂尾项目在源头上分流进入重整立案。其次，"府院联动"工作机制应当贯穿重整案件的每个环节，包括启动立案后复工建设中政府协同办理所有复工的报备批准手续、重整方招募、重整计划的制订到重整计划的执行阶段等。在烂尾项目重整恢复工程建设面临的普遍性问题上，政府应及时和相关部门沟通，尽快研究出台有针对性的地方性政策，疑难问题实行一事一议制度。通过"府院联动"工作机制，使行政权和司法权高效紧密结合，在影响范围广、社会反映强烈的烂尾项目重整盘活中发挥其最大的优越性。从各地的实践看，启动司法重整程序并采用"府院联动"工作模式，已成为各地治理城市烂尾项目的最成功方式。

四、实务经验总结

城市建设中的烂尾项目是长期影响社会持续稳定、经济平稳发展和人民安居乐业的重大问题，妥善解决这一问题是一个重大的系统工程，是整个社会治理体系是否完善的重要标志，也是检验国家治理能力和水平的展现平台。在这项系统工程中，相关职能机构必须在法律授权的职责范围内科学决策，依法履职，精准施政，充分发挥好各自的职能作用，只有这样，才能彻底解决这一城市建设发展历史上长期存在的顽疾。

第二编

房地产企业破产重整基本操作流程

　　本编主要讲述房地产企业破产重整的基本操作流程，涉及管理人在房地产企业破产重整的各环节如何充分履责确保重整成功。重整从接受法院指定接管债务人开始，但接管债务人如何运作，破产法以及相应司法解释没有明确规定，基本都是依靠实务操作中的经验积累。这是管理人首要面对的问题，尤其在房地产企业破产重整案中，对债务人的接管以及接管后的财产调查与管理具有特殊性和复杂性。本书开始对重整通用流程先作出说明，并对房地产企业特有的操作实务单独特别论述。关于"债权的申报、审查与确认"一章，破产法中虽有相关规定，但担任管理人的破产团队仅仅靠《企业破产法》第六章的规定是无法完成具体纷繁复杂的债权申报与审查工作的，好在全国很多高级人民法院或中级人民法院以及各地律师协会都出台了相应的破产案件流程指引可以借鉴。我们团队更侧重于从房地产企业独有的工作侧重点来阐述撰写，从业主债权申报表的设计和信息采集重点到房地产企业破产的各种特殊债权的审查，再到债权人会议以及重整计划草案的编写都是整体围绕房地产企业的特殊性展开论述。

第二章

接受法院指定并接管债务人

第一节　接受法院指定

法院向管理人送达受理破产裁定书和指定管理人决定书后，管理人应在第一时间刻制管理人印章和开设管理人账户，其中刻制管理人印章应由法院为管理人出具相关证明文件。

法院指定管理人后，管理人应当立即组建项目组，确定项目组负责人及成员分工，并将项目组成员名单向法院报备，管理人同时应当制定出全套的内部规章制度（如《债权审查规则》《印章使用管理制度》《财务收支管理制度》《差旅费报销制度》《发文存档管理制度》等）向法院报备。

第二节　接管债务人

对于破产重整程序而言，接管债务人是管理人破产工作真正的开始，管理人只有在全面、准确接管了债务人的资产和资料后，才能确保后续重整工作的顺利开展。而在破产业务实践中，管理人是否能够顺利接管债务人，则要视债务人的具体实际情况而定。有的债务人在破产之日早已人去楼空，没有债务人的人员配合管理人进行接管；也有的债务人虽然仍留有工作人员，但债务人负责人并不愿意配合管理人接管债务人。若出现以上两种情况，则都需要管理人在法院和政府的支持下通过更多的努力去实现对债务人的接管，否则，将会给管理人后续的工作带来阻碍。以下所讨论的接管债务人的程序，均是以债务人能够配合管理人的接管工作为前提。接管债务人的一般流程如下。

一、初步调查债务人、编制接管预案并进行内部分工

管理人在接受法院指定后，应在第一时间对债务人展开初步调查工作，为接管债务人做好准备。管理人应派遣工作人员持受理破产裁定书、指定管理人决定书及管理人介绍信到债务人注册地的市场监督管理局查询债务人的工商登记信息（工商基本信息、工商内档及股权查封信息等，同时应当查询债务人是否有被列入工商不正常经营名单）、到债务人资产所在地的不动产登记中心查询债务人名下所有土地和房产的信息（基本信息、抵押信息及查封信息等）、到债务人所在地车管所查询债务人名下所有车辆的信息（基本信息、抵押信息及查封信息等）。管理人在向上述职能部门查询债务人相关信息的同时，还应向其送达暂停办理任何债务人业务的通知，告知上述部门法院已受理债务人破产的事实且在破产重整工作过程中，未经管理人或受理债务人破产的法院书面同意，不得再对债务人相关登记信息进行变更。管理人通过上述措施调查债务人资产的基本信息，再结合所了解到的债务人经营管理人现状，制定债务人接管预案，在接管预案中应列明接管步骤、人员分工、风险防范等问题。

法院依法指定管理人之后，管理人一般都会组建一个团队，具体负责履行管理人的各项职责。考虑到管理人的职责比较繁杂、内容较多，为了提高工作效率，避免人浮于事、互相扯皮或推诿，一般都会根据破产重整案件的实际情况、各项工作的实际需要等，将团队分为若干工作小组，以便于相关工作的推进开展。如果工作量较少、债权人数较少等，也可以不分工作小组，具体根据债务人的相关情况确定；在实施过程中也可以适当调整，各组人员也可以交叉，核心目的只有一个，即促使破产工作高效、准确地推进。

在接管债务人环节，团队负责人或小组负责人应根据接受法院指定了解的债务人的初步情况，草拟工作大纲、工作进度计划，将不同财产进行分类，然后在本小组内作好人员分工，分组对债务人的财产进行接管。

本小组内成员之间、本小组与其他各小组之间，所有工作成果应当共享，并形成工作例会制度。工作例会分为定期会议和不定期会议，定期会议至少一周一次，一般安排在周五下午，团队成员对已完成的工作进行汇总，列明需要协调外部力量解决的问题，根据已经进行的工作对后续工作计划进行修改、调整，进一步细化后续工作内容要求、进度计划等；不定期会议主要是

针对工作过程中遇到的相关具体问题，进行集体研究、沟通。

二、聘请中介机构

破产程序是一个综合性的法律程序。破产程序虽然以法律事务为基础，但其同时也涵盖了财务审计与资产评估两个较为独立的专业领域。在我国目前的破产管理人制度体系下，能够作为破产管理人的中介机构主要有律师事务所、清算事务所、会计师事务所、评估事务所几大类，而受到专业能力的限制，某一中介机构在担任破产管理人的过程中，必然面临自身专业领域之外的工作，需要其他专业机构来完成。这里就以较为常见的律师事务所担任破产管理人来说明。若由律师事务所担任破产管理人，则对债务人的财务审计和资产评估工作管理人自身均无法完成，需要另外选聘专业的中介机构来完成。

对于管理人另行聘请中介机构的流程，不同法院有着不同的规定，个别法院采取的是直接由法院在选定破产管理人的同时选定审计、评估等中介机构的做法，但大多数法院还是采取在选定破产管理人后由破产管理人自行选定审计、评估等中介机构的做法。因此，管理人在接受指定后应及时向法院请示确定如何聘请审计、评估等中介机构的方案，以公开选聘方式为原则，应选聘具备相应中介资质的财务审计机构及资产评估机构。其中，财务审计机构确定后，应在管理人监督下由财务审计机构人员直接从债务人原财务人员处清点接收债务人财务资料，以便开展财务审计工作；资产评估机构确定后，应在管理人监督下由资产评估机构人员直接与债务人的相关人员对债务人的现有资产进行现场盘点，作为资产评估的基础。

三、分组分项接管债务人

接下来就是管理人对债务人的实际接管工作了，管理人应先与债务人的负责人进行会面，就管理人所制订的债务人接管方案与债务人负责人进行沟通，根据债务人负责人所反馈的债务人的实际情况对接管方案进行调整。然后分组开展对债务人的接管工作。

（1）由聘请的财务审计机构接收财务资料、制作接收清单、制作交接笔录，清单及笔录报备管理人负责人，管理人工作人员现场监督。

管理人和审计机构在接管债务人财务资料的过程中需要注意两个问题，

一是需要向债务人原财务人员明确债务人财务资料的保存与交接情况，债务人是否还有其他财务资料未移交；二是管理人需要明确告知审计机构，自其接收债务人财务资料后至其审计工作结束前，债务人财务资料由其负责保管，除管理人与审计机构工作人员外，未经管理人同意，不得让其他人员，包括债务人原公司人员接触财务资料。

（2）管理人自债务人处接收债务人印章并将所接收的印章留模，管理人工作人员制作交接笔录，印章印模由交接人员与接收人员共同签字且各保存一份，管理人接收印章后当场将所接收的印章予以封存，并由交接人与接收人共同在封口处签字。

附：《印章移交清单》模板

××××有限公司重整案印章移交清单

移交方××××有限公司向××××有限公司管理人移交印章　　枚，印模如下：

移交方保证：上述印章为公司业务使用之正式印章，除上述印章外，未继续保留其他任何对外使用的公章。如有不实，将依法承担相应的法律责任。本清单一式两份，双方各保存一份。

移交人：　　　　　　　　　　接收人：
　年　月　日　　　　　　　　　年　月　日

（3）管理人自债务人处接收债务人营业执照、土地证、房产证、网银 U 盾等相关证照原件，管理人工作人员制作交接清单和交接笔录，交接清单由移交人和接收人共同签字后双方各执一份。若相关证照原件未在债务人手中保管，应由债务人相关负责人在笔录中说明具体保存位置及原因，且仍需向管理人提供相关证照的复印件。

附:《物品交接清单》 模板

××××有限公司重整案物品交接清单

时间: 　　年　　月　　日

序号	物品名称	数量	内容	移交人	接收人
1	营业资质证书				
2	公章				
3	人名章等其他印鉴				
4	土地使用权证书				
5	房屋所有权证书				
6	合同				
7	涉诉法律文书				
8	会计账簿/凭证				
9	职工安置资料				
10	其他资料				

（4）接收债务人的动产及不动产。对于债务人的车辆、机械设备等动产，由管理人、评估机构、债务人三方共同进行现场盘点，列明清单，如具备封存保管的条件，在盘点完毕后应及时封存，由管理人保管封存钥匙；如不具备封存保管的条件，管理人应指派专人负责保管。对于债务人的房产和土地等不动产，管理人、评估机构、债务人三方共同现场查明不动产的现状，并拍摄现场照片及视频留档，制作现场勘查笔录，如有必要，可对债务人的房产和土地予以封闭管理，并安排专人进行看管。

附:《现场勘察笔录》 模板

××××有限公司重整案现场勘察笔录

时间:××××年××月××日 9:00—11:00

地点:

在场人员: 管理人工作人员:×××

评估机构工作人员:×××

债务人工作人员:×××

××××人民法院于××××年××月××日裁定受理××××有限公司重整一案,并指定××××担任管理人。现管理人与评估机构、债务人三方共同对债务人名下房产证号:××××的房产进行现场勘察,现将现场勘察结果记录如下:

房产位置及周边四至:

房产外观现状:

房产中现有物品和设备:

管理人: 评估人: 债务人:

　　年　月　日   年　月　日   年　月　日

四、债务人现有资金转至管理人账户或封存

(1) 管理人工作人员持法院受理破产裁定书、指定管理人决定书及管理人介绍信到债务人对公基本账户开户银行或人民银行查询债务人全部已开银行账户明细(部分情况下查询全部开户明细需要提供债务人对公基本账户的查询密码)。

(2) 管理人工作人员(或财务审计机构人员)持法院受理破产裁定书、指定管理人决定书及管理人介绍信到债务人所开各个对公账户的开户行查询账户余额及账户交易明细,同时查询账户被法院查封的相关信息。

(3) 经查询,若债务人账户中仍有余额,应向法院申请将债务人账户中的余额划转至管理人账户中。

(4) 由管理人对债务人的主要负责人及财务经手人员进行笔录询问,确认债务人是否有现金余额,若有,应由管理人接收并及时存至管理人账户中,

同时还应确认债务人是否有用个人银行卡作为公司现金流转使用。若有，查明相关账户账号及开户行，若开卡人可以配合管理人，则要求开卡人到银行打印出该账户的全部交易明细及余额；若开卡人无法配合管理人，则由管理人申请法院（或申请法院出具律师调查令）查询此类个人银行账户的余额及全部交易明细。

五、清点、封存债务人档案资料

除管理人已接管的债务人资料外，由管理人工作人员向债务人的相关负责人笔录询问债务人的合同资料、销售资料、诉讼文书资料、人事档案资料、工程建设资料等资料分别由谁保管，在哪里保管。对于在破产工作中不需使用的资料应在清点后予以封存保管。对于在破产过程中需要调用的资料，如原保管人员在债务人破产后仍然留守，原则上由管理人清点登记后仍由原保管人员继续保管，但应由管理人书面告知其相关的义务和职责，如原保管人员在债务人破产后未留守，应在清点登记后由管理人工作人员安排专人分类保管。

六、相关人员义务告知

（1）在债务人的主要办公场所、不动产所在场所等地张贴法院受理破产裁定书、指定管理人决定书及债权申报公告或通知书及被申请破产企业告知书，并拍照留档。

附：《被申请破产企业告知书》 模板

××××有限公司管理人被申请破产企业告知书

××××有限公司：

××××年××月××日××省××市人民法院作出××××号民事裁定书，裁定受理债权人××××对债务人××××有限公司（以下简称你公司）的破产重整申请，并于××××年××月××日作出××××号决定书，指定××××担任管理人。现将有关事宜通知如下：

1. 你公司法定代表人及财务、保卫人员不得擅离职守，必须保护好账册、文书、资料、证照、印章、车辆或其他动产，不得隐匿、私分、转移公司财产。你公司相关人员应于 3 日内向管理人移交账册、文书、资料、证照、印章、车辆或其他动产。

2. 停止清偿所有债务，必要的一般债务支出需经人民法院或管理人批准，对你公司其他民事执行程序中止，由债权人向管理人申报债权。

3. 应当自法院受理破产案件裁定送达之日起 15 日内，向法院及管理人提交财产状况说明、债务清册、债权清册、有关财务会计报告以及职工工资的支付和社会保险费用的缴纳情况。

4. 应当停止公司经营活动，在第一次债权人会议前如需继续经营，须经人民法院批准，如因未经法院批准自行继续经营而导致的法律责任，由相关负责人员自行承担。

5. 第一次债权人会议召开时，你公司法定代表人及财务人员必须准时参加。如经管理人通知，你公司法定代表人及财务人员无故缺席债权人会议的，管理人将依据《企业破产法》第 126 条的规定，申请法院传唤、拘传相关人员到庭。

特此告知。

附：受理破产裁定书复印件一份
　　指定管理人决定书复印件一份
管理人联系人：
联系电话：

××××有限公司管理人

××××年××月××日

（2）管理人工作人员对债务人的法定代表人、股东、财务、高级管理人员等告知笔录，告知其破产相关程序、相关人员的义务与职责。若相关人员无法联系或不予配合，应采取张贴公告或向其户籍地邮寄等方式督促其履行破产程序中的法定职责。

（3）召集债务人的全部职工，告知职工破产相关基本程序，告知职工在破产中的基本权利，明确留守职工在破产过程中的具体工作职责，并由职工选举职工代表，代表职工参与债权人会议及行使职工债权组的相关权利。做好会议记录及现场拍照留档。

第三节　房地产企业特别性接管流程

房地产企业与一般企业相比，其特殊之处便是其主要资产就是其建设开发的房地产项目，在接管债务人的程序中，房地产企业需要重点关注的就是接管与其所建设开发的房地产项目相关的事宜。房地产企业还需要重点关注以下几个方面。

一、查询所建设开发的房地产项目楼盘的全部信息

管理人工作人员持法院受理破产裁定书、指定管理人决定书和管理人介绍信到房地产项目所在地规划局查询项目的全套规划手续（规划审批手续、规划图纸、技术指标等），到质监站查询项目楼盘的竣工验收备案信息，到建设局查询项目已缴和欠缴的各项配套费信息，到房管局查询项目楼盘所有房产的全部信息（包括房号和面积、网签信息、预售合同备案信息、办证信息、抵押信息、法院查封信息等）。

二、单独接管整理房产销售的相关资料

在接管债务人资料的过程中，应当单独安排人员接管债务人的房产销售资料，包括销售认购书、网签合同、购房人身份信息资料、销售台账等，并向销售负责人笔录询问债务人房产销售的基本情况，是否有已销售但未网签备案的情况、是否有已网签备案但并非真实销售的情况、是否有将抵押房产对外销售的情况、是否有销售信息与财务记账信息不一致的情况等。

在接管债务人的程序中，除了上述的一般性操作流程外，还应根据房地产项目建设情况不同而采取不同的接管措施。

（一）债务人房地产项目仍在建设中的接管措施

房地产企业最主要的资金支出是房地产工程建设资金，而最主要的资金收入则是房产销售收入。而房地产企业陷入经营困难通常未能通过房产销售及时回笼资金而无法及时支付工程款，导致工程无法继续建设，进一步导致房产无法继续销售，如此形成恶性循环，并最终导致企业破产。因此，在房地产企业破产案件中，房地产企业所开发的房地产项目基本上都是仍处在建

设中的，此时管理人在接管债务人的过程中尤其要关注对在建工程的接管。而在建工程又分为两种情况，一种是工程已停工多年的，另一种是工程未停工或停工不久的。以下就这两种情况分别进行讨论。

1. 房地产项目工程建设已停工多年的情况

若房地产项目工程建设已停工多年，则意味着破产的房地产企业必然已陷入非正常经营状态多年，极有可能会出现工程建设方面的人员和资料不全的情况。此时管理人在接管债务人的时候应当重点关注工程现场、工程人员及工程资料三方面。工程现场：管理人应当第一时间勘察工程施工现场情况、确认现场施工进度、确认现场非固定性物品、确认现场水电情况、确认工地周边围墙或围挡情况、确认现场机械设备情况、确认工地及其周边安全隐患情况、确认现场建筑施工方的人员及物品情况等，并对现场尽量详尽地进行拍照、录像存档（最好以当天报纸等显示出拍照录像的日期）；工程人员：管理人应当第一时间争取联系到房地产企业原工程方面的负责人，并对其做询问笔录，详细询问工程建设施工的相关信息，并明确告知其应当配合管理人对债务人工程建设相关问题的调查；工程资料：管理人应当第一时间接管整理全套的工程资料，包括土地出让合同、规划许可证、施工许可证等工程相关证照、全套的施工图纸（如有必要，可到设计单位或规划局调取全套施工图纸）、全套施工合同（包括总包合同、分包合同、现场签证，如有必要，可到监理单位处调取现场签证等资料）。

案例：正土公司重整案

法院是在2018年7月裁定受理正土公司破产重整的，而正土公司所开发的"韩国城"项目系在2005年便已开始施工建设，至2009年时便因正土公司经营困难致无法继续支付工程款而全面停工，至法院受理破产时"韩国城"项目已经停工十年。管理人在接管债务人的过程中发现，因债务人工程已停工多年，原施工单位的机械设备和项目建材等均早已撤离工地，但施工单位在本项目的原施工区域内堆放了一些其他项目的材料，将此区域作为其临时存放物品的仓库。为了避免在破产工作过程中物品产权产生纠纷，管理人第一时间联系了原施工单位，要求其限期清理其所堆放的无用物品并将其人员完全撤离施工区域。另外，管理人在接管债务人的过程中经调查发现，正土公司原工程部负责人刘某已退休，考虑到他对公司工程建设相关情况较为了解，管理人聘请其为正土公司破产留守人员，负责破产期间工地现场及工程资料的看管。正土公司成功重整后，刘某又被重整方继续聘请，保证了工程复工工作的顺利衔接。

2. 房地产项目工程建设未停工或停工不久的情况

若房地产项目工程建设未停工或停工不久的，则意味着一般情况下破产房地产企业、建设施工单位、监理单位相关的工程人员和工程资料都会比较齐备，此时管理人可以较为轻易地全面接管工程人员和资料。但在此种情况下，考虑到长时间停工必然会极大地扩大债务人的损失，因此，保持继续施工或及时恢复短暂的停工则是较为合理的选择，那么此时管理人接管债务人的重点便是施工问题。主要包含以下方面：（1）固定工程施工进度。施工单位在法院受理破产日之前所施工的工程量与破产之后所施工的工程量在破产程序之中是属于不同的法律性质的，前者属于破产债权，后者属于共益债务。并且在法院受理破产日之时债务人房地产项目已建成状态的资产与法院受理破产日之后继续施工所增加的资产在计算债务人资产价值之时也是要区分考量的。因此，此时管理人应当第一时间会同债务人原工程人员、施工单位人员、监理单位人员和评估机构人员一起对项目施工现场现状进行全面详尽的勘察和记录，全面准确地确认现场施工进度和现场状态，并且由各方对勘察结果签字确认。（2）确认施工单位合同是否继续履行。《企业破产法》第18条第1款规定："人民法院受理破产申请后，管理人对破产申请受理前成立而债务人和对方当事人均未履行完毕的合同有权决定解除或者继续履行，并通知对方当事人。管理人自破产申请受理之日起2个月内未通知对方当事人，或者自收到对方当事人催告之日起30日内未答复的，视为解除合同。"房地产企业破产之日项目仍在建设中的，施工建设合同必然属于本条所称的双方均未履行完毕的合同。此时管理人在接管债务人后面临继续施工或马上恢复施工的问题，则需要及时确定是继续履行原施工合同抑或是不再继续履行原施工合同而另行签订新的施工合同。此问题是在破产后继续施工或马上恢复施工情况下应优先予以解决的问题。（3）确定工程破产企业方代表。房地产项目建设施工是一项系统而复杂的工作，需要房地产企业、施工单位与监理单位三方紧密配合。这其中，房地产企业方面需要有一个全面总控建设施工的代表，此人需要有着专业的建设施工知识，高度的责任心以及丰富的工程建设经验。管理人接管债务人时，若原房地产企业的工程负责人适合且也愿意留守破产企业，则原则上应继续留任原工程负责人，若无法留任原工程负责人，管理人应从社会聘请专业的项目经理，保证工程施工平稳过渡和衔接。

案例：广信公司重整案

广信公司所开发的"百度城二期"项目在当地而言属于开发规模较大的房地产项目，项目涉及三家大型总包施工单位，涉及上千户购房老百姓。在法院受理广信公司破产重整之时，三家总包单位因广信公司无法支付工程款而停工，且项目建设刚刚停工不久，项目整体建设进度尚不足50%。本案在进入破产程序之后，因社会关注度极高，上千户购房老百姓要求复工建设的愿望强烈，管理人在接管债务人时便面临着需要尽快恢复施工的问题。首先，管理人经初步调查发现，广信公司原管理人尤其是工程负责人已离职，管理人遂从内部指派有着丰富房地产开发企业工作经验和房地产类诉讼纠纷经验，同时兼备丰富的房地产开发建设与房地产相关法律法规两方面专业知识的资深律师担任管理人负责人，由其在掌控破产法律程序的同时掌控工程的建设情况。其次，管理人第一时间与所聘请的资产评估机构、施工建设单位一起对法院受理破产之时的工程建设进度进行了固定，为后来债务人资产鉴定及施工单位破产前工程量确定奠定了良好的基础。最后，管理人在接管债务人时发现，三家总包单位均已实际停工，三家原施工合同均已不适宜继续履行，在此情况下，管理人指派专业的建设工程施工合同律师与三家总包单位协商洽谈后续施工合同的履行问题，尽快签订了新的施工合同，确保了工程可以及时顺利复工。

(二) 债务人房地产项目已建成未入住的接管措施

此处所指的已建成是指已经建设至具备入住的客观条件，但尚未向购房者交付所购房产的状态。此时管理人在接管债务人之时除了上述已提及的问题外，管理人还应重点关注的是在破产之时对于房产入住情况的勘察与统计，以及对于未入住房产的现状保护。从客观情况看，管理人是很难实现对所有房产 24 小时不间断现场看管的，在此情况下，如何避免破产之时尚未交付的房产在破产后被人强行抢占造成一种已居住使用的现状则是管理人应当重点关注的问题。面对此种问题，首先，管理人应当在第一时间做好现有房产现状的排查，逐户进户勘察房产现状，逐户记录并拍照存档并在门上张贴封条。其次，管理人应当全面掌控未交房房产的水电开通权，保证任何人在未经管理人同意的情况下都无法将破产时未交付房产的水电开通。最后，管理人要对此类房产做好保护和防控措施，若小区整体未入住的，则应将小区整体完全封闭后管理，若单栋楼和单个单元整体未入住的，则可将单栋楼或单个单元进行封闭，若是散户则应采取单户封锁、张贴封条和告示、定期巡查等方式予以管理。

（三）债务人房地产项目已建成且已入住的接管措施

此处所指的已建成且已入住的并不包含破产房地产企业在破产前早已开发完毕并早已正常投入使用的小区，此类小区虽为破产房地产企业所开发，但因其已独立于房地产企业而自行运转，因此，此类小区中除了房地产企业尚未出售的房产将由债务人资产管理人予以接收以外，小区的整体运转管理人并不参与。此处所指的已建成且已入住的是指分期开发的小区，前期已开发完毕且已有业主正常入住，但后期待开发的楼盘尚未建设完毕。此时房地产企业破产，因小区的前期物业也通常都是开发商所掌控，因此，管理人在接管债务人之时，同样面临着如何顺利接管小区前期物业管理的问题。此时要看小区原物业是否还能独立运转，如小区原有物业还能独立运转，管理人仅需接管与物业对接的开发商的全部职能即可，保证物业能够在管理人的全面管控之下为业主提供物业服务；如小区原有物业已无法独立运转，管理人则应视情况安排或聘请人员维持业主的基本物业需求。

案例：中天公司重整案

中天公司所开发的"龙都丽景"小区系一个小区分多期开发，一期开发建设的三栋楼于 2011 年建成后已交付使用，部分已销售的房产已先后交付给购房业主，二期开发建设的四栋楼（未与一期相互隔离）在未完全建成的情况下中天公司进入破产程序。管理人在接管债务人时发现，中天公司因在破产前已长期陷入非正常经营状态，为小区提供前期物业服务的物业公司也已在破产前无人，小区陷入无物业服务的混乱状态，小区业主对此极为不满。为帮助小区业主解决困难，在中天公司已无法正常经营的情况下，当地政府以社区居委会的名义聘请了一家物业公司入驻小区，全面接管小区的物业服务工作。管理人接受法院指定后，第一时间与小区物业公司进行衔接，要求其在小区物业服务过程中所出现的任何问题必须第一时间报告给管理人，并且要求其在未经管理人同意的情况下不得为业主新通水电，避免购房人未经管理人审核而直接入住的情况出现。

三、实务经验总结

顺利接管债务人工作为管理人的后续工作打下良好的基础。若管理人在接管债务人的过程中有所遗漏或疏忽，则可能会给后续的某项工作埋下隐患。因此，管理人在接管债务人工作时应当总体坚持三项基本原则，即全面详尽接管、资产现场勘察、现状维护管控，以此三项基本原则为基础，再根据债务人的客观实际情况综合分析判断和实施，只有这样才能保证破产程序后续工作的顺利开展。

第三章

债权的申报、审查与确认

债权申报与审查是管理人在破产过程中的核心工作之一，债权人身份的认定、债权总额及各债权组的债权额、各债权组债权的清偿比例等核心问题的确定均要以债权审查的结果为基础，而快速地完成债权审查又要以债权人完整、准确地向管理人申报债权为基础。因此，接收债权人债权申报及对债权进行审查在管理人整个破产程序中显得尤为重要。

第一节 债权申报

一、管理人内部分工

管理人在接受人民法院指定后，要及时组成管理人工作小组履行职责，项目成员的组成及具体分工，根据破产案件情形，需要予以确定和调整。同时，管理人还需制定相关内部规章规范自身履行职责的行为，包括但不限于管理人团队组成及分工负责制度、业务培训制度、业务操作流程制度、项目工作底稿和档案管理制度等。另，管理人项目组成员应保持稳定，避免因人员频繁流动影响工作效率和工作质量。

二、债权申报通知

《企业破产法》第 14 条规定："人民法院应当自裁定受理破产申请之日起 25 日内通知已知债权人，并予以公告。"实践中多数操作一般是，管理人协助人民法院把受理破产案件公告、通知债权人申报债权的通知书以及管理人自己制作的《债权申报须知》通知到已知债权人。而通知已知债权人的方式，按照《中华人民共和国民事诉讼法》（以下简称《民事诉讼法》）第 87 条、第 88 条规定，可以采取直接送达、邮寄送达或者传真、电子邮件等债权人能够确认其收悉的方式送达债权申报通知。如果采取邮寄送达已知债权人，管理人务必保存好送达回执；若债权人拒收或查无此人，也要保存好相应债权人拒收的函件，以此来证明管理人已经尽到勤勉义务。另，管理人还需将承办破产案件的债权申报通知及债权人申报债权所需提供的相应的债权申报表、申报文件清单、身份证明文件、证据清单等文件发布在"全国企业破产重整案件信息网"和管理人网站，以供债权人查阅和下载。

在管理人所制作的债权申报须知中，除了写明法院债权申报通知中所列明的受理债务人破产情况、指定管理人情况、法院所确定的债权申报期限、债权申报地址、第一次债权人会议时间地点等信息外，还应明确写明债权申报的注意事项，如需要提交哪些材料、如何办理授权委托手续、提交证据原件还是复印件、利息计算截止期限等。

这里需要特别说明的是，债务人所欠职工的工资和医疗、伤残补助，抚恤费用，所欠的应当划入职工个人账户的基本养老保险、基本医疗保险费用，以及法律、行政法规规定应当支付给职工的补偿金，不必申报。因此，在通知已知债权人的过程中，无需通知债务人职工要求其申报职工债权。

根据《企业破产法》的规定，除通知已知债权人之外，还需要公告，其目的主要是防止有未知的债权人以及联系方式、联系地址不明的债权人。实践中一般是管理人协助人民法院发布公告，除了在债务人主要办事机构所在地张贴纸质公告外，还应当在管理人网站、"全国企业破产重整案件信息网"进行公告；根据案情的需要，也可以在受理法院公告栏、当地主要媒体等发布公告。

三、接收债权申报

接受人民法院指定担任破产案件管理人后，要及时组成管理人工作小组履行职责。管理人根据破产案件复杂情形及需要予以确定和调整项目组成员的组成及具体分工，分组有序接收债权人申报相应债权，并告知其在破产程序中的权利和义务。

在接收债权申报之时，考虑到大部分债权人对债权申报并不专业，管理人应当充分做好债权人债权申报的指导工作。一方面，在管理人接收债权申报地点应当张贴《债权申报须知》以及债权申报相关表格的模板，以方便债权人参照填写；另一方面，管理人应当在形式上尽量指导债权人完成债权申报相关材料的填写，但管理人不应指导或引导债权人填写实体权利主张方面的内容。

四、对申报债权登记造册

根据《企业破产法》第 82 条规定，债权可分为：（1）优先债权：对债务人的特定财产享有担保权的债权及其他优先类债权；（2）职工债权：债务人所欠职工的工资和医疗、伤残补助、抚恤费用，所欠的应当划入职工个人账户的基本养老保险、基本医疗保险费用，以及法律、行政法规规定应当支付给职工的补偿金；（3）税收债权：债务人所欠税款；（4）普通债权：前述三类债权之外的债权。

管理人接收债权申报材料后应当分类编制债权申报表，登记造册的项目包括但不限于：

（1）债权人的姓名或者名称。债权人委托代理人申报债权的，应当包括代理人的姓名和代理权限；

（2）债权人或者代理人的地址和电话等联系方式；

（3）债权发生的原因、申报的债权性质和债权数额（原始债权、孳息债权）；

（4）债权有无财产担保和担保形式；

（5）是否为求偿权或将来求偿权；

（6）是否附有条件和期限；

（7）债权存在的证据；

（8）债权是否经过生效法律文书确认，是否经过人民法院强制执行或者采取了保全措施；

（9）债权申报的时间；

（10）管理人认为应当统计的其他内容。

职工债权由管理人主动调查后列出清单并予以公示，职工不必申报；若职工主动申报债权，管理人也要予以登记。关于管理人主动调查职工债权，一般会对债务人人力资源、在职职工进行访谈，询问工资的发放、社保公积金的缴纳等事项，是否存在欠付职工工资、伤残补助、抚恤费用，以及法律、行政法规、地方性法规规定应当支付给职工的补偿金。

管理人主动调查职工债权的过程中，除了依据访谈笔录掌握的内容，还可以要求债务人企业提供劳动合同、考勤记录、人事档案、解除或者终止劳动合同的通知、劳动仲裁裁决书等涉及职工权益的生效法律文书、死亡证明书、工伤认定书、伤残等级鉴定报告等资料。另，对社会保险机构、劳动监察机构、工会等主体向管理人申报债权的，管理人应当接收其申报，并对其分类统计。

第二节 债权审查的内容和原则

一、债权审查的内容

管理人对债权的审查分为形式审查和实质审查两部分，下面从这两个部分具体说明债权的审查。

（一）形式审查

形式审查是在管理人接收债权申报阶段，主要目的是要审查债权人所提交的材料是否符合管理人所要求的形式要件，形式审查阶段并不对债权本身的有无及数额进行审查。申报人所主张的债权即使并不成立，但只要符合形式要件，在形式审查阶段均应予以接收并作登记。

形式审查阶段，管理人应当审查如下材料：

（1）《债权申报文件清单》《债权申报表》。

《债权申报文件清单》列明向管理人提交的所有文件名称、页数等；债权人在填写《债权申报表》之外，可以向管理人提交债权说明书，对申报内容进行说明，说明书记载的内容应当与申报表记载一致。

（2）申报人身份证明、授权委托文件及申报人联系方式及地址。

债权人为法人的，提供债权人营业执照复印件（加盖公章）、《法定代表人身份证明书》、法定代表人身份证复印件（签字确认）、《债权人地址及联系方式确认书》；债权人为自然人的，提供本人公民身份证复印件（签字确认）、《债权人地址及联系方式确认书》；委托代理人申报的，还应提供授权委托书（原件）及委托代理人身份证或律师执业证复印件（签字确认），委托代理人是律师的，还应提交律师事务所的指派函，委托代理人为非律师的，委托人与代理人均应到申报现场签署授权委托书，委托人不能到申报现场签署授权委托书的，应进行公证委托。

（3）证明其申报债权事实的相关证据材料。

债权人应当以与证据原件核对无误的复印件申报，证据材料应当附证据清单。证据材料包括但不限于购房合同或协议、履行合同的证据、付款凭证、银行凭单、收据或发票、往来函件、权利登记证明文件等；相关权利已经得到生效的裁判文书、仲裁裁决书确认的，应当提交相关法律文书，案件为一审的，还应提供生效裁判法院出具的生效证明或案件已进入执行程序的证明；债权人申报的债权还有其他债务人的，应当说明其他债务人的履行情况。

在接收债权申报进行形式审查之时，管理人应当着重审查债权人手中是否有证据原件，所提交的证据复印件是否与原件相一致。若经管理人审查，债权人所提交的证据复印件与原件一致，应当让债权人在复印件上注明"与原件一致"并签字注明日期，若债权人因故暂时无法提交证据原件或债权人手中并无证据原件，应当让债权人在复印件上注明"未提供原件核对"或"无原件"并签字注明日期。管理人所接收的债权人提交的任何一份证据上均应有债权人签字的是否经原件核对的备注，以方便管理人对债权人所提交债权证据效力的审查。

（二）实质审查

管理人还应对所有申报债权的真实性、合法性和时效性等内容进行实质审查。管理人原则上应在第一次债权人会议召开前，对申报的债权作出审查结论，并出具审查意见。

二、债权审查的一般原则

（1）债权人申报的债权必须有真实、准确、充分的证据证明，凡证据不足，且债务人的审计报告无记载的，不予确认；证据不足但审计报告有记载的，以审计报告确认金额为准，但申报金额少于审计报告确认金额的，以申报金额为准；审计报告虽有记载但债权人主张的债权发生事实与证据相矛盾的，暂不予确认；审计报告虽无记载但证据充分的，管理人根据证据依法确定；申报债权若为已经司法或仲裁程序确认的，无论审计报告是否有记载，均按照生效法律文书的内容进行确认，但有相反证据足以推翻的除外（以上所述审计报告，需以财务账簿完整情况下出具的无保留意见的审计报告为依据，非无保留意见的审计报告除外）。

（2）管理人主动审查申报债权的诉讼时效与申请执行时效，凡超过诉讼时效或申请执行时效，又无时效中断或中止证据的，不予确认。

（3）申报的债权在破产申请受理前已经提起诉讼或者仲裁，但尚未审结的，根据《企业破产法》第 47 条、第 59 条规定，对其申报债权暂不予以确认，待诉讼或仲裁审结后按照生效法律文书内容进行确认，但管理人可根据具体情况建议法院以其申报金额或管理人调整额临时确定债权，行使表决权。

（4）债权申报中包含利息的，根据《企业破产法》第 46 条第 2 款的规定，其利息计算期限截至债务人破产申请被法院受理日。

（5）已经司法或仲裁确认的债权，债权人申报迟延履行期间的加倍部分债务利息的，在 2014 年 7 月 31 日以前，按照法律文书确定的履行期间的中国人民银行一年期同期贷款基准利率双倍计算。在 2014 年 8 月 1 日以后，根据《最高人民法院关于执行程序中计算迟延履行期间的债务利息适用法律若干问题的解释》第 1 条第 2 款、第 3 款规定，迟延履行期间的一般债务利息，根据生效法律文书确定的方法计算；生效法律文书未确定给付该利息的，不予计算；迟延履行期间加倍部分的利息，按照日万分之一点七五计算。

在此需要特别探讨的问题是，债务人未履行生效法律文书应当加倍支付的迟延利息是否属于破产债权？2019 年《破产法司法解释三》第 3 条规定："破产申请受理后，债务人欠缴款项产生的滞纳金，包括债务人未履行生效法律文书应当加倍支付的迟延利息和劳动保险金的滞纳金，债权人作为破产债权申报的，人民法院不予确认。"该条文其实并非新出的规定，在 2002 年《最高人民法院关于审理企业破产案件若干问题的规定》第 61 条规定："下列债权不属于破产债权：……（二）人民法院受理破产案件后债务人未支付应付款项的滞纳金，包括债务人未执行生效法律文书应当加倍支付的迟延利息和劳动保险金的滞纳金。"对于这一条的理解，在实务操作中存在较大争议，不同人对此条有两种不同的解读：一种理解为此条系强调所称的相关滞纳金应计算至破产申请受理之日，破产申请受理后不再计算。但另一种观点则认为《企业破产法》第 46 条已规定"附利息的债权自破产申请受理时起停止计息"，适用此条已足可以认定滞纳金应计算至破产申请受理之日，那《破产法司法解释三》第 3 条就没有意义，因此，该条应理解为在破产申请受理后，凡是实际未支付的此类滞纳金（包括法院受理破产之日之前的滞纳金），均不再认定为破产债权。后一种观点的理论基础为：破产程序的基本原则是通过破产使全体债权人的债权得以公平清偿，而债务人在破产之前系对所有债权人均缺乏清偿债务的能力，若支持了其中部分债权人因债务人无力偿还债务而产生的惩罚性滞纳金，则对于其他债权人并不公平。笔者通过与多地的破产法官和管理人沟通发现，目前绝大多数破产从业人员仍坚持第一种观点，本文也采纳该观点进行论述。但在实务中确有部分法院采纳了后一种观点，例如，深圳市中级人民法院于 2017 年 9 月 4 日发布的《破产案件债权审核认定指引》第 54 条规定，"债权人申报的下列债权不予认定：……（二）债务人未履行生效法律文书应当加倍支付的迟延利息和劳动保险金的滞纳金"。深圳市中级人民法院制定该文件之时《破产法司法解释三》尚未颁布，相关条文是以 2002 年《最高人民法院关于审理企业破产案件若干问题的规定》第 61 条的内容为基础，但深圳市中级人民法院在起草该文件之时显然意识到了该条文在理解上的分歧，相较于最高人民法院 2002 年司法解释的条文，深圳市中级人民法院将此条中"人民法院受理破产案件后"这一措词删除，这样便没有争议地理解为上述两种观点的后一种。在 2019 年最高人民法院将 2002 年司法解释中的相关条文基本以原条文复述的情况下，且不论深圳市中级人民法院该文件中的理解是否与最高人民法院司法解释本意相一致，但至少深圳市中级人民法院的该条文在实务操作上不会产生歧义。

（6）债权人申报利息但未提出明确金额及计算方法的，待债权人明确申报利息金额及计算方法后予以审查确认。

（7）凡涉及同期全国银行间同业拆借利率（LPR）的，均按照同期全国银行间同业拆借中心公布的贷款市场一年期报价利率计算；计算期间的利率按照同期全国银行间同业拆借公布的贷款市场报价利率的调整而作相应调整。

（8）债务人的保证人或者其他连带债务人已经代替债务人清偿债务并申报债权的，按其实际代替清偿金额予以确认；尚未代替清偿债务且主债权人已经申报债权的，保证人的债权申报不予确认。

（9）债务人为保证人的，债权申报人需提供生效的法律文书或所担保债务的主债务人未能按期履行债务的相关证据。

（10）申报债权中包含诉讼费或仲裁费的，按照生效法律文书确认的金额进行确认，不计算利息。

（11）根据《企业破产法》第 18 条，《最高人民法院关于审理企业破产案件若干问题的规定》第 55 条第 1 款第 5 项、第 2 款的规定，人民法院受理破产申请后，管理人对破产申请受理前成立而债务人和对方当事人均未履行完毕的合同有权决定解除，合同相对人可就合同解除所造成的合同相对人实际损失金额向管理人申报债权。因此，对方当事人依法或者依照合同约定产生的对债务人可以用货币计算的债权以实际损失为计算原则，合同约定违约金不作为破产债权，定金不再适用定金罚则，因为管理人的上述解除权属于法定解除权，不属于违约，因此不应追究违约责任。

（12）汇率折算以债务人破产申请被法院裁定受理日的市场汇率中间价为准。

（13）债权人有权申报利息或诉讼费等债权而未申报的，视为放弃申报。

（14）债权人对债务人的特定财产享有担保权而没有主张抵押事实并优先受偿权利的，视为放弃优先受偿权，对其所申报债权按照普通债权予以对待。

（15）根据2013年《最高人民法院关于适用〈中华人民共和国企业破产法〉若干问题的规定（二）》（以下简称《破产法司法解释二》）第11条的规定，管理人对于债务人以明显不合理价格进行的交易行使撤销权，债权人应当返还从债务人处获取的财产，因撤销该交易，对于债务人应返还债权人已支付价款所产生的债务，管理人应债权人的请求将其作为共益债务清偿。

（16）凡管理人通知债权人补交证据的，债权人应及时提交，逾期未提交的视为放弃举证权利，自行承担举证不能的法律后果。

（17）本原则未尽事宜，由管理人根据现行的法律、法规及最高人民法院相关司法解释确定。

三、破产债权的特殊审查原则

（一）担保债权

对于债权人申报的对债务人的特定财产享有担保权的债权的审查，包括但不限于：

（1）债权人申报主体的资格、申报人与债务人之间的债权债务关系、债权担保是否合法、是否进行财产担保登记等，必要时应到相关登记部门进行调查核实。

（2）同一担保财产有多项担保权存在的受偿顺序。

（3）在人民法院受理破产申请前一年内，债务人有无对没有财产担保的债务提供财产担保，若有，管理人应依法行使撤销权。

（4）担保财产的价值。

（5）担保权的受偿范围。

（6）担保财产的价值小于担保债权金额的，以担保财产的价值（具体参考评估价值）为限，债权金额超过担保财产价值的债权部分作为普通债权。

（7）行使优先受偿权利未能完全受偿的，其未受偿的债权作为普通债权；放弃优先受偿权利的，其债权作为普通债权。

（二）税款债权

税务机关就破产企业欠缴的税款及因此产生的滞纳金向管理人申报债权的，管理人应按以下方法进行处理：

（1）债务人在人民法院裁定受理破产申请前所欠税款应依法确认为税款债权，但其中包含的罚款、罚金应予剔除，不列为破产债权。

（2）债务人在人民法院裁定受理破产案件前因欠缴税款产生的滞纳金应依法确认并列为普通债权；对于破产案件受理后因欠缴税款产生的滞纳金应予剔除，不列为破产债权，但管理人也应当对税务机关的申报进行登记。

税务机关申报债权，管理人可以凭税务机关自己做出的生效行政决定、上级机关做出的生效行政复议决定或者人民法院的生效行政裁判文书等依法确认。

（三）附条件、附期限债权

对附条件、附期限的债权审查，应当重点审查债权所附条件和期限。

破产申请受理前成立的附解除条件的债权，应当认定为破产债权，该债权人在债权人会议上享有表决权；破产申请受理前成立的附生效条件的债权，应当认定为破产债权，该债权人在债权人会议上不享有表决权。

附开始期限的债权，不论其所附期限是否到来，在破产申请受理时，均视为已经到期，都属于破产债权。

附终止期限的债权，在破产申请受理时所附期限未到来，该债权为破产债权。

（四）诉讼、仲裁未决债权

对债权人申报的正在诉讼、仲裁尚未裁决的债权，管理人不需对该债权进行实质审查，但需对其进行申报登记，待法院或仲裁机构作出裁决后，依据裁决结果认定其债权是否成立以及债权金额。

对于上述债权，管理人可在债权人会议召开之前，向人民法院申请给予其临时表决权。

（五）委托合同债权

因债权人继续履行委托合同而产生的债权应同时符合以下条件：

（1）委托合同依法成立；

（2）受托人不知债务人破产之事实，或虽然知道该事实，但为了债务人的利益不得不继续处理委托事务；

（3）受托人继续处理委托事务；

（4）债权金额仅限于继续处理委托事项而产生的债务人应当支付的费用。

（六）票据债权

因票据付款或承兑而产生的债权应同时符合以下条件：

（1）票据的出票人为债务人；

（2）票据的付款人继续付款或承兑；

（3）债权的金额为付款人的付款或者承兑金额。

（七）连带债权

申报的债权是连带债权的，应当说明：

（1）连带债权人可以由其中一人代表全体连带债权人申报债权，也可以共同申报债权。

（2）债务人的保证人或者其他连带债务人已经代替债务人清偿全部或者部分债务的，可以就其对债务人已清偿部分的求偿权向管理人申报债权。

（3）债务人的保证人或者其他连带债务人尚未代替债务人清偿债务的，可以就其对债务人尚未清偿部分的将来求偿权向管理人申报债权。但是，债权人已经向管理人申报全部债权的除外。

（4）债务人是连带债务人时，债权人可以向管理人申报债权。连带债务人数人被人民法院裁定受理破产申请的，债权人可以分别地向债务人和其他连带债务人的管理人申报其全部债权。债权人未申报债权的，其他连带债务人可就将来可能承担的债务申报债权。

（八）本金、利息

抵押物折价或者拍卖、变卖所得价款的清偿顺序：

（1）若通过执行程序偿还，在执行款不足以偿付全部债务的情况下，应当先清偿生效法律文书确定的金钱债务，再清偿加倍部分债务利息；

（2）若通过非执行程序偿还，则应适用"先还利息，后还本金"的原则，即先清偿迟延履行期间的债务利息，后清偿法律文书确定的金钱债务。

（九）不应计息的债权

诉讼、仲裁裁决确定的诉讼费、仲裁费、保全费、律师代理费等不应该计入债权本金的计息。

四、房地产企业破产特别债权的审查原则

（一）建设工程价款优先受偿权

1. 建设工程价款优先受偿权基本解读

在房地产企业破产的案件中，施工单位申报的施工款往往占很大的比例，并且大多都会主张优先权。有的大型地产项目破产，会涉及大小几十家各类施工单位。对施工款债权的审查，破产前没有经过工程造价审计或原债务人和债权人没有共同签字认可的，对工程造价，管理人要委托工程造价审计部门进行审计，对债权人申报的工程款是否享有优先权等做出初步审查意见，然后提交债权人大会核查。该部分债权审查工作专业性强，管理人内部分工时一定要考虑安排建筑施工领域的专业律师做该项工作。

在最高人民法院《破产法司法解释三》和《全国法院民商事审判工作会议纪要》（九民会议纪要）的相关规定出台前，部分管理人往往直接将建筑优先权的确认通过各种方式让债权人去法院诉讼，从而将该部分债权审查工作全部推给法院。从目前来看，在房地产企业破产程序中，对工程施工债权暨建筑优先权的审查是管理人债权审查的一项重要工作。在对建设工程价款优先受偿权进行审查和判断前，首先要对我国法律体系中关于优先受偿权的法律依据、权利属性以及权利特点等有所了解和掌握，否则不利于在具体业务中抽丝剥茧解决问题，也会使得具体判断成为无源之水、无本之木。

2. 建设工程价款优先受偿权的法律渊源

（1）《合同法》第 286 条规定："发包人未按照约定支付价款的，承包人可以催告发包人在合理期限内支付价款。发包人逾期不支付的，除按照建设工程的性质不宜折价、拍卖的以外，承包人可以与发包人协议将该工程折价，也可以申请人民法院将该工程依法拍卖。建设工程的价款就该工程折价或者拍卖的价款优先受偿。"

（2）《最高人民法院关于建设工程价款优先受偿权问题的批复》（以下简称《工程款优先权批复》）规定："一、人民法院在审理房地产纠纷案件和办理执行案件中，应当依照《中华人民共和国合同法》（以下简称《合同法》）第 286 条的规定，认定建筑工程的承包人的优先受偿权优于抵押权和其他债权。二、消费者交付购买商品房的全部或者大部分款项后，承包人就该商品房享有的工程价款优先受偿权不得对抗买受人。三、建筑工程价款包括承包人为建设工程应当支付的工作人员报酬、材料款等实际支出的费用，不包括承包人因发包人违约所造成的损失。四、建设工程承包人行使优先权的期限为 6 个月，自建设工程竣工之日或者建设工程合同约定的竣工之日起计算。"

（3）《最高人民法院关于审理建设工程施工合同纠纷案件适用法律问题的解释（二）》（以下简称《施工合同司法解释二》）第 17 条至第 24 条，其中第 22 条将《工程款优先权批复》第 4 条中的优先权的行使期限变更为发包人应当给付建设工程价款之日起 6 个月内。

3. 建设工程价款优先受偿权的法律解读

（1）权利属性。通说认为，建设工程价款优先受偿权虽然规定在《合同法》中，但其并不是一项合同权利。就其具体性质而言，主要有三种观点。[1] 现经最高人民法院总结司法实践，目前建议将建设工程价款优先受偿权解释为优先权，而非留置权或法定抵押权。

（2）权利特点。

①优先受偿权是依据法律规定而直接取得，具有担保物权的性质，不能依当事人的直接约定而产生。

---

[1] 参见梁慧星："《合同法》第 286 条的权利性质及其适用"，载《人民法院报》2000 年 12 月 1 日。

②优先权是否需要公示，法律没有明确的规定，即优先权不以登记为生效要件。

③优先权是以债务人的全部财产或特定财产担保特定债权实现的物权性权利，发生权利冲突时，优先于普通债权，与其他权利之间的权利顺位依据法律规定确定。

④没有特别规定的情况下，可以酌情参照适用《中华人民共和国物权法》（以下简称《物权法》）关于担保物权的相关规定。

4. 享有优先受偿权的权利主体

根据《合同法》第 286 条的规定，承包人享有工程价款优先受偿权。同时，依据《合同法》第 269 条第 2 款、《建筑法》等规定，建设工程的承包人包括工程勘察人、工程设计人与工程施工人，而建设工程承包人又可分为总包人、分包人与实际施工人。甚至，在建设工程合同关系中，向发包人请求支付价款的人还包括工程监理人，但根据《合同法》第 269 条、第 276 条，监理合同不属于建设工程合同，而是委托合同。

建设工程价款优先受偿权是一种法定的优先权，顺位上优于不动产抵押权，且不以占有或者登记为公示要件，这就使得权利主体范围界定尤为重要。由于上述规定对建设工程价款优先受偿权的规定较为原则，实践中对其权利主体范围存在诸多争议。现就实践中常见的主体以及是否享有优先受偿权逐一进行阐述。

（1）建设工程价款优先受偿权不适用于建设工程的勘察、设计合同关系。对于勘察人、设计人是否适用《合同法》第 286 条进而享有工程款优先权，应该说在之前的司法实践中是有争议的。但之前多数观点认为勘察人、设计人不享有优先权。第一，勘察人、设计人的工作成果是勘察成果、设计成果，并非建筑物本身，工作成果均不能折价或拍卖。第二，《合同法》第 286 条，其立法目的是保护农民工的合法权益，保护社会弱势群体，体现司法公正，而不是要优先保护勘察人员、设计人员这样的高收入群体。最高人民法院《施工合同司法解释二》于 2019 年 2 月 1 日实施，其中第 17 条明确规定，施工合同的承包人依法享有《合同法》第 286 条规定的优先权。随着该解释的实施，勘察人、设计人不享有工程款优先权已再无争议。

不过，工程总承包中的勘察费与设计费是否具备优先权，恐怕还是会有争议。目前工程总承包有如下几种模式：①设计采购施工总承包及其延伸的

"交钥匙"（EPC模式）；②设计采购与施工管理总承包（EPCM模式）；③设计加施工总承包［（D+B）模式］；④设计—采购总承包（EP模式）；⑤采购—施工总承包（PC模式）。有观点认为，上述几种模式一般都在合同中将设计费、勘察费列入工程款的范围，并且一般会与施工款同时结算、同时支付，故工程总承包人作为合同的唯一相对方，工程款范围当然涵盖了设计费和勘察费，具备享有优先权的权利。[1]

另外，《房屋建筑和市政基础设施项目工程总承包管理办法》于2020年3月1日起实施，该办法第3条规定，"本办法所称工程总承包，是指承包单位按照与建设单位签订的合同，对工程设计、采购、施工或者设计、施工等阶段实行总承包，并对工程的质量、安全、工期和造价等全面负责的工程建设组织实施方式"。根据该规定，这意味着将来的工程总承包只有两种模式，也是之前运用比较多的模式：一是对工程设计、采购、施工进行总承包（EPC模式），二是对设计、施工进行总承包［（D+B）模式］，此两种承包模式下的工程款优先权，还需要司法实践的进一步探讨、研究。

（2）建设工程价款优先受偿权不适用于监理人。根据《合同法》第269条、第276条的规定，监理合同不属于建设工程合同，而是委托合同，因此，监理人当然不能适用《合同法》第286条的规定。

（3）建设工程价款优先权有条件地适用于装饰装修合同关系。根据国务院《建设工程质量管理条例》与《建设工程安全生产管理条例》的规定，建设工程包括土木工程、建筑工程、线路管道和设备安装工程及装修工程，故包括装饰装修合同。《施工合同司法解释二》第18条也规定，装修工程的施工人依法享有工程款优先权。

对于装修款的优先权，需注意以下几点：

①根据《施工合同司法解释二》第18条的规定可知，装修合同的发包人应当是建筑物所有权人。建设领域中经常出现的装修分包合同，装修合同的发包人是施工总承包单位而非业主，此种情况下，装修施工人就不享有工程款优先权；另外，发包人如果是房产承租人，装修施工人也不享有工程款优先权。

---

〔1〕 参见最高人民法院民事审判第一庭编著：《最高人民法院建设工程施工合同司法解释（二）理解与适用》，人民法院出版社2019年版，第365~366页。

②装饰装修工程的承包人，只能是取得相应资质的施工企业，不包括自然人。

《建筑法》第 26 条规定，承包建筑工程的单位应当依法取得相应的施工资质；原建设部《建筑业企业资质管理规定》（2015 年 3 月 1 日实施）将建筑业企业资质分为施工总承包资质、专业承包资质、施工劳务资质三个序列，施工总承包资质、专业承包资质按照工程性质和技术特点分别划分为若干资质类别；配套实施的《建筑业企业资质等级标准》规定，建筑装修装饰工程是专业承包资质的一类。因此，依法享有工程款优先权的装饰装修工程的承包人，只能是取得相应资质的施工企业，不包括自然人。

根据《最高人民法院关于装修装饰工程款是否享有合同法第 286 条规定的优先受偿权的函复》（以下简称《装修装饰工程优先权函复》）、《施工合同司法解释二》第 18 条的规定，优先受偿权仅限于就该装饰装修工程折价或拍卖的价款在增加价值的范围内优先受偿。

建设工程折价或拍卖后的价款如何确定增加价值是一个问题。理论上，对于增加的价值是允许进行协商确定的，即如果当事人之间有约定，依照约定进行处理，但在实务中，我们很少看到承包人会在合同中对该项主张进行请求并约定，也暂未见到类似约定；如果当事人之间没有约定，且经过协商仍不能确定的，只能通过技术鉴定进行确定。

关于家庭住宅装饰装修工程承包人是否属于优先受偿权的权利主体实践中存在争议，各地判例不一。但最高人民法院目前观点是否定的，最高人民法院民事审判第一庭编著的《最高人民法院建设工程施工合同司法解释（二）理解与适用》一书认为家庭居室装饰装修的承包人不享有优先受偿权。因此在房地产企业破产实务中一般不涉及，故不赘述。

（4）建设工程价款优先权有条件地适用于消防工程合同关系。消防工程同装饰装修工程一样，既可以由建设工程的施工总包人负责，也可以由建设单位直接发包给专业的消防工程承包人，所以消防工程施工人行使优先受偿权时会受到一定程度的限制：①只有建设单位直接将消防工程发包出去，承包该工程的专业承包人才享有工程价款优先受偿权；如果是施工总包单位将消防工程分包了专业承包人，则该消防工程的施工人无权向建设单位主张工程款优先权。②消防工程的承包人只能就其承包的消防工程给整个工程增值的范围内行使优先受偿权。

（5）实际施工人不享有建设工程价款优先受偿权。实际施工人严格来说不是一个明确的法律名词，是《最高人民法院关于审理建设工程施工合同纠纷案件适用法律问题的解释》（法释〔2004〕14号，以下简称《施工合同司法解释一》）中首创的一个词语，是与"总承包人""分包人"并列的法律概念。且在该解释中，并未对"实际施工人"的含义作出明确规定。根据最高人民法院民事审判第一庭编著的《最高人民法院建设工程施工合同司法解释（二）理解与适用》一书，"实际施工人"是指无效施工合同的承包人，包括转承包人、违法分包人、借用他人资质或挂靠他人签订施工合同的承包人，包括法人、非法人团体、个人合伙、自然人（此处的自然人应理解为包工头，不是指农民工等）。最高人民法院民事审判第一庭编著的《最高人民法院建设工程施工合同司法解释（二）理解与适用》一书中认为"实际施工人"不享有工程款优先权。

另外需要指出的是，实际施工人不包括承包方的履行辅助人、合法的专业分包工程承包方、劳务作业承包方等。

（6）挂靠方是否享有优先受偿权。挂靠是指企业挂靠经营，就建筑工程而言，是指一个施工企业允许他人在一定期间内使用自己企业的名义对外承接工程的行为。允许他人使用自己名义的企业为被挂靠企业，相应的使用被挂靠企业名义从事经营活动的企业或个人为挂靠方。

对于司法实践中，挂靠人是否享有工程款优先权，是最有争议的。基于上述挂靠的特点可以看出，一般来讲发包人与挂靠方没有直接的合同关系，挂靠人只能以被挂靠人的名义订立合同。"如果允许实际施工人向发包人主张工程价款优先受偿权，实属变相鼓励挂靠或者出借资质行为，不利于建设主管部门对建筑企业的资质管理。"[1] 所以，挂靠方是不享有建设工程价款优先受偿权的。

但实践中对于具体情节也有不同的观点。有观点认为，在发包人明知挂靠的情形下，发包人与借用资质的实际施工人之间为事实上的建设工程施工合同关系，在这种情况下，真实的合同相对方即为发包人和挂靠人，并且是双方心知肚明的，如果否定了作为实际施工人的挂靠人的优先受偿权，不仅

---

[1] 参见最高人民法院民事审判第一庭编著：《最高人民法院建设工程施工合同司法解释（二）理解与适用》，人民法院出版社2019年版，第371页。

无法保护建筑工人的权益，也容易导致发包人人为制造事先明知挂靠，事后否认明知的情况，造成不公。该观点可以从《最高人民法院关于审理建设工程施工合同纠纷司法解释（二）》（征求意见稿）找到合理解释，该征求意见稿第9条第3款规定："发包人订立合同时明知实际施工人借用资质，实际施工人向出借资质的建筑施工企业主张工程价款的，不予支持；实际施工人主张出借资质的建筑工程施工企业对发包人不能清偿工程价款承担补充责任的，可予支持。"对于发包人明知的挂靠，形成了事实上的建设工程施工合同关系，不能让被挂靠人全部"买单"，也不能让发包人因违法行为而获利。

我们认为，虽然《施工合同司法解释一》第1条在表述时用了"借用"这一措词，且与住建部对挂靠的认定有一定出入[1]。但是，在该管理办法发布前，在实务中，也有很多地方将挂靠方视为实际施工人，例如《2011年山东省高院民事审判工作会议纪要》第3条第6项，《北京市高级人民法院关于审理建设工程施工合同纠纷案件若干疑难问题的解答》（2012年8月6日）第18条等，因此我们认为，此时"挂靠"与"借用"实际上系同一概念。

根据《最高人民法院建设工程施工合同司法解释（二）理解与适用》一书中的观点，实际施工人依据《施工合同司法解释一》第26条有条件地向发包方主张工程款，本已经属于对非直接与发包方签订合同的主体超过合同相对性而保护的一种债权请求权，不应再进行过度保护，因此不应当享有建设工程价款优先受偿权。但是同样需要注意的是，对于《施工合同司法解释一》第26条突破合同相对性的主体，从文义解释来看，仅仅包括转包方与违法分包方所对应的实际施工人，并不包括挂靠方，所以也就有了挂靠方是否享有优先受偿权的争议。

（7）发包人直接指定的分包人享有优先受偿权。实务中，存在发包人指定分包人的情形，此种情况下的分包人是否享有工程款优先权，司法实践中有争议。最高人民法院认为，发包人与承包人签订的施工合同中如果约定由发包人指定特定项目由第三人作为分包人，而且在履行过程中，指定分包人

---

〔1〕　住建部2019年1月3日印发的《建筑工程施工发包与承包违法行为认定查处管理办法》第10条规定"存在下列情形之一的，属于挂靠：（一）没有资质的单位或个人借用其他施工单位的资质承揽工程的；（二）有资质的施工单位相互借用资质承揽工程的，包括资质等级低的借用资质等级高的，资质等级高的借用资质等级低的，相同资质等级相互借用的；（三）本办法第8条第1款第（三）至（九）项规定的情形，有证据证明属于挂靠的。"

完全代替承包人就特定工程项目履行了合同义务，承包人仅承担配合盖章等手续的义务，则在指定分包人与发包人之间形成了事实合同关系。在此种情形下，指定的分包人享有工程价款优先受偿权。[1]

延伸：未与发包人直接签订合同的分包人，在特定情况下能否成为优先受偿权的权利主体争议。正常情况下，未与发包人直接签订合同的分包人并非优先受偿权的权利主体。也有观点认为，"当总承包人怠于主张其自身对于发包人的相应于分包工程范围的总包工程价款的债权，致合法分包人的分包工程价款债权不能清偿时，合法分包人可以基于行使工程价款清偿的代位权而向发包人主张相应分包工程价款，并享有相应的工程价款优先权"。[2]

（8）债权转让主体是否享有优先受偿权。这一问题主要是涉及建设工程价款债权转让后，受让人是否享有优先受偿权的问题。对于此种情况下，是否享有优先受偿权尚无定论，最高人民法院也未明确作出答复，但是在实务中又不得不解决。因为在实践中所表现的形态众多，需要结合实际具体分析对待。第一种观点认为，《施工合同司法解释一》第26条第2款是为了保护农民工的合法权益，施工承包人通过转让债权已获得相应对价，则其权利已得以实现，"保护农民工的合法权益"的事实基础也不复存在。债权受让人的权利也不存在农民工权益问题，其当然也无权向建设单位主张工程款优先权。第二种观点认为，优先受偿权作为一种权利，根据合同法的相关规定，当然可以转让而无须债务人同意；参照担保法的相关规定，主债权转让担保债权同时转让，因此债权受让人当然也有权向建设单位主张工程款优先权。况且，理论界对工程款优先受偿权的性质还是有争议的，其中一种观点认为，工程款优先受偿权是一种法定抵押权。如果是法定抵押权，那么债权受让人当然也有权向建设单位主张工程款优先受偿权。

5. 建设工程价款优先受偿权的行使对象

（1）发包人。工程款优先受偿权的对象是发包人，前提条件是发包人是建设单位即建筑物的所有权人。实务中，发包人多数都是建设单位，此种情况下一般争议不大。

---

〔1〕 参见最高人民法院民事审判第一庭编著：《最高人民法院建设工程施工合同司法解释（二）理解与适用》，人民法院出版社2019年版，第370页。

〔2〕 曹文衔："建设工程价款优先权主体中的施工承包人"，载北大法宝。

（2）开发项目合作方。房地产实务中存在大量的合作开发项目，一般是一方出地、一方出资，双方对所开发房产的所有权归属进行约定；或者是开发商"卖楼座"，购买楼座一方出资建设，所买楼座归实际购买人所有。受不动产物权登记制度、建设领域工程审批手续等因素的影响，合作开发项目，都会存在一个名义开发商、实际所有权人的情况。

对于合作开发项目，如果施工合同的发包人是开发商，即以开发商名义签订的施工合同，施工承包人依法应享有工程款优先权。

如果施工合同的发包人是实际所有权人而非名义开发商，我们认为，鉴于涉案工程由实际所有权人所有，施工承包人依法应当享有工程款优先权；如果开发商与实际所有权人发生争议，开发商否认涉案工程属于实际所有权人所有，此时施工承包人是否享有工程款优先权，则需根据具体情况具体分析，结合施工合同的签订情况等进行判断。

（3）非发包方的工程所有权人。根据合同相对性原则，施工承包人应当向发包人主张工程款优先权。如果发包人不是建筑物的所有权人，此时，施工承包人不应享有工程款优先权。

（4）项目受让人。根据合同相对性原则，施工承包人应当向发包人主张工程款优先权。如果发包人将工程项目的所有权进行了转让，我们认为，施工承包人的工程款优先权的标的物是所施工的建筑物，因此其工程款优先受偿权不受影响，施工承包人可以向受让人主张工程款优先受偿权。

但是，根据《工程款优先权批复》的规定，如开发商已将建设房产销售，买受人符合消费者条件，且已经支付大部分房款的，施工单位不得对该套房产主张优先权。但是该规定也只是对优先权针对的标的物进行了限制，并非限制了优先权的行使对象。

6. 建设工程价款优先受偿权的标的物

（1）质量合格工程。

施工单位索要工程价款的前提是工程质量合格，优先权的行使自然也应当据此为前提条件。质量合格的认定方式主要有以下几种：

①验收检测认定。

根据《房屋建筑和市政基础设施工程竣工验收规定》（建质〔2013〕171号）第7条第1款的规定，竣工验收是指建设单位收到施工单位提交的建设工程竣工报告后，组织设计、施工、工程监理等有关单位，对工程质量进行评定，在各单位均签署质量合格意见的情况下，就意味着工程竣工验收合格。

同时，建设单位应当自工程竣工验收合格之日起15日内，依照《房屋建筑和市政基础设施工程竣工验收备案管理办法》（2009年住房和城乡建设部令第2号）的规定，向工程所在地的县级以上地方人民政府建设主管部门备案。

思考：竣工验收报告签署后，未在主管部门进行竣工验收备案，是否可认定为合格？竣工验收报告签署并备案，竣工时间的认定以哪个为准？

通过竣工验收以及备案的程序来看，竣工验收报告应当属于发包人在工程竣工验收合格后向承包人出具的证明建设工程验收合格的报告，而竣工验收备案是指工程竣工验收合格后，建设单位将竣工验收报告及其他行政部门出具的认可性文件报工程所在地的县级以上人民政府建设行政主管部门进行备案的行为。也就是说，竣工验收备案性质上不属于实质审查，而属于形式审查的"告知性备案"。在此种情况下，只要竣工验收报告在形式、内容完备的情况下，除非有其他证据予以排除，应当以竣工验收报告上载明的内容来判定工程是否竣工以及工程竣工的具体时间（约定竣工条件高于该通说条件的除外）。

另外，《合同法》第279条规定，建设工程竣工后由发包人根据施工图纸、相关规范与标准等进行验收。从该规定也可以看出，建设工程质量验收，应当以发包人组织施工、设计、监理等进行验收后形成的验收报告为准。

②司法鉴定。

在未按照竣工验收的相关程序性规定进行验收、备案的情况下，如果各方对工程质量有争议，又不能形成一致验收意见，必须要对工程的质量问题委托具备鉴定资格的鉴定人进行鉴定，因为该问题属于必须查明的专业性事实问题。通过司法程序，对质量是否合格进行判断。

③司法推定。

司法推定是对行政质量认定与司法直接鉴定的一种补充，是司法机关对事实进行认定的重要方法，司法推定所认定的事实，属于当事人免予证明的事实。根据《施工合同司法解释一》第13条之规定"建设工程未经竣工验收，发包人擅自使用后，又以使用部分质量不符合约定为由主张权利的，不予支持"，意味着发包人擅自使用未经竣工验收的建设工程，视为对该工程质量的认可，或者说发包人自愿承担质量不合格的风险，故无须再对其擅自使用的非地基基础工程和主体结构进行司法鉴定，可直接通过司法推定来确定工程质量。但在司法推定的过程中，一定要对推定的工程部分进行严格限定，只能限于对发包人擅自使用的工程部分，不能因为发包人的擅自使用行为而覆盖全部工程。

（2）特殊情形。

①合同无效，工程质量合格但并未达到当事人订立合同时对工程质量的特殊约定标准。

判断承包人是否享有工程价款优先受偿权，应当以建设工程质量合格的法定标准作为依据，而不能依据当事人之间的约定。同时需要注意的是，虽然当事人之间对质量的约定不能影响建设工程价款优先受偿权的认定，但是会对当事人之间的民事责任承担产生影响，若工程质量未达到约定标准并对发包人造成了损失，发包人可以依据约定向承包人主张民事权利，要求其承担相应的责任。

②未竣工工程。

未竣工工程的范围比较广泛，主要包括两种情形：一是工程已完工，但未能及时组织质量验收的工程；二是工程未完工，即工程停建所产生的"烂尾工程"，由此导致未能进行质量验收的工程。

其一，已完工工程的质量认定。

此种情况，仅仅是因为各种原因导致建设方和施工方未能就完工工程进行竣工验收，但就建设工程而言，工程的状态是确定的、完整的，完全可以根据前述的各方共同验收、司法鉴定和司法推定等方式，对存在争议的建设工程质量进行认定，不再赘述。

其二，未完工工程的质量认定。

一种情况是，未完工工程并未进行续建。此种情况，对未完工工程中已施工部分的质量认定，可以结合相应的证据和工程状态综合认定，但提交证据的举证方应当是承包人，其可以就已施工工程的分部分项验收手续来认定质量问题；发包人若有证据推翻并且产生争议，可以通过鉴定方式来判断，根据鉴定意见不能达成一致意见的，可通过司法程序解决。

另一种情况是，已经由第三人续建的情况。此种情况，在实践中较为复杂，在发包人将工程交由第三人续建之前，最好对续建前承包人实际施工完成的工程状况进行详细的确认，否则，在第三人续建完成并且质量验收后，只能推定续建前的部分工程质量合格。

其三，因承包人原因致使工程未竣工，是否享有优先受偿权。

承包人对工程未竣工存在过错并且造成损失的，不影响其享有的工程价款优先受偿权，但发包人可以依法要求承包人承担相应的民事责任。

（3）不宜折价、拍卖的建筑。

①违法建筑。

从违法性质及产生的后果来看，违法建筑主要分为程序违法和实质违法。程序违法，是指建设建筑物本身没有违反《城乡规划法》和《土地管理法》等强制性规定，只是在审批环节上缺少完整的办理手续，存在一定的瑕疵。实质违法，是指违反了土地、城乡规划法律及管理制度的强制性规定，非经拆迁无法补正的情形。

不论何种违法，只要是违法建筑就不享有优先受偿权，因为此种情况无法对建筑物进行权利处分，处分行为不发生物权效力，故不能通过折价、拍卖的方式予以转让。对于实质性违法是无法补救的，但是对于程序性违法，如果导致建筑违法之事由得以消除，使违法建筑成为合法建筑的话，则不属于违法建筑之列。

在司法实践中，因政绩驱动，由开发区甚至是政府牵头的程序性违法建筑大量存在，比如程序违法事项可以在法庭辩论终结前予以补正，补正之后即不属于违法建筑。也有极少数法院对程序性违法建筑做进一步宽泛处理，通过对地方性文件的解读，认定部分建筑可以经过事后依程序补正使其变为合法建筑，故即便未在法庭辩论终结前予以补正，也认可承包人的优先受偿权。

②工程质量不合格且难以修复的建筑。

此种建筑属于质量缺陷无法通过修复予以弥补，建设工程丧失了其使用价值，对于没有利用价值的建设工程，只能毁掉重新进行建设。首先，该建筑对于发包人将无法使用，导致合同目的无法实现；其次，根据《建筑法》第58条、《施工合同司法解释一》第25条之规定，承包人还要对建设工程质量的不合格承担相应的民事赔偿责任；再次，根据《施工合同司法解释一》第3条的规定，建设工程质量不合格，承包人连请求发包人支付工程价款债权的权利都不享有，谈何享有优先受偿权。综上，工程质量不合格且难以修复的建筑是不享有建设工程价款优先受偿权的。

还有一种例外，如果发包人对工程质量不合格存在过错的话，应当根据过错程度承担相应的民事责任，故我们认为，此种情况下，承包人对于其主张的工程价款可以享有优先受偿权。

③法律、行政法规规定的其他情形。

《物权法》第184条对于禁止抵押的财产范围进行了列举式规定，根据该条第3项之规定，学校、幼儿园、医院等以公益为目的的事业单位、社会团体的教育设施、医疗卫生设施和其他社会公益设施属于不可抵押的财产；因此，对于不可进行抵押的财产，更不能通过折价、拍卖的方式进行转让。故上述范围内的建设工程及附属设施，属于法律规定的"不宜折价、拍卖"的情形，承包人不享有建设工程价款优先受偿权。

若上述事业单位、社会团体的教育设施、医疗卫生设施和其他设施不属于公益设施范围内的部分，则可以进行折价和拍卖，不影响承包人的建设工程价款优先受偿权。比如，学校开办的宾馆、医院开办的生产基地等。

7. 建设工程价款优先受偿权的范围

建设工程价款优先受偿权的范围，是指建设工程价款优先受偿权所担保的债权范围，即在建设工程施工合同关系中何种债权可以优先受偿。

在《施工合同司法解释二》实施前，就建设工程价款优先受偿权的范围仅有《合同法》第286条以及《工程款优先权批复》第3条对此有所规定。依据上述规定，将优先受偿权范围限定在承包人为建设工程应当支付的工作人员报酬、材料款等实际支出费用，但是从实践中来看，把应当支付的工作人员报酬、材料款等实际支出费用从建设工程价款中分离计算出来，缺乏可操作性，即便是可以计算出来，花费的成本也极高。故《工程款优先权批复》第3条在司法实践中极少应用。

《施工合同司法解释二》出台后，第21条对建设工程价款优先受偿权的范围作出了明确的规定，即依照国务院有关行政主管部门关于建设工程价款范围的规定确定。

目前，房屋建设项目而言，现行的行政主管部门的规定主要有两个：一是住建部、财政部印发的《建筑安装工程费用项目组成》，其中第1条第1款规定："建筑安装工程费用项目按费用构成要素组成划分为人工费、材料费、施工机具使用费、企业管理费、利润、规费和税金。"二是原建设部《建设工程施工发包与承包价格管理暂行办法》，其中第 5 条第 1 款规定："工程价格由成本（直接成本、间接成本）、利润（酬金）和税金构成。"

上述两个文件对于建设工程价款的概念"虽然表述不同，但内涵基本一致。在确定工程建设工程价款优先受偿的范围时，应当依照上述规定确定"。[1]同时，在工程量清单计价模式下，工程款由分部分项工程费、措施项目费、其他项目费、规费和税金组成。其中，分部分项工程费、措施项目费、其他项目费又分别包含了人工费、材料费、施工机具使用费、企业管理费和利润及相应风险。因此，建设工程价款优先受偿权的范围，不论计价方式如何，其范围所指基本上是一致的。[2]

（1）属于优先受偿权的范围。

①利润。

根据建设主管部门的规定，工程造价的组成中含有利润，《施工合同司法解释二》出台前，对于利润是否可以优先受偿有所争议。反对者主要认为即便优先权需要扩张范围，也不能扩张至承包人的利润，因为承包人的利润与发包人其他债权人的债权相比没有特殊性，且不符合《工程款优先权批复》第 3 条之规定。

《施工合同司法解释二》出台后，也没有明确指明是否包含利润，但可以通过其规定推导得出结论，即最高人民院认可将承包人的利润作为建设工程价款的组成部分，视为优先受偿权的范围内。主要理由为：其一，行政主管部门的规定以及实践中的工程造价鉴定，均把利润作为建设工程价款的一部分；其二，基于建设工程项目自身的行业特点，工程价款的计算方式较为特殊且特别复杂，直接从建设工程价款中分离出利润，可行性较差且成本过高。

另外，工程造价的组成中含有税金，根据上述分析，税金也应属于优先受偿权的范围。但是在房地产企业的实务操作中，管理人和法院根据个案的实际情况，比如个别案件中普通债权人清偿率过低，不利于重整计划的表决通过，如果最终重整计划通不过，"烂尾"不能盘活，优先债权最终也难以实现，从平衡各组债权人利益的角度，实践中管理人可向法院申请在制定债权

---

〔1〕 参见最高人民法院民事审判第一庭编著：《最高人民法院建设工程施工合同司法解释（二）理解与适用》，人民法院出版社 2019 年版，第 425 页。

〔2〕 常设中国建设工程法律论坛第八工作组：《中国建设工程施工合同法律全书词条释义与实务指引》，法律出版社 2019 年版，第 440 页。

审核标准时将建筑优先权的利润和税金剔除，并确保一案一审核标准，不能在一件破产案件里出现两套建筑优先权审核标准。

②企业管理费。

同利润基于规定推导进行确定一样，企业管理费是承包人实际支出并且物化到建设项目的费用，该费用是建设工程项目中必然发生的，属于建设工程的成本之一，自然属于建设工程价款的组成部分，应当受到优先受偿权的保护。

③质量保证金。

实践中存在争议，有观点认为，质量保证金是对建设工程质量的一种履约担保，是工程质量是否合格的保证金；另外一种观点认为，期满应返还的履约保证金是工程价款的一部分，应当视为优先受偿权的一部分。最高人民法院赞同第二种观点，认定其属于优先受偿权范围。理由是"在建设工程质量合格的情况下，发包人应当向承包人支付全部建设工程价款。从建设工程价款中预扣的工程质量保证金，本质上仍属于建设工程价款的一部分，只是为了让发包人确保建设工程质量，合同约定或者法律规定了缺陷责任期。从某种意义上讲，返还建设工程价款中预扣的工程质量保证金可视为附期限的工程价款支付义务。该期限即为合同约定或者法律规定的缺陷责任期"。[1]

延伸：若认定工程质量保证金属于优先受偿权的范围，那么该款项的附期限工程价款给付义务通常最少为 2 年，自竣工验收合格之日起计算。优先受偿权的 6 个月的起算日为应当支付建设工程价款之日，而建设工程价款的应当给付之日通常略晚于工程竣工验收，也就是说，要么在工程质量保证金尚未到期的情况下，承包人就应当主张优先受偿权，此时协商或诉讼工程价款优先受偿权的范围无法主张质量保证金；要么当工程质量保证金到期时，优先受偿权的 6 个月除斥期间已过，也就无法主张优先受偿权了。只有在工程价款给付之日约定不明，且工程质量合格并已过质保期后，当事人之间仍不能就工程价款优先受偿权协商一致的，才有可能将工程质量保证金计算至主张工程价款优先受偿权范围来适用。

---

〔1〕 参见最高人民法院民事审判第一庭编著：《最高人民法院建设工程施工合同司法解释（二）理解与适用》，人民法院出版社 2019 年版，第 441~442 页。

（2）有争议的优先受偿权范围。

①承包人的垫资。

在实践中，承包人主张垫资款，主要是依据《施工合同司法解释一》第6条之规定："当事人对垫资和垫资利息有约定，承包人请求按照约定返还垫资及其利息的，应予支持，但是约定的利息计算标准高于中国人民银行发布的同期同类贷款利率的部分除外。当事人对垫资没有约定的，按照工程欠款处理。当事人对垫资利息没有约定，承包人请求支付利息的，不予支持。"

故从规定来看，不论垫资款有无约定、属于何种性质，其应当受到债权保护是理所应当的。至于是否应当属于工程款优先权保护之列，《施工合同司法解释二》没有对《施工合同司法解释一》第6条作出进一步说明，最高人民法院也没有明确态度，主要原因是根据建设部、国家计委、财政部1996年发布的《关于严格禁止在工程建设中带资承包的通知》的精神，垫资是不提倡甚至禁止的。

但从客观实际来看，垫资款只要物化入建设工程中，那么其就包含在工程价款之内；另外从文义解释来看，当事人对垫资没有约定的，按照工程欠款处理。所以，我们认为，垫资款实际应当具备优先受偿的权利，可直接作为工程价款的范围主张。只有在名为垫资实为借贷或者名为垫资实为投资或买卖的情况下，才不属于优先受偿权的范围。

②非因承包人原因导致停窝工而增加的机械费、人工费。

窝工费用是否属于优先受偿权范围，司法实践争议较大。肯定观点认为，因停窝工而增加的机械费、人工费是承包人实际为承包工程支付的费用，该费用也物化到了建筑工程本身，理应属于优先受偿工程价款的范围。否定观点认为，发包人等其他第三人导致增加的机械费、人工费应当属于工程索赔的部分，从性质上属于因违约行为导致的损失，《施工合同司法解释二》明确规定违约金不属于建设工程优先受偿的范围。

我们认为，根据《合同法》第283条，因窝工导致的机械、人工费用，属于对施工单位的损失赔偿，不属于工程造价自身的范围；根据《施工合同司法解释二》第21条规定的内涵，其不应属于优先受偿权的范围。

③工程奖励金。

工程奖励金是发包人与承包人约定，就承包人按照合同的标准和时间完成特定事项以提高工程经济效益后，承包人有权要求支付的奖励性款项，通常以赶工期或评工程奖等形式出现。

现有判例中，最高人民法院分别有支持和否定的观点，故该部分列为争议项。我们认为，若合同的真实履行状况符合约定的领取奖励金条件，在结算时应当将奖励金计算在内，应当视其为工程价款的组成部分，符合优先受偿权。因为，为了达到合同约定的奖励条件，建筑工人必定为此承担超出原有合同约定一般标准的工作强度，若该部分利益得不到保障，也就违背了优先受偿权是为了保护建筑工人利益这一初衷。

（3）不属于优先受偿权的范围。

《施工合同司法解释二》第21条第2款规定："承包人就逾期支付建设工程价款的利息、违约金、损害赔偿金等主张优先受偿的，人民法院不予支持。"

①建设工程价款的逾期利息。

为了保障建筑工人的利益，建设工程价款的优先受偿权已经涵盖了利润，因为其优先权的顺位较高，若进一步将利息也视为优先权范围，则有可能损害其他债权人甚至是抵押权人的利益，违背了利益平衡的宗旨。

②发包人应向承包人支付的违约金、损害赔偿金。

违约金及损害赔偿金的争议较小，从本质上说，违约金和损害赔偿金均不是物化为建筑工程本身的价值，其与普通债权没有本质上的区别，也与保护建筑工人的利益没有任何关联。

③实现建设工程价款优先受偿权的费用。

实现优先受偿权的费用，例如诉讼费、评估费等。首先，实现建设工程价款优先受偿权的费用不是形成于工程建设过程中，而是在实现优先受偿权的过程中形成的，不应当视为优先保护的情形，否则与保护建筑工人利益的初衷背离；其次，该项费用不属于司法解释阐明的行政主管部门规定的建设工程价款的范围，若优先保护则与现有法律规定背离；再次，在破产程序中无理由将该费用加大保护力度，否则属于无缘由的一组债权人利益保护的扩大。[1]

延伸：要注意未竣工工程的优先受偿权范围。

其一，确定承包人建设工程的范围。施工单位享有优先受偿权的标的物

---

[1] 参见最高人民法院民事审判第一庭编著：《最高人民法院建设工程施工合同司法解释（二）理解与适用》，人民法院出版社2019年版，第442页。

是特定的，只限于其承包施工的工程。例如某项目共 10 栋楼，某施工单位只施工了 1~5 号楼，那么，该施工单位只能对 1~5 号楼主张优先受偿权；其不能对 6~10 号楼主张优先受偿权。

其二，对承建工程进行折价或拍卖时，不包括建筑物占用范围内的土地使用权价值。需要注意的是，在行使工程款优先受偿权时，对承建工程进行折价或拍卖时，不包括建筑物占用范围内的土地使用权所包含的价值。因为，建筑工程款针对的是其施工劳动固化于建筑物而形成的价值，而土地价值与施工单位的施工劳动无任何关联。

我国房地产行业实行"房地一体"制度，土地与房产不得分离，《物权法》第 182 条对此有明确规定。因此，在对承建工程进行折价或拍卖时，需要对建筑物占用范围内的土地使用权一并处理；折价或拍卖所得，在扣除对应的土地价款之后，余款依法用于工程款优先清偿。

至于土地款的价值，在对建筑物进行折价或拍卖之前一般都会委托评估，对此应要求评估机构同时评估土地价值，确定土地价值占建筑物总价值的比例；在对建筑物进行折价或拍卖后，按土地价值占建筑物总价值比例扣除土地使用权的价值款。管理人尤其应当注意告知评估机构在评估时将土地价值和地上建筑物价值分开评估，这样才可以准确计算出施工方享有建筑优先权的建筑物价值，并以此计算出每位申报建筑优先权的债权人的清偿比例，对应其享有优先权的建筑物实现建筑优先权后有无剩余价值给下一顺位债权人（在建工程抵押权人），或不足部分转为普通债权。

8. 建设工程价款优先受偿权的行使期限

（1）法律规定。

优先受偿权的行使期限是指承包人对工程款主张优先受偿权的起止期限。《合同法》第 286 条并未规定该权利何时行使以及行使的期限。2002 年 6 月 20 日最高人民法院发布的《工程款优先权批复》对此进行了明确，其第 4 条规定，自工程竣工之日或双方约定的竣工之日起算，工程款优先权的行使期限为 6 个月。该权利行使期限的性质为除斥期间，不存在中止、中断、延长的情形。《施工合同司法解释二》出台后，其第 22 条对工程款优先权期限作了修正，修改为"承包人行使建设工程价款优先受偿权的期限为 6 个月，自发包人应当给付建设工程价款之日起算"。

（2）行使优先受偿权的起算时间。

建设工程纠纷产生的原因由于实践中的情形各不相同，因此而产生的判例也结论不一。最高人民法院《施工合同司法解释二》的目的是将起算时间具体化，但考虑到不能穷尽所有情形，故在司法解释中对起算点作了原则性陈述，确定为自发包人应当给付建设工程价款之日起算。

（3）应付工程价款之日的确定。

《施工合同司法解释二》第 22 条，将工程款优先受偿权的起算时间修改为应当支付工程款之日。对于如何判断应当付款之日，具体如下。

①合同约定。

其一，合同有效。合同有效且约定明确的情况下，判断应付工程价款之日较为简单，经过结算后，约定的支付工程价款的时间就是应付款之日。

其二，合同无效。合同无效且竣工验收合格的情况下，也可以参照合同约定确定应付款之日，实践中认为，虽然合同无效，但是约定的工程款支付条件不受合同效力影响，可以作为参照标准，具体理论也不再详述。需要注意的是，合同无效，若工程质量不合格，则施工单位无权主张工程款，当然也就不具备主张优先受偿权的前提条件，自然不再涉及优先受偿权起算时间的问题。

②施工合同无约定或约定不明的。

施工合同中如未明确约定付款时间或对付款时间约定不明的，则可以参考《施工合同司法解释一》第 18 条的规定确定应付款时间，工程已经实际交付的，为工程交付之日；工程没有实际交付的，为提交竣工结算文件之日；工程没有实际交付，工程价款也未结算的，为起诉之日。

③施工合同解除或者双方已达成结算协议的。

发包人与施工单位如果已经解除施工合同，双方对此另行达成协议的，则按该协议中约定的付款时间作为应付款之日。如果该协议中未明确约定付款时间或对付款时间约定不明的，则按前述意见处理。

如果双方就工程款结算问题已经达成协议的，则按结算协议中约定的付款时间作为应付款时间。

（4）施工进度款的优先受偿权问题。

施工工程周期往往较长，施工合同中都会约定工程进度款，实务中一般约定按月支付或按工程节点支付。施工进度款作为工程款的组成部分，其适用工程款优先受偿权应无异议。

但是，在施工过程中，发包人拖欠进度款是普遍存在的，施工单位不可能只要出现拖欠就起诉，承包人一般会在竣工结算时一并提出优先受偿权。《施工合同司法解释二》又规定，工程款优先受偿权的行使期限为 6 个月，起算时间为应付款之日；因为该 6 个月的期限为除斥期间，发包人往往会主张，进度款的应付款时间约定明确，至工程竣工结算时已经超过 6 个月的期间，以此抗辩要求不予优先清偿。

我们认为，如果发包人的上述意见得到支持，不仅与合同法的立法本意相违背，在司法实践中也根本不具有可行性，将使工程款优先受偿权的立法目的落空，反而进一步鼓励了发包人的不诚信行为。第一，司法效率一般都较低，拖延时间较长。进度款一般按月支付，第一个月的进度款的诉讼还未结案，第二个月索要进度款的诉讼又来了，易造成诉累。第二，支付进度款的时间点，工程一般都未竣工，客观上不具备折价或拍卖的条件。第三，百姓一般都不愿打官司，一旦起诉，双方的矛盾就会彻底激化，不利于施工合同的后续履行。因此，通过诉讼方式主张工程款进而要求优先受偿权的案例，实务中极为罕见，除非承包人决定解除施工合同。实务中，即使存在拖欠进度款的情形，一般也都是在竣工结算阶段统一主张，最多同时主张逾期付款利息。

因此，应以最终竣工总价款的应付款时间作为工程款优先受偿权的时间起算点，不应以约定的进度款支付时间作为工程款优先受偿权的时间起算点。

（5）约定延长或缩短优先权行使期限的问题。

《施工合同司法解释二》第 22 条规定，工程款优先权行使期限为 6 个月，该期限为除斥期间，不存在中止、中断、延长的情形。但是，双方当事人是否可以约定延长、缩短该期限，法律规定并不明确，实践中争议较大。之前各地高级人民法院都出台了很多司法指导意见，但观点并不一致。

《施工合同司法解释二》第 23 条规定，对放弃、限制工程款优先受偿权作了附条件的认定无效，即如果损害了建筑工人的利益，则无效；由此倒推，如果施工单位放弃、限制工程款优先权的行为并未损害建筑工人的利益，则是有效的。至于如何判断"损害建筑工人利益"，我们认为，应当以是否拖欠建筑工人的工资为主要参考；且实务中，建筑工人尤其是农民工的工资发放情况，都需要在建设主管部门或发包人处备案的。

关于双方当事人约定延长工程款优先受偿权的行使期限，实务中比较少见。如果出现类似情形，我们认为，既然可以约定缩短期限，在不损害建筑工人的前提下是有效的，那么约定延长期限也是可以的；但是，延长期限，损害的一般是银行等抵押权人的利益。此时，应着重判断发包人、承包人双方是否存在恶意串通损害第三人利益的情况，如果有，根据《合同法》《民法总则》的规定应认定无效。

（6）优先权放弃问题。

放弃优先权，与缩短优先权类似，《施工合同司法解释二》第23条对此已有明确规定，上面我们已经进行了分析，此处不再赘述。但是，放弃优先权存在一个绝对放弃、相对放弃的问题。

绝对放弃，是指承包人彻底放弃工程款优先受偿权，其债权成为普通债权，这种放弃，只要不损害建筑工人的利益，根据意思自治原则应当认为有效。

相对放弃，是指承包人放弃部分工程款优先受偿权，相对放弃的情况比较多，包括：①放弃部分债权额的优先清偿；②只对某一特定建筑物或某一特定房产放弃优先清偿；③只对某一特定债权人（如抵押权人）放弃优先清偿；④附条件或附期限的放弃优先权等。我们认为，上述放弃，只要不损害建筑工人的利益，对发包人的其他债权人、抵押权人等均未增加负担，根据意思自治原则应当认为有效。

（7）承包人行使优先权的方式。

根据最高人民法院的司法解释，承包人行使优先权的期限为6个月，但并未规定是否必须向法院提起诉讼（或申请仲裁）的方式行使。由此引申出一个问题：承包人已在6个月内向发包人主张过工程款优先受偿权，但在6个月之后才向法院起诉，承包人是否属于超期行使权利？

对于这一问题，司法实践中还是有争议的。但我们认为，承包人不属于超期行使权利。《担保法》规定，保证期间也是除斥期间，债权人也必须在保证期间内向保证人主张权利，逾期不主张的，保证人的保证责任灭失。《最高人民法院关于适用〈中华人民共和国担保法〉若干问题的解释》（以下简称《担保法司法解释》）第34条第2款规定，连带责任保证的债权人在保证期间届满前要求保证人承担保证责任的，从债权人要求保证人承担保证责任之日起，开始计算保证合同的诉讼时效。参考《担保法司法解释》关于保证的规定，承包人已在 6 个月内向发包人主张过工程款优先受偿权，应从承包人要求发包人承担责任之日起，开始计算工程款优先受偿权的诉讼时效。

（二）消费性购房优先权

在房地产企业破产程序中，因房地产破产企业所预售的房产在破产时往往尚未建成，而破产则会影响到大量购房消费者的基本权益，处理不当则容易形成较大的社会群体性矛盾。而对于在房地产企业破产案件中应当如何保护购房消费者的权益，目前我国《企业破产法》及相关司法解释的规定尚不完备。笔者将自己在担任房地产企业破产管理人过程中所遇到的相关问题及倾向处理意见总结如下。

1. 对于已预售房产在破产中财产性质的认定

在房地产企业破产案件中，破产企业最主要的财产就是尚未开发的土地和在建或已建成但购房者尚未办理产权证的房产，而对于购房者已支付了购房款而尚未交付，或者虽已交付使用但购房者尚未办理产权登记的预售房产是否属于破产企业的财产，仍有争议。有观点认为此类财产不属于破产财产，依照 2002 年《最高人民法院关于审理企业破产案件若干问题的规定》（以下简称《规定》）第 71 条之规定："下列财产不属于破产财产：（一）债务人基于仓储、保管、加工承揽、委托交易、代销、借用、寄存、租赁等法律关系占有、使用的他人财产；（二）抵押物、留置物、出质物，但权利人放弃优先受偿权的或者优先偿付被担保债权剩余的部分除外；（三）担保物灭失后产生的保险金、补偿金、赔偿金等代位物；（四）依照法律规定存在优先权的财产，但权利人放弃优先受偿权或者优先偿付特定债权剩余的部分除外；（五）特定物买卖中，尚未转移占有但相对人已完全支付对价的特定物；（六）尚未办理产权证或者产权过户手续但已向买方交付的财产；（七）债务人在所有权保留买卖中尚未取得所有权的财产；（八）所有权专属于国家且不得转让的财产；（九）破产企业工会所有的财产。"基于上述规定，购房者已经全部支付房款的，属于第 5 项之规定，而已交付使用但未办理产权登记的房产，属于第 6 项之规定，均不应属于破产企业的财产，而应为购房人的财产。

笔者认为，2002 年《规定》系在现行《企业破产法》施行之前，为正确适用《企业破产法（试行）》所制定的司法解释，在现行《企业破产法》颁布之后，原则上 2002 年《规定》应当废止。虽然最高人民法院并未明文废止 2002 年《规定》，但司法实践中普遍共识为 2002 年《规定》中与《企业破产法》及其后的司法解释不相矛盾的内容才为有效，存在矛盾或不同之时应以其后的《企业破产法》及司法解释为准。2013 年《破产法司法解释二》第 2 条同样对于不属于破产财产的范围进行了规定："下列财产不应认定为债务人财产：（一）债务人基于仓储、保管、承揽、代销、借用、寄存、租赁等合同或者其他法律关系占有、使用的他人财产；（二）债务人在所有权保留买卖中尚未取得所有权的财产；（三）所有权专属于国家且不得转让的财产；（四）其他依照法律、行政法规不属于债务人的财产。"相较于 2002 年《规定》第 71 条的内容，《破产法司法解释二》的规定删除了包括 2002 年《规定》第 5 项和第 6 项在内的 5 项，而仅保留了原来 9 项中的 4 项，而《破产法司法解释二》第 48 条规定："本规定施行前本院发布的有关企业破产的司法解释，与本规定相抵触的，自本规定施行之日起不再适用。"前述两个法条显然是对同一问题的不同规定，应当适用 2013 年《破产法司法解释二》之规定，即 2002 年《规定》第 71 条中被 2013 年《破产法司法解释二》第 2 条所删除的内容不再适用。况且在被删除的 5 项中，关于抵押物是否属于破产财产的问题，在现行《企业破产法》及司法实践中对于抵押物仍属于破产财产并无争议。从这一点也可看出，2013 年《破产法司法解释二》第 2 条中删除的 5 项内容，应当理解为该 5 项已不再适用。

而在作为特别法的《企业破产法》对此类房产权属没有做特别规定的情况下，对其权属的认定就应该适用《物权法》第 9 条第 1 款之规定，即"不动产物权的设立、变更、转让和消灭，经依法登记，发生效力；未经登记，不发生效力，但法律另有规定的除外"。而《物权法》的上述条文仅排除"法律另有规定的除外"，该除外条款仅可适用于法律规定，而最高人民法院出台的司法解释与之相矛盾的规定，不能作为该除外条款的适用范围。况且，《物权法》于 2007 年颁布并生效的，2002 年《规定》第 71 条第 5 项、第 6 项之规定与前述《物权法》第 9 条所规定的内容相矛盾，依据新法优于旧法，法律优于司法解释的基本原则，均应认定在房地产企业破产案件中，购房者已支付了购房款而尚未交付，或者虽已交付使用但购房者尚未办理产权登记的预售房产，仍属于破产财产，仍应当按照破产财产分配原则予以处理。

2. 对于应当优先保护的购房消费者的范围认定

我国《企业破产法》对于破产债权清偿顺位的规定中，并未对房地产企业破产案件中购房消费者的权益应当如何保护进行明确，但考虑到购房消费者对于其所购买房产的物权期待权及其基本的生存权，在破产案件中购房消费者的确具有一定的特殊地位，其基本权益应当给予相应的保护。对此，2002 年的《工程款优先权批复》第 2 条规定，"二、消费者交付购买商品房的全部或者大部分房款后，承包人就该商品房享有的工程价款优先受偿权不得对抗买受人"。而此《工程款优先权批复》第 1 条规定了建设工程价款优先受偿权优先于抵押权和其他债权，据此可以得出，已交付全部或大部分房款的消费者，对于所购房产的权益优先于建设工程价款优先受偿权、抵押权和其他债权。但在破产实践中，应当从严把握优先清偿的债权范围，准确区分消费者与非消费者，依法审慎划定消费者标准，合理确定优先权效力范围，实现消费性买受人与其他债权人利益的妥善平衡。而与《工程款优先权批复》精神相呼应的是，2015 年《最高人民法院关于人民法院办理执行异议和复议案件若干问题的规定》（以下简称《执行异议和复议规定》）第 29 条规定："金钱债权执行中，买受人对登记在被执行的房地产开发企业名下的商品房提出异议，符合下列情形且其权利能够排除执行的，人民法院应予支持：（一）在人民法院查封之前已签订合法有效的书面买卖合同；（二）所购商品房系用于居住且买受人名下无其他用于居住的房屋；（三）已支付的价款超过合同约定总价款的百分之五十。"以上《工程款优先权批复》及《执行异议和复议规定》，即为现在房地产企业破产案件实践中对于购房消费者权益保护的主要法律依据。而参照《最高人民法院针对山东省高级人民法院就处置济南彩石山庄房屋买卖合同纠纷案请示的答复》，对于购房消费者权益的保护，应包括保护消费者在房屋建成情况下的房屋交付请求权，以及在房屋未建成情况下的购房款返还请求权。

笔者认为，结合上述《工程款优先权批复》和《执行异议和复议规定》的相关规定，笔者将在房地产破产案件中应当予以优先保护的购房消费者的条件总结为：（1）购房者为自然人；（2）所购房产用于居住；（3）在本小区只购有一套房产；（4）已交付房款超过百分之五十。对于上述四个条件，笔者是在从严适用两个司法解释的规定的前提下总结的，但对此四个条件，在实践操作中仍有所争议。（1）关于消费者是否包含单位的问题。《工程款优先权批复》中使用的是"消费者"这一概念，《中华人民共和国消费者权益保护法》（以下简称《消费者权益保护法》）第2条规定，"消费者为生活消费需要购买、使用商品或者接受服务，其权益受本法保护"，该规定中并未明文排除单位作为消费者的主体地位，故有人认为，单位非为经营需要而购买商品房的，在破产中也应属于优先保护的"消费者"范围。对此，笔者认为，我国《消费者权益保护法》中虽未明文排除单位作为消费者的主体地位，但《消费者权益保护法》是对于在社会经济活动中处于弱势地位的个体给予一定保护的法律，而自然人相比于单位显然更需要这种给予保护的地位。且在破产案件中给予消费者相应优先保护的法理基础之一的生存权也仅是自然人才享有。故笔者认为在此的"消费者"仅界定为自然人更为合适。（2）对于无其他用于居住的房屋的范围问题。对于《执行异议和复议规定》中所规定的"无其他用于居住的房屋"的理解，从理论上讲，确实应是基于本人名下无论在何处均无其他用于居住的房屋，但从实践操作角度考虑，目前我国的不动产登记制度还无法实现有效地在全国范围内查询某人名下的所有房产信息，之前实践中多仅以本项目小区范围为界。最高人民法院九民会议纪要第125条对该问题进行了进一步的明确，即应理解为在案涉房屋同一设区的市或者县级市范围内商品房消费者名下没有用于居住的房屋。商品房消费者名下虽然已有1套房屋，但购买的房屋在面积上仍然属于满足基本居住需要的，可以理解为符合该规定的精神。（3）已交房款不足百分之五十的是否给予优先保护。在《工程款优先权批复》与《执行异议和复议规定》中均以不同表达方式言明了受保护的范围应当是已付房款超过百分之五十，若单从条文规定出发此条应无争议。但在实践中购房业主未能付清全款大多是因为房地产企业未能按约交房或因房地产企业原因而未能办下按揭贷款，此种情形下让购房者承担全部的不利后果不够合理，且在实践操作中只是因为消费者所付房款不足百分之五十就被排除在了优先保护范围之外，极易造成此部分人过激反应。所以基于以上考虑，在具体案件的操作中，很多管理人和法院均将所付房款不足百分之五十的购房消费者也纳入优先保护的范围之中，但此时的购房消费者的优先权仅限于房款本金返还优先清偿权，而不包括要求继续履行合同交付房产的请求权。这既将已付房款不足百分之五十的购房者的权益与已付房款超过百分之五十的购房者的权益相区分，又在一定程度上保护了付款不足百分之五十购房者的基本权益。在此需要特别注意的是，在最高人民法院的九民会议纪要中，对于该"百分之五十"的理解进行了进一步明确，即如果商品房消费者支付的价款接近于百分之五十，且已按照合同约定将剩余价款支付给申请执行人或者按照人民法院的要求交付执行的，可以理解为符合该规定的精神。

3. 消费者购买未取得商品房预售许可证的房产是否应受保护

我国实行商品房预售制度，即在商品房尚未建成时，房地产企业只要取得了商品房预售许可证即可对外销售。但在实践中，许多房地产企业在尚未取得商品房预售许可证的情况下便将未建房产对外销售。此时房地产企业破产后，购买了此类房产的消费者的权益是否应当予以优先保护？

笔者认为，此类购房者应不属于优先保护的消费者范围。依照我国《城市房地产管理法》第 45 条第 1 款之规定，"商品房预售，应当符合下列条件：……（四）向县级以上人民政府房产管理部门办理预售登记，取得商品房预售许可证明"，2003 年《最高人民法院关于审理商品房买卖合同纠纷案件适用法律若干问题的解释》第 2 条之规定，出卖人未取得商品房预售许可证明，与买受人订立的商品房预售合同，应当认定无效。因此，未取得商品房预售许可证的房地产企业，并不具备签订商品房预售合同的主体资格，故其与购房者所签订的商品房预售合同应为无效合同。双方之间既无合法有效的合同关系，此类购房者当然不属于破产中应予以优先保护的消费者的范围。

4. 消费者所购房产已办理了抵押的是否应予以优先保护

在房地产企业破产案件中，有的消费者所购买的房产已被房地产企业对外进行了抵押（包括已取得产权的不动产抵押和未取得产权的在建工程抵押），在此情形下，破产中的抵押优先权与消费者优先权之间形成了冲突，应当优先保护哪一方的权益？有观点认为，《物权法》第 191 条第 2 款规定，"抵押期间，抵押人未经抵押权人同意，不得转让抵押财产"，因此，抵押权人对于抵押物的权益，应当优先于抵押后购买该房产的消费者，且抵押优先权为《企业破产法》明文规定的优先受偿权，而购房消费者的优先受偿权是最高人民法院通过《工程款优先权批复》的形式加以规定的，以消费者权益优先于抵押权，有司法解释改变法律内容之嫌疑。

笔者认为，在破产案件中的消费者优先权和抵押优先权，目前在法律和司法解释规定的层面上确实存在内容和位阶上的矛盾和冲突的问题，但建设工程价款优先受偿权系《合同法》所规定，而《工程款优先权批复》则明确了建设工程价款优先受偿权优先于抵押权，消费者权利优先于工程款优先受偿权，理论与实践中也均认可了这一观点。在此前提下，《工程款优先权批复》既然明确了消费者优先权优先于建设工程优先受偿权，则应当可以推论出，消费者优先权应当优先于抵押权。即房地产开发企业若将已抵押的房产出售给消费者，则抵押权人不得对抗购房消费者。对此，最高人民法院九民会议纪要指出，抵押权人申请执行登记在房地产开发企业名下但已销售给消费者的商品房，消费者提出执行异议的，人民法院依法予以支持。但应当特别注意的是，此情况是针对实践中存在的商品房预售不规范现象、为保护消费者生存权而作出的例外规定，必须严格把握条件，避免扩大范围，以免动摇抵押权具有优先性的基本原则。因此，这里的商品房消费者应当仅限于最高人民法院九民会议纪要第 125 条规定的商品房消费者（九民会议纪要系对《执行异议和复议规定》第 29 条所规定的商品房消费者的分析界定）。买受人不是该会议纪要第 125 条规定的商品房消费者，而是一般的房屋买卖合同的买受人，不适用上述处理规则。因此，在房地产企业破产程序中，应可参照适用上述规定，即商品房消费者的权益优先于房屋上的抵押权。

5. 以签订房屋买卖合同作为借款合同担保的房产，是否予以优先保护

在实践中，房地产企业为了从社会进行融资，往往在签订借款合同的同时，会与借款人签订与借款数额相当的商品房预售合同，将其所开发的商品房预售至借款人或其指定的人名下，双方在借款合同中约定（或口头约定）若房地产企业到期不能偿还借款，则履行预售合同，将所签房产预售给出借方；双方之间实则是以买卖合同作为双方间借款关系的担保。此种情形在法理上被称为"让与担保"（此处仅讨论借款的同时签订买卖合同的情形，至于借款到期后签订买卖合同或虽同时签订，但到期后又重新约定的，均属以物抵债情形，待后文讨论）。对于让与担保行为的效力及其在破产程序中的债权性质，随着 2015 年《最高人民法院关于审理民间借贷案件适用法律若干问题的规定》（以下简称《民间借贷规定》）的颁布，在理论和实践中对此问题的认识已渐趋于一致。《民间借贷规定》第 24 条第 1 款规定："当事人以签订买卖合同作为民间借贷合同的担保，借款到期后借款人不能还款，出借人请求履行买卖合同的，人民法院应当按照民间借贷法律关系审理，并向当事人释明变更诉讼请求。当事人拒绝变更的，人民法院裁定驳回起诉。"最高人民法院九民会议纪要第 71 条也规定："债务人或者第三人与债权人订立合同，

约定将财产形式上转让至债权人名下，债务人到期清偿债务，债权人将该财产返还给债务人或第三人，债务人到期没有清偿债务，债权人可以对财产拍卖、变卖、折价偿还债权的，人民法院应当认定合同有效。合同如果约定债务人到期没有清偿债务，财产归债权人所有的，人民法院应当认定该部分约定无效，但不影响合同其他部分的效力。"从上述规定可以明确看出，在让与担保的情形下，双方之间的法律关系应当认定为民间借贷关系而非买卖合同关系，双方之间既然没有真实的商品房买卖合同法律关系，出借人手中虽有预售合同，甚至是已在房管局预售备案登记，但其当然并不是真正的消费者，在破产程序中自然不应享有予以优先保护的消费者的地位。

但是，《民间借贷规定》及九民会议纪要均明确了让与担保中的担保合同或担保条款的效力问题，但均未明确说明作为借贷担保的房产买卖合同的效力。笔者认为，让与担保实际上是以买卖合同作为借款合同的担保，若承认买卖合同有效，则相当于变相承认了约定所有权转移的担保，而我国担保法律制度历来不承认事先约定所有权转移的担保形式（如流质条款）。故此，对于让与担保在破产程序中不享有消费者的优先受偿地位应无异议，权利人若依据买卖合同向管理人主张房产权益，管理人在查明事实的情况下，应当驳回其主张，并告知其应按借贷关系向管理人进行重新申报债权。《民间借贷规定》虽然明确了让与担保的性质，但仍有一点问题未予明确，即在按照借贷关系认定双方间的法律关系前提下，双方签订的商品房买卖（或预售）合同应如何处理？有观点认为，此种情形下既已明确双方为借贷关系，同一行为不应再形成与之无关的其他法律关系，那双方签订的买卖合同当然无效，无需言明，也无需处理。另一种观点认为，双方已签订了书面的买卖合同，甚至在房管局办理了预售备案，此时对于此合同，管理人不能置之不理，应采取双方协商解除甚至通过诉讼途径认定该合同无效。笔者认为，影响此问题的关键在于在破产程序中管理人除不予认定让与担保的买卖合同关系外，还必须解除此买卖合同在房管局的预售备案，而此点的解决关键要看破产案件的受理法院。若受理法院可以依据相关破产程序直接解除此类房产预售备案，则管理人无须过多处理让与担保的商品房预售合同；若受理法院不同意直接解除，管理人就可能需要通过诉讼主张此类合同无效继而解除预售备案。

关于让与担保类房产的担保性质认定问题，最高人民法院九民会议纪要第 71 条第 2 款规定："当事人根据上述合同约定，已经完成财产权利变动的公示方式转让至债权人名下，债务人到期没有清偿债务，债权人请求确认财产归其所有的，人民法院不予支持，但债权人请求参照法律关于担保物权的规定对财产拍卖、变卖、折价优先偿还其债权的，人民法院依法予以支持。债务人因到期没有清偿债务，请求对该财产拍卖、变卖、折价偿还所欠债权人合同项下债务的，人民法院亦应依法予以支持。"此规定在一定程度上认可了让与担保物类似于抵押物的担保物权性质，此处的担保物权性质是否适用于房地产企业破产案件中用以让与担保的预售商品房呢？答案是否定的。九民会议纪要中此处赋予让与担保物担保物权的性质，是特指在让与担保关系中双方已经完成财产权利变动的公示方式转让至债权人名下，此时的债权人仍不能以让与担保的物已经过户至其名下为由而主张对其的物权，但可以主张对该物的抵押优先权；而对于商品房而言，要完成财产权利变动的公示必须是完成商品房不动产物权登记。而笔者此处所讨论的让与担保的商品房，均是在未完成不动产物权登记而仍属于房地产破产企业的债务人财产范畴的，对外的表现形式仅仅是将用以让与担保的房产网签备案至债权人名下。因此，让与担保的债权人，就让与担保的物在破产程序中并不具备抵押优先权。

在探讨让与担保问题时，应当注意与最高人民法院第 72 号指导性案例相区分。第 72 号指导性案例论述的是，以让与担保形式的借贷关系到期后经双方协商将让与担保的房产转化为真正的房屋买卖关系，即经过法律关系转化后，原来作为让与担保的房产便成了双方间房屋买卖合同的标的。但需要注意的是，该指导性案例中法律关系转化需要两个前提条件：一是原借贷法律关系已经到期，并且双方就借贷关系产生的债权债务进行了清晰且明确的结算；二是双方在结算借贷债权债务的基础上就原作为担保物的房产重新达成了以债务抵顶购房款的买卖合意。在这两个前提下，该指导性案例认为，双方间的借贷法律关系已经消灭，重新达成了房屋买卖合同的法律关系，房款以欠款抵顶的方式支付，双方之间不再存在让与担保性质关系。需要特别说明的是，依据该指导性案例的精神，即使满足了这两个条件，也仅仅是双方间就以物抵债的房屋买卖合同有效，但购房人（原借贷关系出借人或出借人指定的第三人）并不当然就对相应的房产享有消费性购房者的优先权益。在房屋买卖合同有效的情况下，购房者能否享有消费性购房者的优先权益，仍要看其是否符合相应的条件。

6. 法律文书裁决要求向非消费者交付并过户房产的是否应予履行

有些房地产企业的债权人（以民间借贷债权人为主）在房地产企业无法履行债务的情况下，通过法律程序（诉讼或仲裁）向债务人主张权利（通常双方间之前有让与担保或以房抵债的约定），最终通过生效法律文书明确了房地产企业向其交付并过户相关房产的裁决。但因房产一直不具备办理房产证的条件，至房地产企业破产前一直未能履行裁决。在破产程序中，此类权利人以生效法律文书为依据主张管理人应向其交付相关房产的，应当如何处理？是否应当认为，此时生效法律文书已经明确了房产的权属关系。

笔者认为，此种情形下，管理人不能依据生效法律文书直接认定债权人对于标的房产的主张，而应按照破产程序审核认定其是否享有消费者优先地位，再按分配程序统一进行分配。理由主要有：（1）上述生效法律文书不具有物权变动的法律效力。前文已述，房地产开发企业所预售的房产在购房人尚未办理房产登记之前，其仍属于房地产开发企业的财产。又根据《物权法》第 28 条、2016 年《最高人民法院关于适用〈中华人民共和国物权法〉若干问题的解释》第 7 条、2015 年《执行异议和复议规定》第 26 条第 2 项之规定，除了人民法院、仲裁委员会在分割共有不动产和动产等案件作出并依法生效的改变原有物权关系的判决书、裁决书、调解书，以及人民法院在执行程序中作出的拍卖成交裁定书、以物抵债裁定书外，人民法院和仲裁委员会其余的生效法律文书均不直接发生物权变动的法律效力。故此类生效法律文书虽然裁决要求房地产企业向权利人交付房产，但该生效法律文书并不能直接对作为诉讼标的的商品房产生物权变动的法律效力，即此类房产仍属于房地产破产企业的债务人财产。（2）此类生效法律文书在破产程序中不具有执行力。依据《企业破产法》第 19 条之规定："人民法院受理破产申请后，有关债务人财产的保全措施应当解除，执行程序应当中止。"《破产法司法解释二》第 22 条规定："破产申请受理前，债权人就债务人财产向人民法院提起本规定第 21 条第 1 款所列诉讼，人民法院已经作出生效民事判决书或者调解书但尚未执行完毕的，破产申请受理后，相关执行行为应当依据企业破产法第 19 条的规定中止，债权人应当依法向管理人申报相关债权。"而此处所讨论的裁决交付房产的法律文书，则属于该司法解释第 21 条第 1 款第 4 项所规定的"其他就债务人财产提起的个别清偿诉讼"，因此，在法院受理债务人破产后，生效法律文书确认债务人的交付义务应当中止执行，由债权人向管理人申报债权，按照破产债权分配清偿方案统一进行清偿。根据 2017 年《最高人民法院关于执行案件移送破产审查若干问题的指导意见》（以下简称《移送破产指导意见》）第 20 条规定："受移送法院宣告被执行人破产或裁定终止和解程序、重整程序的，应当自裁定作出之日起 5 日内送交执行法院，执行法院应当裁定终结被执行人的执行。"即生效法律文书所确认的债权在破产程序中进行分配处理后，原法律文书不再具有执行力。根据《移送破产指导意见》第 8 条、第 17 条所内含的法律精神，在涉案房产尚未实际执行的情况下，也应中止执行。（3）在破产程序中履行此类法律文书，将形成事实上的个别清偿。破产程序是为了让破产企业的全体债权人和债务人的合法权益得到最大程度的保障，因此，对于债权的清偿，尤其是对优先债权的确认，应当严格按照法律和司法解释的相关规定审查认定。对于生效法律文书确认要求交付房产的权利人，若具有优先权，则可以继续履行交付房产义务；若其并不符合破产程序中应予优先受偿保护的范围的，如在破产程序中履行房产交付义务，则相当于对其债权全额进行了清偿，属于在法院受理破产后对债权人的个别清偿，严重损害了其他债权人的合法权益。

7. 以房抵债的，对于所抵顶的房产是否可以优先保护

在房地产企业破产案件中，所普遍存在的一个现象就是房地产企业不能清偿债务或者支付价款，以其所开发的商品房抵顶给债权人。而此类以房抵债的债权人是否可以对其所抵顶的房产主张消费者优先权，这在房地产企业破产案件中属于较难处理的问题。有的观点从一般民事案件思维出发认为，以房抵债行为本身并不被法律禁止，当双方达成以房抵债协议后，双方之间的法律关系即从原先的法律关系（如借贷关系）转变为房屋买卖关系，此时的权利人应和其他购房者享有相同的权利。

笔者认为，双方之间的以房抵债协议从效力上讲确为有效，但在破产程序中，为保障全体债权人的权益，管理人不应继续履行该以房抵债协议，双方之间仍应按原有法律关系认定债权。首先，最高人民法院《第八次全国法院民事商事审判工作会议纪要》中提到，当事人在债务清偿期届满后达成以房抵债协议并已经办理了产权转移手续，一方要求确认以房抵债协议无效或者变更、撤销，经审查不属于合同法第 52 条、第 54 条规定情形的，对其主张不予支持。也即是说，只有在办理完了产权转移手续后，双方之间的债权债务关系才算结清；在未办理完产权转移手续前，双方仍处于债务清偿协议的履行期内。而在破产程序中，若继续履行债务清偿协议，则构成了破产企业对债权的个别清偿，这是《企业破产法》所明文禁止的。其次，根据最高人民法院（2016）最高法民申3620号民事裁定书之内容"以物抵债协议首先以消灭金钱债务为目的，而物的交付仅为以物抵债的实现履行方式，此即与《最高人民法院关于人民法院民事执行中查封、扣押、冻结财产的规定》（法释〔2004〕15号）所规定的基于买卖而产生物权期待权具有基础性的区别。因而，基于以物抵债而拟受让不动产的受让人，在完成不动产法定登记之前，该以物抵债协议并不足以形成优先于一般债权的利益，不能据此产生针对交易不动产的物权期待权"。依据最高人民法院3620号民事裁定书的裁判精神可以明确看出，以物抵债并不能产生物权期待权，就更不应具有优先于一般债权的消费者优先权。最后，在破产程序中对于购房消费者给予优先保护，系基于消费者的生存权应当予以保护的法理原则，但以房抵债债权人的原法律关系（借贷或建材买卖等），均非为了生活消费需要，其抵顶受让房产也非为了其个人生存需要，而是为了消灭其原有法律关系的债权债务，因而此类债权人并不符合本书所论述应当在破产程序中予以优先保护的消费者的范畴，不应就其对所抵顶的房产予以消费者优先保护。

在以物抵债中，还有一种情形在房地产破产实践中争议更大，即房地产企业与债权人间达成以物抵债协议后，顶房债权人又将所抵顶的房产转售给了第三人，由实际购房人直接向顶房债权人支付房款，三方之间互开收据（实际购房人若直接向房地产公司支付房款，则认为是房地产公司直接对外销售；三方之间未互开收据，则认为是三方之间的抵顶和转售并未实际完成，此两种情形均不按此类讨论）。此种情形，虽然抵顶债权人本身并不具备消费者的地位，但实际购房人属于消费者，此时实际购房人对于房产的权利主张是否可以按照购房消费者予以优先保护，实践操作中争议较大，也未形成较统一的处理意见。

有观点认为，房地产企业以所开发的房产抵顶其所负债务，而受让方将所抵顶的房产对外转售，在房地产企业经营中是普遍存在的现象，对于最终购房人而言，其向顶房债权人支付购房款系受房地产企业的指示，属于交付中的指示交付，只要三方手续齐备，实际购房人在法律上便已完成了房款的交付，其自然应与正常购房的消费者无异，应当享受同等的优先地位。也有观点认为，若在一般民事案件中，确应按照前述思路处理抵顶后转售的行为，但破产程序是一个特殊的程序，在破产程序中应以保护全体债权人的权益为最基本原则。前文已述，房地产企业所预售的房产实际上仍属于破产企业的财产，一旦将已预售的房产认定为消费者优先权的范围，则相当于减少了破产企业可供清偿的财产，也必然导致降低其他债权人可供清偿的债权比例。在此种前提下，应当从严适用相关司法解释中给予优先保护的"消费者"的概念，对于抵顶后又转售的房产，若将其认定为需要优先受偿的范围，会导致破产企业财产的减少，因此不应给予优先保护；即若所抵顶的债权本身即具有优先权的（如建设工程价款优先受偿权），是否给予转售后购房者以消费者优先权对于破产企业财产并无本质的增加或减少，此时可以认定为消费者优先权。除此之外的抵顶后的转售后的购房人，均不享有消费者优先权。笔者更倾向于后一种观点。

8. 管理人对于不符合消费性购房者条件的购房合同的解除权

前文已述，在房地产企业破产案件中，购买房地产企业预售商品房的购房者，并未取得对所购商品房的物权，而对于不符合消费性购房者条件的预售房产，在房地产破产程序中不应继续履行房屋买卖合同。那么对于此时的房屋买卖合同应当如何处理？此类房屋买卖合同是双方真实意思的表示，也未违反法律的强制性规定，因此合同是合法有效的。对于合法有效的合同，既然无法继续履行，那么只能解除合同。管理人对于此类合同解除权是否有相应的法律依据？

《企业破产法》第 18 条第 1 款规定："人民法院受理破产申请后，管理人对破产申请受理前成立而债务人和对方当事人均未履行完毕的合同有权决定解除或者继续履行，并通知对方当事人。"此条是企业破产法赋予管理人的解除权，但此解除权仅适用于双方均未履行完毕的合同，而对于其中一方已经履行完毕的合同，则管理人不能依据此条而享有合同解除权。而对于房屋买卖合同而言，购房人最主要的合同义务是支付购房款，而房地产企业的主要义务是向购房者交付所购房产。

再说对于不符合消费性购房条件的合同，若在法院受理破产前，购房者未向房地产企业付清所购房产的全部房款且房地产企业亦未向购房人交付所购房产，此种情形属于《企业破产法》第 18 条所规定的"双方均未履行完毕的合同"，针对此类房屋买卖合同，管理人当然有权决定解除。若在法院受理破产前，房地产企业虽未向购房者交付其所购房产，且房产也不具备交付使用的条件，但购房者已向房地产企业付清了所购房产的房款，此时购房者的主要合同义务已经履行完毕，不属于双方均未履行完毕的合同，管理人不能依据《企业破产法》第18条的规定行使解除权。笔者认为，此时管理人应当依据《合同法》第110条之规定主张解除双方间的房屋买卖合同。《合同法》第110条规定："当事人一方不履行非金钱债务或者履行非金钱债务不符合约定的，对方可以要求履行，但有下列情形之一的除外：（一）法律上或者事实上不能履行；（二）债务的标的不适于强制履行或者履行费用过高；（三）债权人在合理期限内未要求履行。"破产程序是一个特殊的法律程序，管理人对于破产中所有债权债务关系的审查均应当截止到法院受理破产之日这个时间节点；破产程序之后新出现的情况变化，不应作为审查破产之前债权债务关系的影响因素。在法院受理破产之日，购房者所购房产不具备实际交付的客观条件，即在法院受理破产之时该房屋买卖合同属于"法律上或事实上不能履行"的情形。此时管理人有权依据《合同法》第110条之规定，主张解除双方之间的房屋买卖合同。解除合同后，购房者可以就因解除合同而对其所造成的损失向管理人进行债权申报。至于在法院受理破产前购房者已付清全部购房款且房地产企业已将房产实际交付给购房者（尚未办理不动产权登记）的情形，下文将单独予以论述。

9. 不符合消费性购房者条件，但已实际交付使用的房产应如何认定

房地产企业在进入破产程序之时，其所开发的房地产项目通常都处于在建未交付使用状态，但也有个别情况（通常为一个房地产项目分期开发的情形），房地产企业破产时其所开发的项目已有向购房人实际交付使用的情况。此时商品房虽已交付给购房人使用，但购房人未办理所购房产的不动产产权登记（若已办理不动产物权登记，则房产物权已变更，不在此处讨论范畴），依据前文所述，此类已交付使用的房产仍属于房地产破产企业的债务人财产，仍应按照前文所论述的消费性购房者的审查原则，审查购房人是否享有消费性购房者的优先地位。对于虽不符合消费性购房者的条件（如一人购买多套或购买的系商铺）、房地产企业在破产前已将房产合法交付给购房者的，应如何认定，在实务中存在争议。在笔者所接触过的多地多级法院的法官中，很多法官均认为，此类情况下管理人仍应当继续履行与非消费性购房者之间的房屋买卖合同。理由或考量因素主要有：首先，已经合法占有的购房者，可以界定为物权法上的业主。依据《最高人民法院关于审理建筑物区分所有权纠纷案件具体应用法律若干问题的解释》第 1 条第 2 款之规定："基于与建设单位之间的商品房买卖民事法律行为，已经合法占有建筑物专有部分，但尚未依法办理所有权登记的人，可以认定为物权法第六章所称的业主。"而《物权法》第 6 章为"业主的建筑物区分所有权"，规定的是业主对可区分建筑物内专有部分和共有部分的物权权利。上述司法解释可以理解为，购房人虽未办理所有权登记、但已合法占有所购房产的，应已享有其所购房产上的物权权利。其次，已经合法交付的房产，管理人无合法的合同解除权。如前文所述，对于不符合消费性购房条件的房屋买卖合同，管理人主张合同解除权的法律依据主要有《企业破产法》第 18 条（双方均未履行完毕时管理人的解除权）及《合同法》第 110 条（在法律上或事实上不能履行时的解除权），但在破产前购房者所购房产在事实上已具备交付的条件（单体竣工验收）且已实际履行的情况下，目前并无相应的法律依据赋予管理人可以解除房屋买卖合同的权利。最后，继续履行此类合同，更有利于维护社会交易的稳定性和避免激化社会矛盾。对于此类购房者而言，他们以正常的方式向开发商购买了房产，并且开发商也已将房产向其实际交付使用了多年，仅仅是因为开发商未能为其办理所购房产的不动产物权登记，就要解除其合同并收回已经居住或使用多年的房产，这对购房者而言显然是无法接受的，甚至从实务操作上讲也是难以执行的。若将此类房产强行收回，也仅仅是从字面上增加了债务人财产的数据，无法实际有效增加用以清偿债务的资产，也极易激化与购房人的矛盾。

笔者同意将虽不符合消费性购房，但已实际合法交付的房产按照继续履行予以处理，但为了避免此种观点所带来的道德风险，对此类房产应当从两个方面从严审查。一方面，应当严格审查双方之间的买卖合同关系与款项支付情况，双方之间应当是真实的房屋买卖合同关系，并且购房款已经全部付清且无争议。另一方面，应当严格审查房产交付的时间及手续，应当审查是否是在破产之前已交付，是否与原开发商或前期物业公司之间有房产交接手续等。只有在上述两方面均没有疑问的非消费性购房房产，方可按照继续履行予以认定。

10. 开发拆迁安置项目的房地产企业破产中被拆迁人的权利保护

实践中有部分房地产企业系与村（居）委会进行合作开发，将村（居）民原有房产拆迁后进行商业开发，由开发商以建成后的房产按照一定的置换规则向被拆迁人交付房产。若此类房地产企业破产，那么，被拆迁居民的权益应当如何保护？首先，被拆迁人对其回迁房或回迁面积享有优先权。在房产拆迁安置关系中，被拆迁人实际上是以其原有房产的产权转换回迁安置的房产，本质上属于物权置换。又依据《最高人民法院关于审理商品房买卖合同纠纷案件适用法律若干问题的解释》第7条之规定："拆迁人与被拆迁人按照所有权调换形式订立拆迁补偿安置协议，明确约定拆迁人以位置、用途特定的房屋对被拆迁人予以补偿安置，如果拆迁人将该补偿安置房屋另行出卖给第三人，被拆迁人请求优先取得补偿安置房屋的，应予支持。"被拆迁人对于其回迁房的权利优先于一般购房消费者。因此，在此类破产程序中，被拆迁居民对于回迁安置房（已分配回迁房）或回迁安置面积（尚未分配回迁房）享有优先于一般抵押权、建设工程价款优先受偿权的权利。其次，在回迁安置之外村（居）委会应得的面积也应优先保护。在村（居）委会与开发商间的合作开发协议中除了对于被拆迁人回迁面积的约定外，通常都会约定在村（居）民回迁安置面积之外开发商仍应给予村（居）委会一定的房产面积。对于此部分面积，也是开发商基于对原村或社区房产拆迁而产生，应视为双方约定非等面积物权置换，村（居）委会本身也为被拆迁人，也应同等享有被拆迁人所享有的优先权利。最后，躲迁费与经济补偿金应作为普通债权。被拆迁人对于回迁安置房产享有优先权是基于回迁安置房产系被拆迁人以原房产进行物权置换而来，但因拆迁而产生的躲迁费、经济补偿金等属于因拆迁而产生的经济补偿而非拆迁物权置换范围。因此，对于被拆迁人所主张的躲迁费、经济补偿金等因拆迁而产生的金钱债权，应作为普通债权认定处理。

第三节　管理人债权审查程序

一、确定管理人内部债权审查的分工程序

债权审查流程包括管理人审查、债务人核查、反馈、异议和复核。而管理人内部审查债权，需结合债权人的申报材料和债务人提供的材料，对债权是否成立、债权性质、债权数额、担保情况等进行实质审查，一般配备一名初审人员，同时项目组一名有经验的人员对同一笔债权加以复核；若遇到债

权债务关系复杂、实践中争议颇多的债权，项目组可以集体讨论决定。

（一）初步审查（初审律师重点工作）

管理人原则上应在第一次债权人会议召开前，对申报的债权作出审查结论，并出具审查意见。初审律师依据制定的债权审查原则对申报债权依次进行审查。

（1）事实清楚、证据确凿、法律依据充分，依法制作书面的初步债权审查函，对债权作出审查结论。

债权审查函中应列明债权申报情况、管理人债权审查过程、审查结论、得出结论的依据、是否认可管理人的审查意见；如若不认可，告知债权人相应的救济路径、逾期不起诉的法律后果。

（2）事实不清及（或）证据不足，经通知债权人、债务人就相关事项作出书面补充说明及补充提供证据后，案件仍事实不清或证据不足，债权人、债务人均明确表示无法再提供证据，此时管理人可以依据举证责任分配规则作出审查结论，出具书面的初步债权审查函。

（3）债权人申报的债权处于诉讼或仲裁中，生效法律文书尚未作出，债权人又不愿撤回诉讼或仲裁的，管理人可以作暂缓审查处理，待诉讼或裁决作出后，根据该生效法律文书确认该笔债权。

（4）民事法律关系存在无效或可撤销情形，管理人可以作出暂缓审查决定，并告知债权人提起诉讼或仲裁；管理人亦可以代表债务人提起诉讼或仲裁，待诉讼或仲裁生效裁决作出后，依据该生效法律文书确认相应债权。

（5）债权人、债务人无法在第一次债权人会议前提供全面证据，导致债权事实不清及（或）证据不足，管理人可以作出暂缓审查决定，待提供证据后再作出书面审查结论，出具初步审查函。

（6）管理人对申报债权进行审查后，认为此笔债权须以另笔债权的审查结果为依据，而另笔债权在第一次债权人会议召开前尚未审查完毕的，管理人对此笔债权要暂缓处理，待另案审查完毕后再出具书面的债权初步审查函。

对上述列示的暂缓认定的情形，管理人对暂缓认定的其他债权和依据审查规则不予认定的债权，应另行列表并提交债权人会议。暂缓认定的债权包括管理人尚未作出审查结论或者复核结论的债权、管理人作出审查结论或者复核结论后债权人提起诉讼的债权、附条件但条件尚未成就的债权、诉讼和仲裁未决的债权、债务人的保证人或者其他连带债务人对债务人将来求偿权申报的债权等。

管理人可以告知债权人暂缓认定的原因。暂缓认定的原因消除后，管理人应当及时完成审查并将审查结论通知债权人。

关于职工债权，管理人依法履行职责列出清单后予以公示。对债务人董事、监事、高级管理人员的工资高于职工平均工资的，按照平均工资计算；低于平均工资的，按照实际工资计算。

（二）管理人内部复核程序（复核律师工作要求）

对同一笔债权，初审律师审查后，尚需项目组经验丰富的人员予以复核，来确保初审债权真实、准确，以保护全体债权人利益不受损害，实现债权公平清偿。

复核律师复核债权时，不仅要对初审债权出具复核意见，还应对初审律师的审查过程及结论中不恰当之处逐一指出，指导其改正，以提高整个项目组人员的业务水平。

二、债权人会议及非会议期间债权的核查、确认

（一）债权人会议核查债权

根据《企业破产法》第58条的规定，管理人编制的债权表应提交第一次债权人会议核查。

管理人应根据债权审查结论编制债权表。债权表应当列明债权人的姓名或者名称、申报的债权性质和债权数额、审查认定的担保债权性质和债权数额及普通债权性质和债权数额。

第一次债权人会议后，非会议期间债权核查可以采取下列方式：

（1）在下一次债权人会议召开时，提交债权人会议核查；

（2）通过现场送达、邮寄送达、电子邮件等方式，将需要核查的债权表提供给该债权人核查，并同时确定提出异议的期限；

（3）通过上传指定网站并提供下载，将需要核查的债权表提供给全体债权人核查，并同时确定提出异议的期限；

（4）其他法律规定允许的方式。

（二）受理法院确认债权

债务人、债权人对债权表记载的债权无异议的，由人民法院裁定确认。

三、债权异议的审查程序

（一）对债权表记载债权异议的主体

债权人可对管理人认定的自己的债权、其他债权人的债权提出异议；债务人也可以对管理人认定的债权提出书面异议，并附上相应的法律依据。

（二）对债权异议的处理程序

债务人、债权人对债权表中记载的债权有异议的，管理人经复核，认为异议成立的，作出变更原审查结论的复核意见，并修正债权表，提交债权人会议核查。管理人经复核，认为异议不成立的，作出维持原审查结论的复核意见，并告知其对复核意见如不服有权在合理期限内向受理破产申请的人民法院提起诉讼，并明确告知如未在合理期限内起诉的，视为该债务人、债权人无异议。至于"合理的期限"，《破产法司法解释三》第8条明确规定，债权人对管理人确认的债权有异议的起诉期限为15日。司法实践中，如果管理人告知的起诉的"合理期限"少于15日，应按15日计算；如果管理人告知的起诉的"合理期限"多于15日，应按15日计算还是按管理人告知的期限计算，目前无明确规定。为避免纠纷，不建议管理人告知的起诉的"合理期限"多于15日。

此外，如果允许债权人在破产程序中的任何时候均可提出债权确认之诉，则会使争议债权长时间处于不确定状态，将直接影响到债权人表决权的行使、重整计划的表决与执行，也会影响到清偿率的测算，进而影响破产程序的稳定性，最终也会影响其他债权人的合法权益。

第四章

财产调查与管理

第一节　财产调查与管理的一般性工作指引

一、团队内部分工

在接受法院指定并接管债务人一章中介绍，管理人通过接管债务人已对债务人做了初步的财产调查，但是一般破产案件在接管之后，还要进行大量的财产调查与财产管理工作，因为涉及管理人依据破产法对合同履行或解除以及个别清偿行使撤销权等工作。尤其是大型疑难复杂案件，初步接管债务人之后，管理人在接受债权申报的同时，也要深入推进相关的财产调查和管理工作。

大型破产项目在必要情况下要成立专门的财产调查与管理小组，或由接受债权申报或审核小组成员同时兼顾财产调查，在债权申报或审查环节会发现更多的财产线索，比如普遍存在的账外账以及财务现金收入体外循环等。无论分专门工作组展开还是与其他工作组合并展开工作，建议实行工作清单责任制，项目总负责人或小组负责人先将各项调查工作整理出清单，清单中列出的每项工作落实到具体责任人，并列出推进时间表，具体责任人完成所负责的工作后，要及时在工作进度表里对应销项，无法完成调查的也要及时反馈，以方便项目总负责人了解整体工作进度。

二、债务人财产调查

团队负责人或小组负责人应根据接管债务人时了解的初步情况，结合本组的工作职责，草拟本组工作大纲，将本组的工作内容分为若干类型；拟定工作进度计划；然后对本组人员进行分工，团队成员按分工调查债务人财产。

各小组的工作成果，最终应当形成统一的电子文档（要求形成 excel 文件），以便将来有关工作的统计、筛查等。文件表格的具体文本，应根据财产的具体情况进行设计，并考虑将来在编制《重整计划草案》、清偿债权、债权分类等需要考虑的因素，在文件表格中直接标注。比如，针对查封财产，统计表格应当设有查封部门、查封时间、到期时间、法律文书编号、是否续封、查封申请人等事项。

对作为破产企业的债务人进行财产调查，一般分为以下几个方面。

（1）债务人股东的出资状况。

房地产行业是一个资金需求量较大的行业，房地产企业又需要房地产开发资质。目前威海地区政府主管部门要求房地产开发企业的注册资金不低于3000万元。另外，房地产公司申请银行贷款在业内是普遍存在的，较高的注册资金相对更容易获得银行贷款。因此，房地产企业的注册资金一般都较高，但根据以往的工作经验，债务人股东注册资金不到位（或虚假出资）、抽逃注册资金等，是非常普遍的情况。

根据《企业破产法》的相关规定，根据公司章程，股东出资不到期的，企业破产后视为出资到期；根据公司法及相关司法解释的规定，股东注册资金不到位（或虚假出资）、抽逃注册资金，股东需要承担相应的法律责任。因此，调查股东出资情况非常重要，也很有必要。

本项工作重点是调取债务人的工商原始档案，查明债务人的公司章程、股东明细、验资报告及实际出资情况、非货币财产出资情况等，了解各股东的出资情况。为避免纠纷，要求对全体股东进行询问，并制作询问笔录，详细了解出资情况；如股东声称已经全部出资到位，应详细了解出资方式（现金、实物或其他）、出资时间等，并要求股东先自行提交出资的相关凭证（如汇款凭证、实物产权登记等）。

考虑到部分公司的股东变更、增资等，可能未及时在工商登记部门备案，因此也需要对公司的有关人员（如董事长、董事、现有股东、办公室人员等）进行询问，并制作询问笔录，详细了解是否存在股东变更、增资及其他相关情况。如果存在类似情况，应当要求当事人先自行提供相关法律文书的原件。

如果股东以实物出资，则还需要调查该出资实物的原始权属证明文件、权属变更登记文件、出资时的资产评估文件、财产的占有使用情况等，查明该财产当初是否为该出资股东所有、产权是否已经变更为债务人、出资价格是否明显偏高、财产是否已经由债务人实际控制使用等。如果存在上述情况，需要根据具体情况进行分析研究，以便向出资人股东依法主张相关权利。

此外，债务人破产前，可能还存在股东变更（股权转让）的情况，根据公司法及相关司法解释的规定，股东注册出资不到位即转让股权的，转让股东也需要承担相应的法律责任。因此，还需要对股权转让情况进行调查了解。

部分破产公司，存在名义股东、实际控制人的情况。对此，需要对名义股东、实际控制人等进行询问，并制作询问笔录；根据询问情况，并结合其他相关证据，进行分析研究，确定实际股东，避免相关控制人、关联人等恶意转移资产、侵吞债务人的资产，以更好地维护全体债权人的合法权益。

调查工作结束，应当将调查工作成果的文件原件整理存档（不方便存原件的，复印件由当事人签字或盖章），并整理出书面汇总表，根据实际情况列明存在的问题（如抽逃金额、虚假金额、实物出资未办理产权转移登记等）。

（2）债务人的货币财产状况。

首先，管理人对债务人的财务人员进行询问，并制作询问笔录，详细了解：库存现金、银行存款及其他货币资金，银行开户情况，债务人使用个人银行卡情况。

其次，管理人自行向人民银行查询债务人的银行账户开户情况，列出书面明细。将财务人员的询问情况与人民银行的查询明细进行比对，如二者存在不一致情形，则进一步向财务人员询问了解，制作询问笔录。

另外，部分债务人在破产前负债累累，为规避法院强制执行、行业监管等，存在大量使用个人银行卡作为公司账户的情形。对此，应在对财务人员的询问笔录中予以明确；如果有此类情形，应当列出详细明细，并对开卡人进行询问。

此外，还存在债务人注销之前部分账户（包括使用的个人银行卡）的情形，对此，应在询问笔录中予以明确；如果有此类情形，应当列出详细明细，并查询该账户破产前2年的收支明细，如查询困难，至少应当查询破产前6个月的收支明细。

调查工作结束，相关账户（包括使用的个人银行卡）的U盾、钥匙盘、银行卡等，全部列入管理人接管的范畴，避免出现账户不在管理人控制之下的情形。另外，管理人应将各账户内的款项统一存入管理人依法开设的管理人账户。

（3）债务人的对外债权状况。

债务人在破产前，可能存在对外债权，对此需要调查了解。

首先，询问债务人财务人员并制作询问笔录，列明清单。

其次，依法委托有资质的第三方审计机构，对债务人进行专项审计，就对外债权进行专项审计。

将财务人员的询问情况与审计机构的专项审计结果进行比对，如二者存在不一致情形，则进一步向财务人员询问了解，并与审计机构沟通，形成一致意见。

最后，管理人应向债务人的债务人发出书面询证函，获得询证结果；如果债务人的债务人拒不配合或下落不明等，管理人应当与该债务人积极沟通，视沟通情况采取不同的应对措施，直至通过法律途径解决。

对于债务人的对外债权应重点调查：债权基础资料、债权催收情况、债权是否涉及诉讼或仲裁、是否已过诉讼时效、债权的履行期限等；调查工作结束，最终应整理出书面汇总表，列明债务人的姓名或名称、住址、联系方式、债权性质、是否有担保、时效问题、是否已经有生效法律文书（或已提起诉讼或仲裁）、是否约定仲裁等信息。

（4）债务人的存货状况。

债务人在破产前，可能存在部分存货（包括电脑等办公用品）、相关动产，对此需要调查了解。

第一，询问债务人财务人员并制作询问笔录，列明清单。

第二，依法委托有资质的第三方审计机构，对债务人进行专项审计，就库存、其他动产等进行审计。

将财务人员的询问情况与审计机构的专项审计结果进行比对，如二者存在不一致情形，则进一步向财务人员询问了解，并与审计机构沟通，形成一致意见。

第三，组织债务人原相关工作人员，对库存、相关动产等进行清点，最终整理出书面汇总表，列明库存的名称、型号、品牌、数量等。为提高工作效率，清点时，可以同时邀请有资质的第三方评估机构一并参与清点，方便后续的资产评估工作。

第四，库存商品的抵押情况。对于抵押情况，应询问债务人的有关人员并制作询问笔录，调查相关抵押合同，并到工商行政管理部门查询抵押登记情况。

第五，库存商品的查封情况。对于查封情况，应询问债务人的有关人员并制作询问笔录，调查查封的法律文书。

如果清点实际库存与账面盘点不一致，则向债务人董事长或其他相关人员进行询问，制作询问笔录。如相关物资被他人占有，可以要求收回；如果相关物资丢失或下落不明，应在财产报告中注明，并根据实际情况分析是否可以要求债务人的法定代表人或其他直接责任人承担赔偿责任。

调查工作结束，最终应整理出书面明细，根据调查结果，标明名称、品牌、型号、数量、查封情况、抵押情况等信息。

（5）债务人的设备与车辆状况。

对于债务人的设备与车辆的调查，基本工作流程与前述对债务人存货状况的调查基本相同。但需要注意以下几点：

第一，设备与车辆的保管情况，如被他人占有，需查明原因（如出租、出借、质押或其他关系）。

第二，如车辆与设备已经出租，调查租赁合同、租金收取情况等。

第三，车辆如系从他人处购买，是否已经办理过户登记。

第四，车辆的保险情况，调查保险单。

第五，车辆的抵押情况、查封情况。管理人应到车辆管理部门查询，确保信息准确、无遗漏。

调查工作结束，最终应整理出书面明细，根据调查结果，标明各项必要信息；同时应接管车辆的钥匙、车辆登记证、保险凭证及其他证照。

（6）债务人的不动产状况。

债务人的不动产财产，可以区分为已建成工程、在建工程、土地使用权三大类，此三类工程调查的内容有一定的区别。

已建成工程，以初始确权登记（俗称大房证）为准，办理了初始确权，即属于现房。重点调查：土地权证、房产证（不动产统一登记后，为不动产权证书）、查封情况、抵押情况等。

在建工程，即工程已经开工建设，但尚未初始确权登记的房产，重点调查：开工手续情况（发改委立项、土地权证、建设用地规划许可证、建设工程规划许可证、商品房预售许可证、施工许可证及其他相关手续），工程进度情况，施工单位情况，库存建筑材料情况，查封情况，抵押情况等。

土地使用权情况，本类财产指已经取得土地使用权，但尚未开工建设的情况。重点了解土地权证、工程规划情况，前期已经进行的准备工作、查封情况、抵押情况等。

上述工作，对于查封情况、抵押情况，管理人应到不动产登记部门查询，确保信息准确、无遗漏。对于调查的工作成果，管理人应接收相关权证原件，并根据实际了解情况整理汇总表，标明权证的位置、证书编号、用途、面积、抵押、查封等信息。

（7）债务人的对外投资状况。

债务人在破产前的对外投资情况，包括股权、债权、对外合作经营等，对此需要调查了解。

第一，询问债务人财务人员并制作询问笔录，列明清单。

第二，依法委托有资质的第三方审计机构，对债务人就对外投资情况等进行专项审计。

第三，管理人应向相关的被投资人发出书面询证函，获得询证结果；如果被投资人拒不配合或下落不明等，应当与被投资人或相关人员积极沟通，视沟通情况采取不同的应对措施，直至通过法律途径解决。

本项财产调查，管理人应接管各种投资证券、股权等的权利凭证；调查工作结束，整理书面的汇总资料，并标注是否存在查封、抵押等情形。

（8）债务人的无形资产状况。

管理人应当向债务人的有关工作人员询问知识产权及其他无形资产的情况，并制作询问笔录。重点了解：专利权、商标权、著作权、许可或特许经营权情况等。

考虑到知识产权事宜在司法实践中接触不多，管理人对知识产权的登记、查封等事宜可能不是很专业，可以聘用社会专业机构，到相关主管部门查询查封、抵押、许可使用等相关信息。

管理人应接管相关权利凭证，调查工作结束，整理书面的汇总明细，统计权利种类、期限、缴费情况、查封、抵押及其他必要信息。

（9）债务人的营业事务状况。

本项财产调查，重点是调查了解债务人在破产前已经签订，但尚未履行完毕的合同，例如建筑材料采购合同。管理人应向债务人的有关人员调查询问并制作询问笔录，了解合同履行情况，查询合同，分析研讨是否继续履行。

调查工作结束后，管理人应编制汇总表，并根据合同情况标注必要信息（双方均未履行完毕、债务人未履行完毕、对方未履行完毕、债权债务情况、所有权保留买卖等）。

（10）破产受理前已经涉诉（仲裁），尚未完结诉讼及仲裁状况。

债务人在破产前已经立案、破产受理时尚未结案的诉讼/仲裁案件，管理人应全面调查了解。

第一，询问债务人的有关工作人员（尤其是原法务人员），制作询问笔录，列出明细，管理人接收相关法律文书、资料等；

第二，通过网络查询有关债务人的相关诉讼或仲裁案件信息；

第三，考虑到部分案件因种种原因并没有被司法机关录入网络系统，债务人破产前管理混乱、无人负责，因此债务人提供给管理人的涉诉案件信息可能并不全面，管理人应安排专人到当地基层人民法院、中级人民法院、劳动仲裁、商事仲裁等单位查询，并结合债务人业务经营地的情况到当地有关法院现场查询，全面了解债务人涉诉（仲裁）案件信息。

调查工作结束，管理人应编制工作汇总表，列明债务人身份（原告、被告）、对方当事人、审理机构、诉讼标的、案由、主审法官、诉讼保全信息等。

另外，管理人应书面通知办案机关，中止案件审理；同时，在团队内部作出分工，安排专人负责各案件，查阅卷宗、调查了解案件基本情况、与原代理人沟通对接，积极准备应诉。

（11）调查债务人破产受理前6个月内债务人债权清偿状况。

根据《企业破产法》第32条的规定："人民法院受理破产申请前6个月内，债务人有本法第二条第一款规定的情形，仍对个别债权人进行清偿的，管理人有权请求人民法院予以撤销。但是，个别清偿使债务人财产受益的除外。"

根据之前的工作经验，一般来说，破产企业在破产受理前6个月内，一般都存在不能清偿到期债务，且资产不足以清偿全部债务的情形，因此，对于破产受理前6个月内债务人清偿的债务，一般都具备申请法院撤销的条件，因此，需要重点核查破产受理前6个月内债务人清偿的债务。重点调查：（1）债务人银行卡（包括使用的个人银行卡）在破产前6个月内的收支明细；实践中，民间借贷的清偿往往是重点查询对象。（2）破产前6个月内的资产抵账情况，尤其是不动产抵账情况；应着重调查抵账合同签订时间、互开收据时间、房产过户登记时间等事宜。

调查结束后，应整理汇总表，标明债权人项目或名称、清偿时间、清偿金额、清偿方式（现金或房产抵账等）、债权性质等。

另外需要注意的一点是，此处清偿的债权，一般是指破产受理前 6 个月之前发生的债务，如果是破产受理前 6 个月内即时发生的债务，债务人即时清偿，一般认为不适用《企业破产法》第 32 条，即对于即时发生的债务进行的即时清偿，管理人不得申请法院撤销。

需要注意的是，根据《破产法司法解释二》的相关规定，如果债务人对债权人的清偿是经诉讼、法院执行进行的，管理人不得申请撤销；但债权人与债务人双方恶意串通损害他人利益的除外。

（12）调查破产受理前 12 个月内债务人的债权清偿状况、提供抵押情况、资产转让状况等。

根据《企业破产法》第 31 条的规定，人民法院受理破产申请前一年内，债务人财产如有无偿转让、不合理低价转让、放弃债权、对未到期债务提前清偿、对无担保债务提供财产担保等情形的，管理人有权请求人民法院予以撤销。实践中，不合理低价转让财产的情形比较常见，其他情形相对来说少一些。重点调查：第一，债务人银行卡（包括使用的个人银行卡）破产前 12 个月内的收支明细。实践中，民间借贷的清偿往往是重点查询对象。第二，破产前 12 个月内的资产抵账情况、资产转让情况、资产抵押情况等。

调查结束后，应整理汇总表，标明债权人项目或名称，涉及债权金额、抵押情况等必要信息。

（13）调查债务人董事、监事、高级管理人员从债务人处获得的非正常收入、侵占财产等状况。

实践中，债务人濒临破产，债务人的董事、监事、高级管理人员肯定是最先了解公司的实际经济状况的，往往也可能通过各种渠道优先从公司取得各种不当收入，不仅损害了广大债权人的合法权益，也严重侵害了债务人普通职工的利益。《企业破产法》第 36 条规定，债务人的董事、监事和高级管理人员利用职权从企业获取的非正常收入和侵占的企业财产，管理人应当追回。有关非正常收入的认定标准，《破产法司法解释二》第 24 条作了明确规定。

对于本组问题的调查包括：第一，调查债务人的财务账簿，并结合第三方审计机构的审计报告，了解债务人的董事、监事和高级管理人员利用职权从企业获取的收入情况。第二，对债务人的财务人员及其他相关工作人员进行调查，了解相关问题的线索。因为，债务人的董事、监事和高级管理人员可能会采取变相方式方法从企业取得收入（如虚构债务并清偿、虚假单据报销）或侵占财产，往往从账簿表面查不出相关问题，就需要公司内部人员提供相关线索。第三，如果债务人的董事、监事和高级管理人员通过变相方式方法取得非正常的收入，一般会涉及其他人员，此时，管理人应当与涉及的其他人员沟通联系，设法固定证据，以便维护债务人的合法权益。

本组问题涉及的款项一般都比较隐蔽，管理人需要着重注意发现并固定证据；并根据调查结果进行分析论证，视情况采取不同的法律措施解决。

（14）了解债务人持有或占有他人财产的状况。

实践中，也可能存在债务人持有或占有他人财产的状况。对于这部分财产，第一，应向债务人的有关人员调查了解基本情况，查明占有的原因；第二，查询有关的合同文书，分析合同约定情况，判断合同是否继续履行、相关财产是否应当返还等。

一般来说，存在债务人持有或占有他人财产的状况并不多，管理人应着重注意判断财产权归属，如果财产确实不属于债务人并应当返还的，要结合合同条款约定，返还财产应符合双方事先约定的返还条件，不宜直接决定返还。

另外，需要注意一种情形，债务人作为购买人购买了债权人的资产，资产已经交付给债务人，但债务人并未付清款项，债权人主张该资产属于债权人所有并要求返还的，此时，应区分是否属于保留所有权买卖，并结合合同条款，判断该资产的所有权归属。

（15）其他财产状况。

对于债务人的其他财产，管理人可以参考上述调查程序，根据财产实际状况，依法进行调查，最大程度地维护债务人的合法权益。

（16）梳理需债务人起诉主张权利的事项。

根据上述调查了解的债务人财产的情况，对于部分需要通过诉讼（仲裁）方式主张权利的事项进行梳理，分类列出书面汇总表，积极准备起诉。例如，债务人股东出资不到位、债务人对外享有的债权、撤销破产前6个月内的清偿债务行为、债务人财产被他人占有、未履行完毕的合同等。

本组事项需结合财产调查结果进行，管理人应列出书面明细，分析研讨诉讼风险。对于其中诉讼费较高、执行难度较大的案件，可以事先征求债权人会议或债权人委员会的意见，以避免管理人与债权人之间的纠纷。

另外，需要注意的是，对债务人的财产进行调查，一般都离不开对债务人的有关人员进行询问。相关询问笔录应注意以下事项：第一，为提高工作效率，也为避免不必要的纠纷，对某一人员的调查尽可能一次性询问完结，尽可能避免多次询问。因此，管理人应事先拟定书面的询问提纲，并多方征求其他团队成员的意见，就需要询问的问题事先汇总，避免遗漏问题。第二，询问事项涉及的一些问题尽可能具体、明确，避免歧义，必要时应事先做好准备。例如，询问土地事项时，如涉及多宗土地，在询问过程中就可以直接明确土地权证书编号以指向具体的土地，此时应事先查询土地权证书编号，将土地权证书编号直接写入笔录。第三，询问笔录尽可能事先准备好，提高记录效率。第四，询问笔录宜统一模板，告知虚假陈述需承担法律责任的不利后果，并让当事人在每一页签字按手印。

三、分支机构财产状况

债务人是否设有分支机构，债务人的工商登记材料中一般反映不出来。此时，应当询问债务人的董事长、总经理、财务负责人、办公室负责人等，了解分支机构的设立情况、管理团队情况等。

债务人如果设有分支机构，按上述"二、债务人财产调查"的规定进行财产调查。

此外，债务人破产，债务人的分支机构不是独立法人，依法应纳入债务人一并破产。所以，管理人应按照接管破产企业的程序，接管分支机构。

四、申请法院调查

管理人在调查债务人财产过程中，可以依法凭法院受理债务人破产的裁定、法院指定管理人决定书、管理人的介绍信函、工作人员律师证等资料，到相关部门查询有关档案。但实践中，因各种因素，有关部门可能不配合管理人的查询，此时，管理人应当向受理破产的法院提交书面申请，协调法院进行查询，以便推进相关工作。例如，在之前的一个破产重整案件中，管理人向不动产登记部门申请查询不动产的查封、抵押及其他有关信息时，不动产登记部门以种种理由不予配合，经多次沟通未果后，最终管理人申请法院进行了查询。再如，某破产企业大量使用个人银行卡作为公司日常收支账户，企业破产后，管理人需要查询该个人银行卡的收支明细，但银行以该银行卡并非破产企业户主为由拒不配合；而该银行卡的户主原系公司职工，企业破产后其与破产企业发生纠纷也拒不配合查询，最终管理人申请法院进行了查询。

五、审计与评估

财产调查完成后，管理人可以聘请有资质的第三方审计机构、评估机构对债务人财产进行专项审计和评估。为确保相关审计、评估工作的公平、公正、公开，审计机构、评估机构建议通过公开程序进行选聘；另外，管理人应对审计机构、评估机构的工作依法进行监督，同时管理人应将审计机构、评估机构的选聘情况向人民法院报告，并在债权人会议上进行披露说明。

考虑到审计、评估工作的专业性较强，且工作量较大、持续时间较长，因此，相关审计、评估工作可以同时推进，并与管理人的财产调查工作同时或交叉进行，既提高了工作效率，也有利于各方协助配合、充分了解具体情况、深度介入具体工作，有利于破产相关工作的推进。

审计机构制作的审计报告、评估机构制作的评估报告，管理人应在债权人会议上披露，并为有关利害关系人的查询提供便利；审计机构、评估机构应当派人参加债权人会议，接受债权人、债务人的询问。

六、制作财产状况报告

管理人调查债务人财产状况后，应当根据财产调查情况，并结合财产审计报告、资产评估报告等，依法制作债务人财产状况报告。

财产状况报告应及时地提交给人民法院、债权人会议（或者债权人委员会）。对于非因管理人自身原因而无法调查的债务人财产情况，应在债务人财产状况报告中作出明确说明。

七、编制财产管理方案

根据《企业破产法》第25条的规定，企业破产之后，由管理人依法接管债务人的财产，决定债务人的内部管理事务，管理和处分债务人的财产。这既是管理人的权利，也是管理人的法定义务。

但一般来说，企业破产案件持续时间往往较长，尤其是重整案件持续的时间较清算案件可能会更长。企业破产后，从某种意义上讲，债务人的财产应当属于全体债权人所有，债务人资产的增减直接影响了债权人的债权清偿率，也直接影响了重整计划草案能否顺利表决通过，因此，有效管理债务人财产，避免债务人资产流失，是管理人的一项重要工作。《企业破产法》第61条规定，管理人应编制债务人财产管理方案，并提交债权人会议依法表决通过后执行。

债务人财产管理方案，司法实践中一般在第一次债权人会议中提交表决。如果债务人资产情况比较复杂，争议较多，管理人财产调查进度缓慢等，也可以根据财产调查的具体情况，延后向债权人会议提交表决财产管理方案。在债务人财产管理方案经债权人会议表决通过前，管理人应坚持审慎原则，勤勉尽责，根据债务人财产管理方案草案忠实履行职责。

债务人财产管理方案，一般包括财产管理工作基本原则、接管的债务人财产及资料情况、已接管财产的管理措施、应追回财产的追回措施等。

第二节　房地产企业财产调查特别注意事项

房地产企业破产后，对于破产的房地产企业进行的财产调查，原则上与上述第一节"财产调查与管理的一般性工作指引"基本相同，但房地产行业有其自身的特殊性，在对房地产企业进行财产调查时，需要注意以下特别事项。

一、工程前期配套费缴纳情况

房地产项目开工建设前，依法需要缴纳各类配套费（初装费，俗称"碰头费"），例如热力增容费、电力增容费、人防易地建设费、燃气配套费、市政大配套费等。但因种种原因，部分房地产开发企业可能欠缴部分配套费用。

因此，对于房地产企业破产案件，应查询工程前期配套费缴纳情况，列明欠缴费用明细（项目、已缴金额、收费标准等），尤其是尚有在建工程的房地产开发企业。

二、在建工程的施工情况

根据我们的工作经验，破产的房地产企业一般都有在建工程，在企业破产时工程尚未竣工。对于此种情况，管理人需要采取措施恢复施工，尤其是重整企业。在复工前，需要查明工程的具体施工情况。

（1）落实工程施工总承包单位的情况。

需要查明施工总承包单位的名称、施工资质，落实涉案工程是否系必须招标工程，查明是否系通过招标方式签约，分析施工合同效力等。

管理人还应与施工总承包单位沟通，了解复工意向、施工总承包单位的内心意图等，为以后的复工做好准备。

（2）落实破产企业直接发包的分部分项工程。

在房地产行业，开发商往往将一部分分部分项工程直接发包给其他施工单位，而并未统一由施工总承包单位承包施工，例如屋面防水、外墙保温、门窗、电梯等。对于此类情形，应分别一一查明，整理出书面汇总资料。

（3）了解工程进度。

对于尚未竣工的工程，应了解工程具体进度情况，为后续工程复工做好准备。

（4）已完工工程的工程款结算情况。

企业破产前，对于各施工单位已经完工的工程，管理人应组织设计单位、监理单位、施工单位、开发商原技术负责人等进行验收，要求各施工单位整理技术资料。

经验收合格的，组织各方进行工程造价审计结算，确认工程造价。工程造价结算，建议委托有资质的工程造价审计机构审计确认，并由各方签字盖章确认。

验收不合格的，组织各方出具整改方案，明确整改造价，根据具体复工情况采取不同的解决措施。

（5）各施工单位的工程款支付情况。

应组织施工单位对账，统一核对工程款的支付情况，包括现金已付款、甲供材、房产顶账及其他付款情况。经对账后各方如无异议，形成书面对账单，并列明具体付款明细。

有关抵账房产的抵账合同是否继续履行，应结合管理人依法制定的房产审查标准进行分析判断，并与各抵账权利人进行沟通。

三、房产销售情况

房地产企业破产后，破产企业的房产销售情况，是债务人财产调查的重点，尤其是在建房产的销售情况（房产预售）。企业破产前已经销售，但尚未办理产权证的房产，应进行全面统计，制作统一的调查统计表。已销售的房产，应按现房、期房进行分类统计。

现房是指，涉及的房产已经办理初始确权登记（俗称"大房证"），如果无其他纠纷，可以正常办理产权过户的房产。此类房产应调查统计：房产坐落、权利人、总房款、销售时间、已交房款、房产是否已交付使用、基础法律关系（销售或抵账）、按揭贷款情况、未办理房产证原因及其他必要信息等。

期房是指，涉及的房产尚未办理初始确权登记，即使没有其他纠纷，也无法办理产权过户的房产。此类房产还需要注意，涉及房产是否已经通过单体竣工验收。此类房产应调查统计：房产坐落、权利人、总房款、销售时间、已交房款、房产是否已交付使用、基础法律关系（销售或抵账）、按揭贷款情况、预售合同备案情况、预告登记情况及其他必要信息等。

此外，对于涉及售后返租的房产（主要涉及公寓、商铺等），还应调查统计：返租合同主体、返租主体与破产企业的关系、返租协议签订情况、租金标准、租赁期限、返租租金支付与房款支付情况及其他必要信息。

对于已销售房产的情况，首先，管理人应向破产企业原销售人员、财务人员等调查了解，要求其根据管理人设计的统计表格进行调查汇总，并形成书面文件签字存档。其次，对于预售的房产，管理人还应当向房地产主管部门进行查询，调查房产预售的预售合同备案情况、预告登记情况、抵押预告登记等信息。再次，将破产企业原工作人员的统计结果，与房地产主管部门查询的结果进行比对，如果二者不一致，进一步调查落实。

四、可以退还给破产企业的有关费用

房地产企业在工程开发建设过程中缴纳的有关费用，在符合一定的条件下，依法是可以退还全部或一部分的。例如，房地产开发企业缴纳的农民工工资保证金，在解决完毕农民工工资之后，依法应当退还给开发商；再如，

房地产企业缴纳的市政大配套费，按建筑面积收取 170 元/m²，在开发商按规划施工，工程竣工并综合验收合格后，依法可以退还 50 元/m²；此外，墙改押金等也是可以依法退回的。

对于依法可以退还的相关费用，管理人应咨询有关专业人士的意见，结合破产企业已缴费情况，积极与有关收费部门沟通，在符合一定条件下，申请退还。

第三节 债务人自行管理财产和营业事务

一、债务人自行管理财产和营业事务适用的情形

企业破产之后，管理人依法应接管债务人的财产和营业事务。很多破产企业情况比较复杂，企业破产之后，并非一定停止营业；经人民法院许可（第一次债权人会议召开之前）或债权人会议表决通过，破产企业是可以继续营业的。比如 2019 年底发生的新冠肺炎疫情，导致医疗物资紧缺，部分破产的医疗器械生产企业，就可以依法申请继续生产经营。考虑到管理、经营企业，可能并非管理人的专长，因此有必要由债务人自行管理财产和营业事务。

根据《企业破产法》的规定，企业破产分为清算、和解、重整三大类，只有重整案件，才可以由债务人自行管理财产和营业事务。对于破产清算案件、和解案件等，不得由债务人自行管理财产和营业事务。

二、债务人自行管理财产和营业事务的审批程序

根据《企业破产法》第 73 条的规定，债务人申请自行管理财产和营业事务，需要经过人民法院批准许可；管理人不得擅自决定由债务人自行管理财产和营业事务。

三、债务人自行管理财产和营业事务时债务人的职责

根据《企业破产法》第 73 条的规定，债务人自行管理财产和营业事务的，有关管理人的职权由债务人行使。因此，企业破产法及本指引中管理人的各项职责，由债务人行使；但债务人应接受管理人的监督，并应及时向管理人报告其财产和营业事务经营管理状况。

四、债务人自行管理财产和营业事务时管理人的职责

在法院批准债务人自行管理财产和营业事务后，管理人并非不再履行任何工作职责。此种情况下，管理人的主要工作职责如下：

（1）管理人已接管债务人财产和营业事务的，应当向债务人移交财产和营业事务。如管理人尚未接管债务人财产和营业事务的，应当停止接管债务人的财产和营业事务。

（2）管理人印章的刻制与使用。

（3）与债权申报相关的职责。

（4）与债权人会议和债权人委员会相关的职责。

（5）要求债务人有关人员工作和回答询问。

（6）对债务人自行管理财产和营业事务的行为进行监督。

（7）人民法院认为管理人应当履行的其他职责。

在债务人自行管理财产和营业事务后，如果债务人拒不接受管理人的监督，或拒绝向管理人报告其财产和营业事务经营管理状况，致使管理人无法执行职务的，管理人可以依法提请人民法院裁定终止重整程序并宣告破产。

第五章
债权人会议

债权人会议是破产程序中的一个关键程序，是全体债权人切实参与破产程序，充分表达意愿、实现权利自治的议事机构。债权人会议由所有依法申报债权的债权人组成，在法院的监督下，表达全体债权人意志，协调各债权人之间的利益，以保障全体债权人合法权益。本章将从债权人会议的职能与架构、债权人会议的召开流程、债权人会议表决程序及非现场召开债权人会议四个方面来分析债权人会议的相关问题。

第一节　债权人会议的职能与架构

一、债权人会议的职能

《企业破产法》第 61 条规定："债权人会议行使下列职权：（一）核查债权；（二）申请人民法院更换管理人，审查管理人的费用和报酬；（三）监督管理人；（四）选任和更换债权人委员会成员；（五）决定继续或者停止债务人的营业；（六）通过重整计划；（七）通过和解协议；（八）通过债务人财产的管理方案；（九）通过破产财产的变价方案；（十）通过破产财产的分配方案；（十一）人民法院认为应当由债权人会议行使的其他职权。债权人会议应当对所议事项的决议作成会议记录。"从上述条文可以看出，《企业破产法》从设置上将债权人会议定性为整个破产程序的"最高权力机关"，一切与破产程序相关的重大事项，均应当通过债权人会议。《企业破产法》将债权人会议行使职权的方式分为核查监督类事项与表决决定类事项。

核查监督类事项主要包括《企业破产法》第 61 条第 1 项、第 2 项中的"审查管理人费用和报酬"及第 3 项。此类事项均是管理人向债权人会议作出相应的报告并需要监督或核查的具体内容，由参加债权人会议的债权人进行监督或核查，若有债权人对相关事项有异议，则应在规定的期限内向管理人或法院提出。其中，核查债权与审查管理人费用和报酬两项，管理人均应在债权人会议上作出相应的书面报告，并列明待核查和审查的事项（债权表和法院批准管理人报酬的相关文件），以供参与债权人会议的全体债权人进行核查与审查。而监督管理人则较为宽泛，应指债权人会议有权对管理人的全部工作进行监督，但因债权人会议仅有在召集召开的时候才能够发挥其职能，因此，监督管理人的实现方式一般是指管理人在债权人会议上作履行职务工作报告，由债权人针对管理人履行职务的相关工作进行监督。当然，如此并不能排除管理人故意隐瞒工作中的重大事项而不向债权人会议进行报告，若债权人发现此种情况，可以在会前向债权人会议主席提议增加议程，对管理人进行审查监督。

表决决定类事项主要包括《企业破产法》第 61 条第 2 项中的"申请人民法院更换管理人"、第 4 项至第 10 项，此类事项管理人不但需要向债权人会议作出相应报告，同时还应当让与会全体债权人对管理人所作相应的报告进行投票表决，以决定相应待解决事项是否最终通过。其中，根据表决事项的不同，表决方式又可分为一般表决程序和特别表决程序。对于债权人会议的表决程序，下文将作单独论述。

对于债权人会议的职能，并不应仅仅局限于《企业破产法》第 61 条所列举的事项范围。债权人会议是全体债权人参与破产程序行使权利的"最高权力组织"，从理论上讲，除了《企业破产法》明文规定应由法院行使的破产程序职权外，债权人会议均有权利知晓或决定破产程序中的任何重要事项。因此，管理人在破产工作中，可以根据破产程序的实际情况将《企业破产法》第 61 条所列举事项之外的事项向债权人会议作出报告或作为投票表决事项。

二、债权人会议的成员

《企业破产法》第 59 条规定，"依法申报债权的债权人为债权人会议的成员，有权参加债权人会议，享有表决权"。该规定明确了债权人会议的成员为依法申报债权的债权人，此处规定虽然比较简单，但仍有需要注意的问题。

（一）职工是否为债权人会议的成员

一种观点认为，《企业破产法》规定破产企业欠付职工的工资、保险、补偿金等无须向管理人申报，由管理人调查后予以公示。既然无须申报，则不符合"依法申报债权的债权人",那么职工就不应该成为债权人会议成员。况且,《企业破产法》第 59 条同时规定:"债权人会议应当有债务人的职工和工会的代表参加,对有关事项发表意见。"若全体职工都是债权人会议成员,都可以对债权人会议发表意见,那么就没有必要再单独设置职工代表,从而进一步说明职工并非债权人会议成员。另一种观点则认为,《企业破产法》第 82 条对于债权人分组讨论投票重整计划草案时表述为:"下列各类债权的债权人参加讨论重整计划草案的债权人会议,依照下列债权分类,分组对重整计划草案进行表决……"职工债权便为其中的一项,因此,职工债权人应当为有权参加债权人会议的债权人。笔者认为,《企业破产法》的上述两条规定确实对于职工在债权人会议中的定位不够清晰,而讨论这一问题的原因在于职工对于一般表决事项是否有权参与投票表决? 从《企业破产法》对分组表决的设置及债权清偿顺序的规定上来看,职工债权应与有财产担保的债权、税款债权性质相类似,而目前破产实践中在投票表决一般事项时,有财产担保的债权人及税款债权人均有权参与表决,只是其相应的债权额不计入表决的债权额,但应作为投票人数参与表决。因此,笔者倾向于认定职工是债权人会议成员,有权参与一般事项的表决,但职工债权额不计入表决的债权额。至于《企业破产法》中关于职工代表的规定,可理解为对于职工权益的强调性保护。

(二) 债权未被确认的申报人是否为债权人会议成员

笔者认为,"依法申报债权的债权人"的前提条件首先需要确认是债权人,若此人本身就不是破产企业的债权人,那么即使其向管理人申报了债权,当然不是债权人会议成员,无权参加债权人会议。但需要指出的一点是,管理人对于债权的审核,需要经债权人会议核查、申报人本人及其他债权人、债务人的债权确认诉讼程序,即管理人对于某申报人所申报的债权不予确认,但该不予确认的结果需要经债权人会议核查,该申报人本人或其他债权人、债务人有权在核查期内向法院提起债权确认之诉。因此,虽然管理人对其债权不予确认,但申报人仍有权参与核查本次债权的债权人会议,若经债权人会议核实无人就该笔债权提起诉讼或虽提起诉讼未被法院支持,那么此时该申报人便真正失去参与债权人会议的权利。

(三) 管理人并非债权人会议成员

管理人虽然为债权人会议的组织者，文件起草者，但其并非是债权人会议的参与者。债权人会议的参与者仅为债权人，管理人在债权人会议程序中应为列席人员。

三、债权人会议主席

《企业破产法》第 60 条规定："债权人会议设主席一人，由人民法院从有表决权的债权人中指定。债权人会议主席主持债权人会议。"第 62 条规定："第一次债权人会议由人民法院召集，自债权申报期限届满之日起 15 日内召开。以后的债权人会议，在人民法院认为必要时，或者管理人、债权人委员会、占债权总额四分之一以上的债权人向债权人会议主席提议时召开。"从上述规定可以看出，债权人会议主席本身应为债权人之一且其具有表决权，其身份应由法院书面指定，其职能为召集和主持债权人会议。但需要注意三个问题，一是债权人会议主席必须有表决权，因此，债权人会议主席应从债权额已经审查确认且无异议的债权人中指定；二是第一次债权人会议由法院召集，之后的债权人会议由债权人会议主席主持，因此，法院指定债权人会议主席应当在第一次债权人会议中完成；三是第一次债权人会议之后的债权人会议除法院认为有必要召开的外，应由债权人会议主席决定召开，管理人、债权人委员会、占债权总额四分之一以上的债权人均可向债权人会议主席提议召开。

四、债权人委员会

《企业破产法》第 67 条规定："债权人会议可以决定设立债权人委员会。债权人委员会由债权人会议选任的债权人代表和一名债务人的职工代表或者工会代表组成。债权人委员会成员不得超过九人。债权人委员会成员应当经人民法院书面决定认可。"且前文已述"选任和更换债权人委员会成员"系债权人会议职能中的表决决定类事项。从上述规定可以看出，决定是否成立债权人委员会及选任债权人委员会成员均应由债权人投票表决决定。但在投票过程中，投票不同意成立债权人委员会的债权人是否有权投票选任债权人委员会成员？笔者认为，是否成立债权人委员会与选任债权人委员会成员系前后两个程序，虽然在实践操作中部分管理人将两者合并为一次投票，但程序上应当是先表决是否同意成立债权人委员会，表决成立，再行投票选任债权人委员会成员。因此，债权人即使投票不同意成立债权人委员会，若最终投票结果为成立债权人委员会，则该债权人仍有权利选任债权人委员会成员。在选任债权人委员会成员的投票程序中需要注意的是，管理人应事先向全体债权人征集是否自愿参选债权人委员会成员，对于自愿参选的债权人，可作为备选人员提交债权人会议进行表决。因有资格备选的人员应为其自身有意参选，因此，在投票表决过程之时，不应允许债权人提选未提前报名参选的债权人。

关于债权人委员会的职能，从《企业破产法》第 68 条和第 69 条的规定来看，债权人委员会的职能主要体现在监督和知悉与债务人财产相关的重大事项，如债务人财产的管理和处分、破产财产分配、财产性权益转让、借款等。但需要注意的是，《企业破产法》第 68 条第 1 款规定债权人委员会的职权还包括"债权人会议委托的其他职权"。针对该规定，《破产法司法解释三》第 13 条规定："债权人会议可以依照企业破产法第 68 条第 1 款第 4 项的规定，委托债权人委员会行使企业破产法第 61 条第 1 款第 2、3、5 项规定的债权人会议职权。债权人会议不得作出概括性授权，委托其行使债权人会议所有职权。"此规定将债权人会议授权债权人委员会的职权限定在上述三项，除该三项外，债权人会议不能授权债权人委员会应由债权人会议行使的其他职权。

第二节 债权人会议召开流程

一、债权人会议的召集

前文已述，第一次债权人会议由法院决定召开。法院在作出债权申报公告或通知时均会同时载明第一次债权人会议召开的时间和地点。《企业破产法》第 63 条规定："召开债权人会议，管理人应当提前 15 日通知已知的债权人。"但因法院或管理人在向债权人通知申报债权之时均已同时告知其第一次债权人会议的时间和地点，从程序上讲，会前 15 日不必再行通知。当然为了提醒债权人，在会前进行通知也无不可。

第一次债权人会议之后的债权人会议，除法院认为必要召开的外，应由债权人会议主席决定召开，管理人、债权人委员会、占债权总额四分之一以上的债权人均有权向债权人会议主席提议召开。其中，法院认为有必要召开的情形，《企业破产法》中已列举的有表决重整计划与表决和解协议两项。但需要注意的是，实践操作中虽然均是管理人决定召开债权人会议，但管理人仅是有权向债权人会议主席提议召开，并无权决定召开，因此，不应缺少管理人向债权人会议主席提议召开债权人会议的程序。

二、债权人会议的会前准备

（1）送达开会通知。

法院或债权人会议主席确定召开债权人会议后，管理人应当提前 15 日通知债权人。通知债权人时应采取书面通知方式，向债权人邮寄送达（若债权人确认送达地址时预留了电子送达地址，则可以采取电子送达的方式送达开会通知），邮寄送达开会通知时应注意考虑预留出邮件在途时间，尽量保证债权人可以在债权人会议召开前 15 日收到开会通知。

（2）制定会议流程。

管理人应根据本次债权人会议应讨论或表决的事项制定会议流程，列明会议议程，并在向债权人送达会议通知时一并送达会议议程。

（3）编制会议资料。

管理人应根据本次会议议程编制会议资料，会议资料应当包括但不限于：会议须知、会议议程、管理人履行职务的工作报告、债权表、相关报告或待投票表决的议题等，并将全套会议资料按债权人人数印制并装订成册。

（4）制定会议预案。

管理人在债权人会议召开之前，应根据本次会议讨论或表决事项、预估参会人员数量、债权人矛盾情绪等问题制定会议预案，分组分工安排工作人员，对可能出现的突发情况做好防范预案。

三、债权人会议的召开

（1）布置会场。

在召开债权人会议之前，管理人应当提前布置会场，包括会场外的引导牌、签到处、主席台桌牌、会场音响设备、投票箱、投票统计处、会场横幅（或电子显示屏）。

（2）签到入场。

管理人应该提前将全体债权人名单编制签到表，并在签到表中明确写明本人（或法定代表人）及委托代理人的姓名，按照签到表所列本人（或法定代表人）及委托代理人的姓名核对身份无误后方能入场。原则上不接受新的代理人现场出示新的委托代理手续入场，除债权人本人（或法定代表人）及委托代理人之外的无关人员不得准许入场。管理人应对负责签到的人员进行分工，分别负责核验入场人员身份、签到表签到、分发会议资料和表决票等，如有必要应当提前协调好公安和法警做好人员入场前的安检工作。若现场参会人员较多，入场签到所需时间可能较长，此时可采取提前一天（或半天）进行签到并领取会议资料，并同时发放入场券，会议开始时债权人或代理人可直接凭入场券入场。

（3）会议过程。

债权人会议应由法院或债权人会议主席按照会议议程主持进行，由管理人或审计、评估等中介机构向债权人会议作相应的报告，管理人工作人员做好会议现场秩序维持工作、发放和收集相关资料或表决票等，若债权人在会场提出问题或要求，管理人工作人员应在第一时间予以答复处理。在会议基本流程结束后，应给予债权人现场提问的机会，管理人应针对债权人的提问尽量在现场给予解答，若无法现场给予解答的，管理人应当在会后一定期限内进行书面答复并以适当形式公布。

（4）会议结束。

在会议议程全部结束后，主持人宣布会议结束，参会债权人在离开会场时应当在会议记录签字页上签字。

（5）现场记录。

管理人应当安排专门的工作人员从债权人开始签到到会议结束对会议现场进行记录，包括视频录像和照相，应尽量全程、全方位、多角度记录债权人会议的全过程。

四、债权人会议的会后程序

债权人会议结束后，管理人应当第一时间收集整理会议资料，将签到表、会议相关报告、表决票、会议记录、提问单等全套书面材料及现场照片及录像予以存档。管理人应于限定时间内将本次债权人会议的相关材料、报告、表决结果、提问答复等上传至管理人网站或其他公布途径以向全体债权人公示。

第三节　债权人会议表决程序

债权人会议最核心的作用是决定破产程序中的关键性程序或事项，而债权人会议均是以投票表决的形式作出相应的决定。因此，债权人会议的表决程序最能体现债权人参与并决定破产程序及关键事项的意义。

一、一般表决事项与特别表决事项

《企业破产法》中所列举的需债权人会议进行表决的事项包括《企业破产法》第 61 条第 2 项的"申请人民法院更换管理人"、第 4 项至第 10 项，《企业破产法》第 64 条对债权人会议的决议程序进行了规定，但该条还规定"本法另有规定的除外"，即《企业破产法》规定的表决程序分为第 64 条所规定的一般表决程序以及除外条款所规定的特别表决程序，而《企业破产法》第 82 条及第 97 条分别对债权人会议表决事项中的"通过重整计划"及"通过和解协议"两项的表决程序作了特别规定，即，除了"通过重整计划"及"通过和解协议"两项表决事项外，其余表决事项均应适用《企业破产法》第 64 条所规定的一般表决程序。

《企业破产法》第 61 条虽然以列举的形式列明了债权人会议的表决事项，但债权人会议仍有权对其他破产程序中的关键事项进行表决。不能机械地理解一般表决事项与特别表决事项的划分，应当从该法条设置背后的法理来理解。《企业破产法》将整个破产程序分为破产清算、破产重整与破产和解三个并列的破产程序，而其中的破产清算应是企业破产中的一般程序。在债权人会议表决事项中，"通过重整计划"及"通过和解协议"两项事项经债权人会议表决通过，则破产程序最终将会相应完成破产重整或破产和解程序。也就是说，在债权人会议的表决事项中，可能导致破产程序完成破产重整或破产和解的事项，需要按照《企业破产法》所规定的特别表决程序进行表决，不会导致破产重整或破产和解的事项，均应按照一般表决程序进行表决。因此，对于将《企业破产法》中未明确列明的事项在债权人会议上进行表决时，若该事项可能会最终影响破产重整或破产和解的结果，应当参照重整与和解的特别表决程序进行表决。例如，在债权人会议表决重整计划草案之时，首次表决部分表决组未获表决通过，债权人会议确定了未通过的债权人组协商二次表决的期限，重整方与该组在协商期内未协商一致但有意继续协商并努力达成一致意见，此时，依据本次表决所定规则，该组应属表决未通过，而是否给予该表决组延长协商期限则会直接影响到重整计划草案最终是否表决通过。因此，此时债权人对是否同意该表决组延长协商期的表决应同样适用《企业破产法》关于重整计划表决的特别表决程序。

二、一般表决程序与特别表决程序

（一）一般表决程序

《企业破产法》第 64 条规定："债权人会议的决议，由出席会议的有表决权的债权人过半数通过，并且其所代表的债权额占无财产担保债权总额的二分之一以上。但是，本法另有规定的除外。"本条是《企业破产法》对一般表决程序的规定，也是破产程序中最常见的表决程序，也即所谓的"双过半"表决。

需要注意的问题有：（1）数字的准确界定：从法条解释学上来讲，"过半数"应不包含半数本数，而"二分之一以上"应包括二分之一本数，即若通过的人数正好为出席会议有表决权债权人人数的一半，则不符合前半部分条件，而通过债权人所代表的债权额正好占无财产担保债权总额的二分之一，则为符合后半部分条件。（2）无财产担保债权总额的界定：此处虽然表述为"无财产担保债权"，字面上应理解为除有财产担保债权额之外的债权，但考虑到《企业破产法》本身并未规定建设工程价款优先受偿权（《合同法》中有规定），而建筑工程价款优先受偿权在破产债务清偿时与有财产担保债权有着相类似的优先性质，又因为职工债权与税款债权在破产程序中的清偿顺序虽与有财产担保债权有先后之分，但均优先于普通债权，因此，此处的"无财产担保债权总额"应作广义理解，即除有财产担保债权、建设工程价款优先受偿债权、税款债权和职工债权之外的普通债权。（3）有表决权人数的界定：有财产担保债权人、建设工程价款优先受偿权人、税款债权人、职工债权人的债权额虽不计入一般表决程序的表决债权额中，但其均属于出席会议有表决权的债权人，因此，上述债权人在一般事项表决程序中其人数均计入表决人数中，但其所代表的相应的优先债权额不计入表决债权额中（若债权人同时还享有普通债权，则普通债权额部分应计入表决债权额中）。

（二）重整计划表决程序

《企业破产法》第82条对重整计划草案债权人分组作出相应的规定，原则上分为有财产担保债权组、职工债权组、税款债权组、普通债权组，人民法院在必要时可以决定在普通债权组中设小额债权组对重整计划草案进行表决。另外，在房地产破产企业中，购房消费者优先权应归于有财产担保债权组之列。各债权组表决通过的条件，即出席会议的同一表决组的债权人过半数同意重整计划草案，并且其所代表的债权额占该组债权总额的三分之二以上的，即该组通过重整计划草案。而各表决组均通过重整计划草案时，重整计划通过。对于重整计划的表决程序需要特别注意的问题是：（1）债权人人数的确定。在表决重整计划草案时，各表决组的人数是分开统计的，但各表决组人数之和并不等于实际出席债权人会议的人数之和，因会存在一名债权人在多个表决组中均有债权的情况，因此，该两项人数数据需单独进行统计。（2）出资人表决组。《企业破产法》第85条规定："……重整计划草案涉及出资人权益调整事项的，应当设出资人组，对该事项进行表决。"出资人组并不属于第82条所规定的债权人表决组，其仅有权对重整计划草案中出资人权益调整事项进行表决，对重整计划草案的其他内容无权表决，但其依然属于第86条所规定的"各表决组"的范畴，因此，即使所有债权人表决组均表决通过了重整计划草案，但出资人组未表决通过重整计划草案中对出资人权益调整事项，重整计划仍属未表决通过，管理人或债务人应依据《企业破产法》第87条之规定申请法院裁定批准重整计划。（3）协商补充表决。《企业破产法》第87条规定，"部分表决组未通过重整计划草案的，债务人或者管理人可以同未通过重整计划草案的表决组协商。该表决组可以在协商后再表决一次。双方协商的结果不得损害其他表决组的利益"。协商再次表决的前提条件是"部分表决组未通过重整计划草案"，即，在债权人会议对重整计划草案分组表决时，有部分表决组表决通过但有部分表决组表决未通过，此时方可进行协商再次表决，若债权人会议表决时所有表决组均未表决通过重整计划草案，则此次重整计划草案当然作废，不应再进行协商后二次表决；若债务人或管理人仍要再次表决，应修改重整计划草案后重新召开债权人会议进行表决。协商的结果不得损害其他表决组的利益，即指协商中允许提高本表决组的利益。另外，协商是与整个表决组的债权人协商，再次表决也是整个表决组再次表决，而非仅与本组中未投票通过的债权人协商和再次表决，因此，原投票通过的债权人仍有权参与协商后的再次表决，但其投票意见若和原意见相同，则可仍以原投票意见为准不必再次进行投票。

（三）和解协议表决程序

《企业破产法》第 97 条规定："债权人会议通过和解协议的决议，由出席会议的有表决权的债权人过半数同意，并且其所代表的债权额占无财产担保债权总额的三分之二以上。"关于"无财产担保债权总额"的理解，在"一般表决程序"的论述中已作分析，"无财产担保债权总额"应理解为除有财产担保债权、建设工程价款优先受偿权、税款债权、职工债权之外的普通债权。因此，《企业破产法》该条所规定的"无财产担保债权总额"也应作相同理解。同时，《企业破产法》第 96 条规定："……对债务人的特定财产享有担保权的权利人，自人民法院裁定和解之日起可以行使权利。"综合上述两条来看，在和解程序中，有财产担保的债权人并不参与和解协议程序，其可以直接实现债权，此处的"有财产担保的债权"应当作广义理解，即包含有财产担保债权、建设工程价款优先受偿权、税款债权和职工债权。即，若要进行和解协议表决，应以上述优先于普通债权的债权均应保证能够即时实现为前提条件。

三、临时表决权

《企业破产法》第 59 条第 2 款规定，"债权尚未确定的债权人，除人民法院能够为其行使表决权而临时确定债权额的外，不得行使表决权"。即临时表决权是指法院为使债权额未确定的债权人行使表决权而临时确定的债权额。在此需要讨论的问题是，"债权尚未确定"应如何确定？在破产程序中，债权的确定需要经下列程序：管理人审查——债权人会议核查——债权人提出异议或诉讼——法院裁定确认无异议债权。因此，从程序上讲，凡是未经法院裁定确认为无异议债权的债权，均应属于"债权尚未确认"，但考虑到召开债权人会议的时间成本、人力成本和经济成本均较大，要将债权经过债权人会议审核再经法院裁定确认，然后再召开债权人会议进行表决显然过于繁琐且耗费成本较大，而在债权人会议进行决议表决时让法院将所有未经裁定确认为无异议债权的债权均确定临时债权额进行表决也不现实。因此，在实践操作中，管理人多将经管理人审查后已确认且债权人本人并无异议的债权视为已确认的债权进行投票表决，而将管理人尚未审查确认或管理人虽已审查确认但债权人本人提出异议或债权确认之诉的债权以债权尚未确认的债权提请法院确认临时债权额。

第四节　非现场债权人会议

一、非现场债权人会议的理论探讨

《企业破产法》规定召开债权人会议的方式为现场召开。而随着网络技术的发展及视频会议的普及与应用，允许以非现场方式召开债权人会议的呼声越来越高。最高人民法院启用全国企业破产重整案件信息网系统时，在系统内部已经设置了通过网络召开债权人会议及进行投票表决的功能，但当时对这种非现场方式召开债权人会议并无明确规定。

2019 年 3 月颁布的《破产法司法解释三》第 11 条第 1 款规定："债权人会议的决议除现场表决外，可以由管理人事先将相关决议事项告知债权人，采取通信、网络投票等非现场方式进行表决。采取非现场方式进行表决的，管理人应当在债权人会议召开后的 3 日内，以信函、电子邮件、公告等方式将表决结果告知参与表决的债权人。"此条款明确规定了债权人会议的决议可以以非现场方式进行表决。但下列问题需要进一步探讨。

（1）除决议外，债权人会议的其他职能是否可以以非现场方式行使。

一种观点认为，该司法解释明文规定可以采取非现场方式的仅为债权人会议的决议，若从字面理解，应为债权人会议履行除决议之外的其他职能不能采取非现场方式行使，而只能采取召开现场会议的方式。另一种观点认为，从债权人会议的职能分析，债权人会议决议是债权人会议最能体现债权人参与破产程序和决定破产走向的权利，是债权人会议最为核心且最为重要的职能。从"举重以明轻"的角度分析，既然债权人会议最为重要的职能都可以采取非现场的方式行使职权，那么其他的职能理应也可以以非现场的方式行使。笔者倾向于后一种观点。

（2）关于非现场表决的参与方式。

上述司法解释将非现场表决的方式表述为"采取通信、网络投票等非现场方式进行表决"，此处的"通信、网络投票等"应如何理解？"等"字应理解为等内还是等外？通信是否可以包含信函方式？对于此问题，单从条文本身规定来看，在同一条文的后半部分关于决议结果告知程序中规定的告知方式为"以信函、电子邮件、公告等方式"，此处既然明示了信函、电子邮件，说明立法者在编制法条时已经明确考虑了信函和电子邮件的方式，但在非现场表决方式中却并未明确列明该两种方式，应当理解为非现场表决方式中的"等"中并不包含信函和电子邮件两种方式。因此，综合考虑，非现场表决不采用信函和电子邮件方式为宜。

二、非现场债权人会议操作流程

（1）通知债权人。

提前 15 日告知债权人非现场表决程序、投票截止时间、统计时间、公布时间及待表决事项。司法解释中虽未规定提前通知债权人的时间，但其本质上仍属于一次债权人会议，除不需债权人现场参会以外，其他流程仍应符合《企业破产法》中关于召开债权人会议的基本流程。因此，通知债权人的时间应当在表决前 15 日，并且应当充分考虑通知的在途时间。

（2）开票统计。

管理人在规定的投票时限内统计所有以规定的方式进行投票的结果，并邀请债权人代表作为监票人全程参与监督开票和计票。管理人将投票和计票情况形成书面结果，由管理人和监票人签字确认。

（3）公布和通知结果。

表决结束后，管理人应当在 3 日内以信函、电子邮件、公告等方式将表决结果告知参与表决的债权人，管理人可以同时公示由监票人签字确认的投票计票结果确认单。

三、非现场债权人会议风险规避

债权人会议的决议往往是对破产程序有着重大影响的关键性问题进行讨论的特定程序，其表决结果通常都会决定破产程序下一步的走向。非现场方式表决，管理人又无法直接与债权人面对面接触，因此，管理人采取以非现场方式表决相关决议时应当更加地谨慎，避免因程序问题而导致表决的相关协议最终无效。

（1）谨慎选择非现场方式。

司法解释中对于非现场表决方式虽然有"等"字的表述，管理人选择通信、网络投票之外的方式并无不可，但管理人在选择非现场方式时应当选择可以明确指向债权人本人的非现场方式。笔者之所以对以信函方式投票表决持保留意见，除了上述原因外，还有一个原因就是管理人以信函的方式收到表决票后如何确认表决票上的签字为债权人本人所签？如何规避他人模仿签字进行表决，之后再以表决票非本人签字表决程序违法为由主张撤销表决的决议？这在以信函进行投票表决时是一个难以完全规避的风险，管理人应当谨慎适用。

（2）全程留痕。

采取非现场方式表决的，管理人应当全程留痕，通知、开票、计票、结果告知等环节均应采取能够准确查询的留痕方式，如邮寄底单回执、开票计票现场录像、监票人签字确认统计结果确认单等，以便债权人随时查阅。

第六章
重整程序

第一节　重整程序的启动

一、重整程序的申请主体

《企业破产法》第 70 条规定："债务人或者债权人可以依照本法规定，直接向人民法院申请对债务人进行重整。债权人申请对债务人进行破产清算的，在人民法院受理破产申请后、宣告债务人破产前，债务人或者出资额占债务人注册资本十分之一以上的出资人，可以向人民法院申请重整。"因此，破产受理前，债权人和债务人均可以向人民法院申请对债务人进行重整；债权人申请破产清算在人民法院受理后、宣告债务人破产前，债务人或单独或合计持有债务人 10% 以上股权的股东也可以申请对债务人进行重整。债务人申请重整，应当提交符合《公司法》及公司章程规定的股东会决议；股东申请重整，应证明其单独或合计持有 10% 以上股权。

按照字面解释，债务人只有在初始申请重整时，以及债权人申请对债务人进行破产清算并被受理的，宣告债务人破产前，才可以申请对债务人进行重整。出资额占债务人注册资本十分之一以上的出资人，只有在债权人申请对债务人进行破产清算并被受理的，宣告债务人破产前，才可以申请对债务人进行重整。那么，在债务人初始申请对债务人进行破产清算并被人民法院受理的，在宣告债务人破产前，是否有权申请对债务人进行重整？债权人在人民法院已经受理对债务人破产清算的，在宣告债务人破产前，是否可以申请对债务人进行重整？《企业破产法》的宗旨是"公平清理债权债务，保护债权人和债务人的合法权益，维护社会主义市场经济秩序"。笔者认为，只要是有利于保护债权人和债务人的合法权益，不应局限于《企业破产法》的字面限制，均应允许。上海市高级人民法院民二庭 2018 年 8 月 31 日发布的《上海市高级人民法院破产审判工作规范指引（试行）》中对此持相同意见。但规定对债权人在人民法院已经受理对债务人破产清算的，在宣告债务人破产前，如申请对债务人进行重整，需经债权人会议表决通过后，方能提出清算转重整的申请。北京破产法庭则直接规定，在破产宣告前，债权人、债务人或者出资额占债务人注册资本十分之一以上的出资人均可申请进行重整，没有其他附加条件。

二、房地产企业重整的条件

（一）重整的一般条件

1. 重整的前提条件

依照《企业破产法》第 2 条规定，企业法人不能清偿到期债务，并且资产不足以清偿全部债务或者明显缺乏清偿能力的，或者有明显丧失清偿能力可能的，均可以申请进行重整。以上只是对重整原因的规定，但是否应进行重整，人民法院还需要审查破产企业是否具有重整价值以及重整的可能性。

2. 重整价值和重整可能性

（1）山东省高级人民法院对重整价值和重整可能性的审查。

2019 年 9 月 26 日，山东省高级人民法院发布的《山东省高级人民法院企业破产案件审理规范指引（试行）》对重整价值以及重整可能性进行了描述。

债务人具有重整价值是指债务人的继续经营价值大于清算价值。判断债务人是否具有重整价值，应综合考虑债务人的行业地位和行业前景、经营情况、资质价值、品牌价值、社会公共价值，以及能够体现债务人重整价值的其他情形。人民法院对重整价值进行判断时，可以根据案件情况，征询市场监管部门、企业主管部门、行业协会以及行业专家的意见。债务人自行重组重整期间，由社会中介机构出具的报告可以作为判断债务人重整价值的参考。

债务人具有重整可行性是指债务人的现有资源和条件能够保证重整计划的执行。判断债务人是否具有重整可行性，应当综合考虑债务人的重整意愿及其配合程度、主要债权人支持重整的情况、重整方案及重整投资人情况、法律与政策障碍情况、重整与清算模式下的清偿率情况。债务人自行重组重整期间，由社会中介机构出具的报告可以作为判断债务人重整可行性的参考。

（2）深圳市中级人民法院对重整价值和重整可能性的审查。

2019 年 4 月 1 日发布的《深圳市中级人民法院审理企业重整案件的工作指引（试行）》对此也有类似的描述。

债务人具有重整价值，是指债务人的继续经营价值大于清算价值。判断债务人的重整价值，应当综合考虑下列因素：

①债务人的行业地位和行业前景，包括债务人的市场认可度、产能先进性等；

②债务人的经营情况，包括债务人经营模式的成熟程度、经营团队的稳定性和经营管理的运行情况等；

③债务人的资质价值，包括债务人的资本价值、特许经营权或者生产资质等；

④债务人的品牌价值，包括债务人的营销网络、客户关系、品牌效应及其商誉等；

⑤债务人的社会公共价值，包括债务人对国计民生及公共利益的重大影响等；

⑥能够体现债务人重整价值的其他情形。

社会中介机构、预重整管理人出具的报告可以作为判断债务人重整价值的参考。

债务人具有重整可行性，是指债务人的现有资源和条件能够保证重整计划的执行。判断债务人的重整可行性，应当综合考虑下列因素：

①债务人的重整意愿及其配合程度；

②主要债权人支持重整的情况；

③重整方案及重整投资人情况；

④法律与政策障碍情况；

⑤重整与清算模式下的清偿率情况。

社会中介机构、预重整管理人出具的报告可以作为判断债务人重整可行性的参考。

（二）房地产企业的重整价值及重整可能性

1. 房地产企业的重整价值

对于房地产企业来说，其重整价值主要体现在企业的行业地位以及行业前景，特别是企业所持有的资产是否具有续建价值。笔者参与的威海广信房地产开发有限责任公司重整案、威海中天房地产开发有限公司重整案，均存在未完工程，部分企业存在未开发项目用地。上述企业如进行破产清算，其烂尾工程肯定存在大幅贬值的情况，但如果通过重整能够适当消减房地产企业的债务负担，并通过投入新的资金恢复房地产企业的持续经营能力，提高企业资产的价值，保证债权人在重整程序中能够获得高于破产清算的清偿率，投资人也能够获得一定的回报，上述房地产企业具有重整价值。反之，如果房地产企业没有资产具备投资价值，单独从经济角度出发，则无重整价值。如果房地产企业重整具有其他社会价值，则另当别论。

2. 房地产企业的重整可能性

房地产企业破产，必然涉及大量购房人的利益，处理不好，极易引起社会不稳定因素，因此在房地产企业重整过程中，得到当地人民政府的支持是必不可少的条件。另外，在房地产开发过程中也涉及大量与政府部门的沟通工作。因此，提前与政府相关部门进行沟通，取得政府部门的支持，将有利于房地产企业的重整以及法院对重整案件的受理。

第二节　重整投资人

一、重整投资人的招募

（一）招募时间

1. 招募时间的一般规定

债务人进入重整程序后，其财产和营业事务一般由管理人进行管理，但在具备一定条件下，也可由债务人向法院提出申请，自行管理财产和营业事务。法院经审查认为，债务人自行管理不会损害债权人利益；债务人具备经营管理能力，企业治理结构能够支持企业正常经营并确保重整事务管理效率；债务人没有违法违规行为，董事、高级管理人员没有违反忠实勤勉义务的行为，可以裁定批准债务人在管理人的监督下自行管理财产和经营事务。

山东省高级人民法院在《山东省高级人民法院企业破产案件审理规范指引（试行）》中规定，债务人自行管理财产和营业事务的，债务人可以通过协商引进重整投资人。自第一次债权人会议召开之日起 30 日内，或者自裁定对破产清算的债务人进行重整之日起 30 日内，债务人不能就债务清偿及后续经营提出可行性方案的，管理人可以向社会公开招募重整投资人。

如果是由管理人负责管理财产和营业事务的，重整投资人由管理人向社会公开招募。管理人公开招募重整投资人的，应当在债务人资产评估工作完成后及时启动。管理人也可以根据重整案件实际情况，提前启动公开招募。在受理破产清算后、宣告债务人破产前裁定对债务人进行重整的，管理人应当自重整裁定作出之日起 30 日内招募重整投资人。

2. 指定招募时间的原因

无论是由债务人协商引进重整投资人，还是由管理人公开招募重整投资人，其前提条件均是对债务人的资产和负债已经基本厘清，此时只有形成制作重整方案的基本数据的招募文件，才能引进重整投资人，否则重整方案只能是无源之水、无本之木。

重整程序有法定的期间，根据《企业破产法》第 79 条规定："债务人或者管理人应当自人民法院裁定债务人重整之日起 6 个月内，同时向人民法院和债权人会议提交重整计划草案。前款规定的期限届满，经债务人或者管理人请求，有正当理由的，人民法院可以裁定延期 3 个月。债务人或者管理人未按期提出重整计划草案的，人民法院应当裁定终止重整程序，并宣告债务人破产。"重整程序一般为 6 个月，特殊情况下为 9 个月。如果不对重整投资人的招募时间进行限制，很容易造成超过重整期限，未能按期提出重整计划草案的情况。在实务中，对于情况复杂的需破产企业，具备重整价值和重整可能性，可先申请进行破产清算，待条件成熟后，再申请由清算转入重整程序。

但破产企业的实际情况千差万别，笔者参与的威海博大房地产开发有限公司重整案中涉及一笔 2000 多万元的建筑优先受偿权是否已经清偿的问题，对于该笔债权的认定，影响到普通债权清偿率的 50%，诉讼最终耗时一年多才尘埃落定。因此，对于重整案件中，因重大资产及债权的认定而导致重整计划草案不能在规定时间内提交的，笔者认为可以借鉴深圳市中级人民法院的做法，"因重大诉讼、仲裁未决影响重整计划草案制作的，诉讼、仲裁审理期间不计入法定提交期限"。

（二）招募方式

除了因债务人自行管理财产和经营事务而由债务人协商引进重整投资人以外，招募重整投资人均要公开招募。山东省高级人民法院规定，公开招募重整投资人的，由管理人在全国企业破产重整案件信息网、本市有影响的媒体发布公告期不少于15日的招募公告。笔者参与的房地产重整案件，除按照上述规定发布招募公告以外，还与多家平台进行合作，如通过山东产权交易中心发布，并通过微博、微信等社交媒体宣传发布。同时，针对目标企业的业态，向特定人群重点发布，比如行业协会、各级商会等，并与政府招商平台进行对接，发挥政府招商平台作用，最大限度地利用现有招商资源为重整服务。

（三）招募注意事项

1. 招募公告信息披露

管理人对外发布的招募公告，应当包括债务人的资产、负债等基本情况，意向重整投资人缴纳保证金的要求，意向重整投资人应当提交的参选材料及截止时间，确定重整投资人的标准和程序，对重整投资人及其重整预案的特定要求。笔者认为，招募公告还应对目标企业的重整价值和投资前景进行重点披露，以便于吸引意向投资人的关注。

2. 招募文件的信息

（1）基本信息。

招募公告一般包括案件基本情况、意向重整投资人应当具备的资格条件、参加招募程序的报名方式及期限、获取招募文件的方式及期限等内容。意向投资人单凭招募公告中的信息无法对目标企业的重整价值获得充分认识。一般情况下，管理人均会准备一份比较详细的重整企业基础数据文件，对于与重整有关的事项作出说明，该份材料信息比较全面、数据比较翔实、相关附件比较详细。一般包括：目标企业工商登记基本信息，企业资产组成，债权和债权人情况，负债、偿债能力的初步分析报告，重整价值和投资前景，当地政府对于重整企业的优惠政策等。对于房地产企业，还应着重披露其持有的土地情况、在建工程的销售情况，在建工程的土地证、土地规划许可证、工程规划许可证、预售许可证是否齐备等房地产开发手续。

在这个环节中，为了避免企业部分尚未公开的资料对外泄露，管理人一般会在招募公告中载明获取招募文件需要缴纳报名保证金，并签署保密协议后方能对其提供招募文件。报名保证金仅作为意向重整投资人的一个投资诚意，剔除部分无诚意的投资人，在意向重整投资人获取详细的招募文件后，如决定不再投资，将无息退还。原则上，除工商登记资料、土地证、房产证等一般可公开资料外，已经对债权人公开的审计报告、评估报告文本也可提供，但涉及企业核心技术、商业秘密等的资料不能提供。

（2）特殊事项说明及风险提示。

管理人对外发布重整投资人招募公告的时间，一般均在第一次债权人会议后。而破产受理日至第一次债权人会议召开，最长时间为4个月零10天。而在实务中，一个企业在被受理破产前，一般非正常经营时间持续一年以上，更有甚者长达数年，并且大多数中国民营企业的财务存在不规范的地方。在笔者参与的破产项目中，没有哪个企业可以在第一次债权人会议前就能够将债务人的资产、负债情况全部厘清。而重整程序期间固定，为了提高重整工作的效率，只能在初步完成资产负债的调查后就开展重整投资人的招募工作，对于资产和负债的详细情况需要边招募边完善。另外，目标企业的潜在债务风险，并不一定在财务账簿中体现。因此，对于向意向投资人提供的详细的招募文件，应当进行特殊事项说明及风险提示。下面是笔者参与的房地产重整项目在重整投资方案基础数据方面的特殊事项说明及风险提示。

①本重整投资方案基础数据中所使用的数据均系目前初步统计的数据，因尚有部分债权人未向管理人申报债权，管理人根据已经掌握的情况，预估了部分数据，最终结果可能进行调整，最终编写的重整计划草案根据调整后的数据进行相应调整。

②本重整投资方案所引用的数据，源自审计报告、评估报告及债务人公司账目。因债务人公司账簿多、情况复杂，随着审计工作的深入、重整工作的推进以及新情况的出现，将来部分数据可能会根据客观情况进行调整。对于房屋的销售情况，是由管理人根据现有材料进行的初步审查，对于需继续履行购房合同以及可回收房产的统计数据将根据实际查明情况进行调整。

③暂估的职工债权中包含债务人公司已经开通社保账户的职工应缴纳的社保，不包含应缴社保而未开通社保账户职工的社保；因职工社保情况复杂，未开通社保账户的职工有的是不愿缴纳社保，有的是已经缴纳了居民社保，该部分职工的社保部分由投资人作为风险因素予以承担，在投资方案的制作

过程中予以考虑，涉及未开通社保账户职工的社保费用不再作为调整事项。

④债务人未为职工建立住房公积金账户，由投资人作为风险因素予以承担，在投资方案的制作过程中予以考虑，涉及职工要求缴纳住房公积金的，不再作为调整事项。

⑤债务人现在申报缴纳的房产税和土地使用税与实际使用土地面积不符，账面预提的所得税不包括在税务机关申报债权范围内，债权减免等税收问题，由投资人作为风险因素予以承担，在投资方案的制作过程中予以考虑，涉及以后税务机关要求补缴税款等措施的，不再作为调整事项。

⑥债务人的在建工程多年前即停工，部分建筑、设备及配套设施或其他资产可能存在损坏及资料缺失的情况，投资人应自行勘察资产现状，充分考虑有关资产的风险。投资人进入后，如需对有关建筑、设备、配套设施或其他资产进行维修更换的，相应风险和费用由投资人另行承担。

⑦因项目开发时间较长，相关主管部门对部分项目规范、标准及要求可能有调整，在以后施工及综合验收过程中出现的任何问题，管理人不承担任何责任。

⑧债务人为房地产开发企业，其房地产开发资质已经被取消，项目部分证件也已经过期，均需要由投资人自行向相关主管部门咨询办理相关手续，管理人不负责办理手续。

⑨投资人按照管理人提供的以上基础数据进行投资方案的编写，如最终的数据有调整，管理人将根据调整情况，相应地调整投资人所做的投资方案中债权的清偿比例及数额。

3. 意向重整投资人需提交的资料

意向重整投资人参加公开招募的，一般需要提供下列材料：

（1）有效的主体资格证明文件；

（2）资质、财务、业绩介绍及相关证明材料；

（3）重整预案，包括重整资金来源、出资人权益调整、债权调整、债权清偿及后续经营方案等；

（4）招募文件要求意向重整投资人提供的其他材料。

上述材料，以笔者参与的破产项目为例，实务中一般分两个阶段提供。第一个阶段为报名阶段，意向重整投资人在缴纳报名保证金的同时，应当向管理人提交有效的主体资格证明文件，资质、财务、业绩介绍及相关证明材料。第二阶段，意向重整投资人决定投资，向管理人缴纳投资保证金的同时向管理人提交重整预案，主要包括重整资金来源、出资人权益调整、债权调整、债权清偿及后续经营方案等。

二、意向重整投资人的遴选

对于意向重整投资人的遴选，《企业破产法》及相关的法律法规均没有明确规定。以前实务中多数是拟定一个评选小组，由评选小组选出一个意向重整投资人作为重整投资人。但评选小组的组成人员如何确定，各地做法不一。有的是由法院组织人员进行评选，有的则由法院、管理人、债权人代表组成评选小组进行评选。

山东省高级人民法院2019年9月发布的《山东省高级人民法院企业破产案件审理规范指引（试行）》中规定，"在招募期间，仅有一家意向重整投资人提交参选材料且其重整预案经管理人审查合格的，该意向重整投资人即为重整投资人。多家意向重整投资人经初步审查合格并缴纳保证金的，由债权人会议选定重整投资人"。但对债权人会议选定的规则并没有进行约定。

深圳市中级人民法院于2019年3月发布的《深圳市中级人民法院审理企业重整案件的工作指引（试行）》中对债权人会议如何选定重整投资人则有了明确的可操作的选定规则，其中规定，"多家意向重整投资人经初步审查合格并缴纳保证金的，由债权人会议选定重整投资人。选定规则为：

（1）经出席会议的有表决权的债权人过半数同意，并且其所代表的债权额占无财产担保债权总额二分之一以上的，该意向重整投资人即为重整投资人。

（2）经表决所有意向重整投资人均不符合第1项规定的标准，但其中一家意向重整投资人获得同意的表决人数、债权额比例均超过其他意向重整投资人的，该意向重整投资人即为重整投资人。

（3）经表决所有意向重整投资人均不符合第1、2项规定的标准，但仅有两家意向重整投资人参与表决的，获得较多债权人支持的即为重整投资人；超过两家意向重整投资人参与表决的，由债权人会议对最多债权人和最多债权额同意的两家意向重整投资人按照本条规则再次表决。

经合议庭同意，债权人会议可以另行通过符合案件特点的选定规则"。

三、投资协议的签订

遴选出重整投资人，应当与重整投资人签订重整投资协议，约定按照重整方案所编写的重整计划草案对重整投资人具有约束力，在重整计划草案被法院裁定批准后，重整投资人应当按照重整计划履行其义务，对于重整计划的执行需要区分不同情况承担不同的责任。下面是笔者参与的某房地产公司重整项目的投资协议，供参考。

附：　重整投资协议范本

重整投资协议

甲方：×××有限公司管理人

乙方：×××

鉴于：

1.×××人民法院已经裁定受理×××有限公司（以下简称××公司）重整，甲方为法院指定的××公司管理人，对外公开招募重整投资人。

2. 乙方拟通过受让××公司全部股权的方式，作为××公司的意向重整投资人，参与××公司的重整。

为明确甲乙双方的权利和义务，甲乙双方根据《×××有限公司重整投资人招募公告》《重整投资方案》及《×××有限公司重整方案基础数据》等相关文件及法律法规，于威海市经区签订如下协议：

一、乙方应当按照《重整投资人招募公告》的要求，先行缴纳2000万元的投资保证金，在本协议签订后即转为等额履约保证金。

二、甲方所出具的《重整投资方案基础数据》的依据来自评估报告及管理人对债权人的债权的初步认定及预估值。其中资产的价值×××万元在评估机构没有补充修改的情况下，不作调整；对债权人的债权以最终法院裁定的无异议债权表为准，可进行相应的调整。

三、乙方所提交的《重整投资方案》，在甲方出具《重整投资方案基础数据》破产清算状态下所计算的普通债权的清偿率为×%的基础上，将重整程序下普通债权的清偿率上调为×%。如基础数据发生变化，甲方有权按照下列方式进行调整：

1. 在××公司的资产实质性减少或负债及费用增加的情况下，甲方相应降低××公司债权的清偿率。

2. 在××公司的资产实质性增加或负债及费用减少的情况下，甲方相应调高××公司债权的清偿率。

四、甲方根据乙方所提交的《重整投资方案》的主要内容制作《重整计划草案》，并根据本协议第三条的原则进行修正。

五、《重整计划草案》在债权人会议表决通过后或被法院裁定通过后 15 日内，乙方应当另行缴纳×××万元的履约保证金。如《重整计划草案》未获得法院裁定批准，管理人将在 10 个工作日内无息退还全部履约保证金。

六、乙方所缴纳的保证金如通过他人银行账户支付，须提交他人出具的代缴保证金证明，否则应通过乙方自身的账户补足。

七、乙方如违反第五条规定，甲方将没收乙方已经缴纳的×××万元保证金，并重新招募重整投资人。在《重整计划》执行期间，乙方未履行重整计划所规定的清偿方案及清偿时间履行其主要义务的，甲方有权没收其缴纳的全部履约保证金，取消其重整投资人资格，重新招募重整投资人。

八、《×××有限公司重整投资人招募公告》《重整投资方案》及《×××有限公司重整方案基础数据》为本协议的组成部分，对乙方具有约束力。

九、履行本协议如有争议，均应向本协议签订地人民法院提起诉讼。

十、本协议一式三份，甲乙双方各执一份，威海市经区人民法院备案一份，经甲乙双方签字盖章后生效。

甲方：×××有限公司管理人　　　　　乙方：

代表人：　　　　　　　　　　　　　　法定代表人：

　　年　　月　　　　　　　　　　　　　年　　月

第三节　重整计划草案的制定

重整计划草案在重整程序中具有核心地位，是一切工作成果的汇聚。重整计划草案通过后，是具有强制力的法律文件，对债权人、债务人及出资人均具有法律效力。《企业破产法》第 80 条规定，债务人自行管理财产和营业事务的，由债务人制作重整计划草案。管理人负责管理财产和营业事务的，由管理人制作重整计划草案。

一、重整计划草案的主要内容

《企业破产法》第81条规定："重整计划草案应当包括下列内容：（一）债务人的经营方案；（二）债权分类；（三）债权调整方案；（四）债权受偿方案；（五）重整计划的执行期限；（六）重整计划执行的监督期限；（七）有利于债务人重整的其他方案。"各地法院在审理重整案件指引中还规定了在普通债权不能获得全额清偿的情况下，重整计划草案应当包含出资人权益调整的内容。重整计划草案还应当全面披露债务人的破产原因、资产和负债状况、清算和重整状态下普通债权的清偿率比较以及有关债务人资产的重大不确定事项等。

（一）债务人的经营方案

《企业破产法》第81条规定的重整计划草案的必备内容第1项即为债务人的经营方案，可见债务人经营方案在重整计划草案中的地位。债务人重整经营方案是规定重整公司营业重组方面的一系列措施，对它要实现的目标是有帮助的，是重整计划的核心与判断重整进程的标杆。重整计划草案是否具有可执行性，实际上主要依赖于重整计划草案中债务人的经营方案是否具有可执行性。一个企业自成立到走向破产，其破产原因不尽相同。而只有对债务人的破产原因分析透彻，因地制宜而制定的经营方案，才具有可操作性和可执行性，才能够帮助陷入困境的债务人恢复持续的经营能力和营利能力，提高重整的成功率。

破产重整经营方案在立法和实践中存在制定内容的原则性强、执行性差等问题。债权人大多数只关心债权的清偿率和清偿期限，而管理人则大多由具有法律和财务知识的专业人员担任，对于公司经营也没有经验。债务人的经营方案，一般由重整投资人制定 。因此，重整投资人的经济实力、行业经验、管理能力是经营方案具有可执行性的重要保证。

房地产企业的经营方案，应当着重于项目融资、开发建设、销售、服务等方面。

（二）债权分类

在重整程序中，对于重整计划草案的表决是按照债权的类别分组进行表决。《企业破产法》第 82 条规定："下列各类债权的债权人参加讨论重整计划草案的债权人会议，依照下列债权分类，分组对重整计划草案进行表决：（一）对债务人的特定财产享有担保权的债权；（二）债务人所欠职工的工资和医疗、伤残补助、抚恤费用，所欠的应当划入职工个人账户的基本养老保险、基本医疗保险费用，以及法律、行政法规规定应当支付给职工的补偿金；（三）债务人所欠税款；（四）普通债权。人民法院在必要时可以决定在普通债权组中设小额债权组对重整计划草案进行表决。"债权一般分为有财产担保的债权组、职工债权组、税款债权组、普通债权组，必要时，可设立小额债权组。

1. 有财产担保的债权组

有财产担保的债权组，是指债务人以其所有的特定财产向债权人提供担保，赋予该债权人对该特定财产享有优先受偿的权利，包括有抵押权、质权、留置权的债权，上述担保物权应符合《物权法》规定方能取得。实践中，对于建设工程价款、船舶和航空器等法定优先权，也都列入有财产担保债权组。

在房地产重整案件中，应返还的消费性购房者的购房款以及需要继续履行购房合同的消费性购房者，其债权如何分组，没有相应的法律规定。对于应返还的消费性购房者的购房款，无论其付款比例是否超过房款的 50%，实务中均认为属于自然人生命权中的生存权，应当予以优先保护，优先全额返还，但该部分债权并没有相对应的特定的财产。需要继续履行购房合同的消费性购房者，其债权申报主张为继续履行购房合同、交付房产并承担逾期交房的违约责任，而继续履行购房合同、交付房产，虽然存在对应的在建工程，但并没有具体的债权数额。笔者参与的房地产重整项目，在债务人财产能够涵盖优先债权的情况下，一般将应返还的消费性购房者房款本金部分以及继续履行购房合同部分消费性购房者所缴纳的购房本金部分列入有财产担保的债权组，应返还购房款的利息及逾期交房损失列入普通债权。如果将上述债权列入有财产担保债权组，将导致该债权组债权的清偿失衡，依照《山东省高级人民法院企业破产案件审理规范指引（试行）》的规定也可以根据上述优先权的性质设置其他优先权表决组。

2. 职工债权组

职工债权组债权依照《企业破产法》规定，包括破产受理前债务人所欠职工的工资和医疗、伤残补助、抚恤费用，所欠的应当划入职工个人账户的基本养老保险、基本医疗保险费用，以及法律、行政法规规定应当支付给职工的补偿金。职工债权的分类，在实务中也存在争议。

2002年7月《最高人民法院关于审理企业破产案件若干问题的规定》规定，职工集资款参照职工债权顺序进行清偿。但在实务中，职工集资款能否按照职工债权进行清偿争议较大。首先，上述司法解释所依照的《中华人民共和国企业破产法（试行）》已被2006年所公布的《企业破产法》废止。其次，在现实情况下，有的职工集资款数额较大、利息较高，已经超出了职工工资的范畴，在法律性质上与一般的民间借贷并无区别。由于每个破产案件情况千差万别，职工集资款能否列入职工债权组，需要个案认定。

债务人的董事、监事、经理、副经理、财务负责人以及章程中规定的高级管理人员，上述人员的工资应当按照该企业职工的平均工资计算。但上述人员的经济补偿金，应当按照何种标准进行计算，法律中没有明确规定。基于高级管理人员的工资在破产程序中的限制，对于离职高级管理人员的经济补偿金，在计算时同样应基于上述理由以职工平均工资为基数进行计算。毕竟《企业破产法》较《劳动合同法》属于特别法，应当优先适用。

另外，最高人民法院于2018年3月发布的《全国法院破产审判工作会议纪要》（法〔2018〕53号）中指出，因债务人侵权行为造成的人身损害赔偿，可以参照《企业破产法》第113条第1款第1项规定的顺序清偿，但其中涉及的惩罚性赔偿除外。即将人身损害赔偿债权也列入职工债权组。另外，还规定了由第三方垫付的职工债权，原则上按照垫付的职工债权性质进行清偿；由欠薪保障基金垫付的，应按照《企业破产法》第113条第1款第2项的顺序清偿。债务人欠缴的住房公积金，按照债务人拖欠的职工工资性质清偿。

3. 税款债权组

税款债权的债权人包括税务机关和海关两类主体，以前税务机关包括国税和地税，现在都统一为国税。我们通常所说的税费实际上应当区分为税款和费用。税款包括现行有效的18个税种，其中由税务机关征收的有16种，由海关征收的有2种（不考虑委托海关代征的情形）。税务机关征收的16种税种分别是：增值税、消费税、城建税、企业所得税、个人所得税、契税、房产税、印花税、城镇土地使用税、土地增值税、车船使用税、车辆购置税、资源税、耕地占用税、烟叶税、环保税；海关征收的2种税种分别是关税、船舶吨税。费用，实际上是税务机关征收或代征的各种非税收入，包括文化事业建设费和正税之外的附加费，即教育费附加和地方教育附加。

对于债务人所欠的18种税款，纳入税款债权毫无争议。但对于税务机关所征收或代征的各种非税收入，《企业破产法》中并没有规定其清偿顺序。在目前的破产实践中，有的视同税款列入税款债权组，有的列入普通债权组。《全国法院破产审判工作会议纪要》（法〔2018〕53号）规定，对于法律没有明确规定清偿顺序的债权，人民法院可以按照人身损害赔偿债权优先于财产性债权、私法债权优先于公法债权、补偿性债权优先于惩罚性债权的原则合理确定清偿顺序。根据该规定，非税收入明显属于公法债权，且没有法律明确规定其清偿顺序，其应当后于私法债权进行清偿。非税收入的清偿顺序有待于《企业破产法》等法律予以明确。

4. 普通债权组

普通债权，是指没有优先受偿地位的债权，除一般的普通债权以外，还包括超出用以担保的特定财产价值以外的有财产担保债权、债务人高级管理人员超过职工平均工资部分的工资。

（三）偿债能力分析报告

重整计划草案中的偿债能力分析，主要是对债务人在清算状态下，对各类债权的偿还比率进行的计算，也是对债务人资产负债的整体概括。只有计算出清算状态下的各类债权的清偿率，与重整计划草案中的债权调整方案中的重整清偿率进行比较，债权人才能对是否同意重整计划草案进行表决。

偿债能力分析的具体过程是由评估机构对债务人财产进行评估，按照评估值作为债务人的资产价值，在清偿有财产担保的债权后，依次清偿破产费用、共益债务、职工债权、税款债权后，能够用于清偿普通债权的资产价值除以需要清偿的普通债权，得出清算状态下的普通债权清偿率。因偿债能力分析中所采用的债务人资产价值是评估公司的评估结果，并非资产的实际变现价格，而该价格是否准确，实践中债权人对此也多有诟病。另外，在重整程序中，总是存在部分未决事项和未决诉讼及仲裁，也存在大量未申报的债权，而重整计划草案的编制不可能等到所有事项均确定后再进行，因此可以对此进行预估和保留，在进行偿债能力分析时予以考虑。

（四）出资人权益调整方案

1. 出资人权益调整的必要性

山东省高级人民法院认为，在重整计划草案中，如普通债权不能获得全额清偿的，重整计划草案应当包含出资人权益调整的内容。债务人已无法清偿到期债务，且明显缺乏清偿能力，生产经营和财务状况均已陷入困境。如果对债务人进行破产清算，现有资产在清偿各类债权后已无剩余财产向出资人分配，出资人权益为零。为挽救债务人，避免其破产清算，出资人和债权人需共同做出努力，共同分担实现公司重生的成本。因此，重整计划草案需要对债务人出资人的权益进行调整。

2. 出资人权益调整的范围

根据《企业破产法》第 85 条第 2 款之规定，重整计划草案涉及出资人权益调整事项的，应当设出资人组，对该事项进行表决。出资人组由破产受理日的债务人的全体股东组成。上述股东在破产受理日之后至本重整计划草案规定的出资人权益调整方案实施完毕前由于交易或非交易等原因导致持股情况发生变动的，本重整计划草案规定的出资人权益调整方案的效力及于其股票的受让方和/或承继方。

3. 出资人权益调整的内容

出资人权益调整，实际上就是对债务人原股东持股比例进行调整。在非上市公司重整案件中，对于资不抵债的企业，大多数会将原出资人股权无偿转移至新引进的重整投资人名下。而在上市公司重整案件中，则通过资本公积金转增股票、原股东无偿或按指定价格让渡股票、缩股等方式进行出资人权益调整，一般原股东可以保留部分股份。

在公司资不抵债的情况下，股东因不存在资产权益，原则上对重整后的公司不能保留股份。但在实践中，情况比较复杂，比如上市公司虽然已经资不抵债，但因其股票可以上市流通，其上市资格具有一定的价值；另有部分公司具有特殊资质，该资质虽然不能进行变价转让，但不可否认也具有一定的价值。因此，考虑以上特殊情况，对原出资人在重整程序中也给予保留部分股份。

（五）债权调整方案

1. 债权调整的原因

在债务人正常经营的情况下，债务人应当按照合同约定或法律规定的时间、金额和方式向债权人全面履行。在债务人破产的情况下，债务人可分为资产大于负债和资不抵债两种情况。在资不抵债的情况下，债务人本身已经没有能力对所有债务进行全额清偿。而在资产大于负债的情况下，一方面债务人出现危机进入破产程序时现金流肯定严重不足；另一方面，即使债务人资产大于负债，也仅仅是账面资产的价值大于负债，在绝大多数情况下，其资产的变现价值远低于账面价值，其资产的实际价值也不能覆盖所有的负债。

《企业破产法》中引入重整程序，就是为具有重整价值的企业提供一个涅槃重生的机会，让债权人和债务人在债务人资产的持续经营价值和破产清算快速变现价值之间达到一个平衡，由各方共担重整成本，实现各方利益的最大化。对于债权人而言就是要接受债权调整。

2. 债权调整的方式

在重整计划草案中需要明确对各类债权是否调整以及如何调整的方案。债权调整，实际上应包括债权金额、履行期限、履行方式三方面的调整，但在重整计划草案中的债权调整方案，一般只约定债权金额的调整，对于履行期限和履行方式均在债权受偿方案中规定。

有财产担保债权组债权为优先受偿的最高限额，其实际能够获得的清偿额取决于用于担保的特定财产的变现价值。在重整案件中，一般以特定财产的评估值来判断有财产担保债权是否能够全额受偿。有财产担保债权小于担保财产评估价值，则债权全额清偿；有财产担保债权大于担保财产评估价值，超出担保财产评估价值范围的债权调整为普通债权，按普通债权的债权调整方案进行调整。

对于职工债权和税款债权则应按照《企业破产法》第113条规定的清偿顺序，在债务人财产扣减有财产担保债权、破产费用和共益债务后，依次进行清偿。如果职工债权和税款债权能够全额清偿，则对上述债权不进行调整，只对普通债权进行调整。如果职工债权和税款债权不能全额清偿，则不能全额清偿的债权均需进行调整。

在重整程序中，对于债务人的财产并没有实际进行变现，而是通过对债务人的财产进行评估来确定债务人的财产价值。资产的评估价值因采用的评估方法不同而存在巨大差异。在破产程序中，评估机构假设企业进行清算而对资产快速变现，对债务人财产一般会采用清算价值法进行评估，所评估的资产价值一般远低于资产的账面价值，也远低于采用市场价值法评估的资产价值。而重整程序就是为了避免债务人进入清算状态，通过各方共同努力，保持债务人的持续经营能力，从而使得债务人资产获得持续经营价值来维护各方利益。因此，债权调整，不仅仅需要考虑在清算状态下的清偿率，而且需要考虑企业重整成功后所带来的增值。债权调整方案是债权人的直接关注点。对于普通债权的调整，一般会在清算状态下的清偿率的基础上上调清偿率比例。

而债务人欠缴的社会保险费用的清偿顺序排在职工债权之后，与税款债权为同一顺位，必须在有财产担保债权、职工债权全额清偿后，才能考虑税款债权的清偿。《企业破产法》第83条规定，"重整计划不得规定减免债务人欠缴的本法第82条第1款第2项规定以外的社会保险费用；该项费用的债权人不参加重整计划草案的表决"。而《企业破产法》中规定了对于同一顺位的债权应当同等受偿，也就意味着税款债权也必须是全额清偿。同时《企业破产法》第87条规定，只有在有财产担保债权、职工债权、税款债权获得全额清偿或该组表决通过后，人民法院才能强制批准重整计划草案。因此，在债权调整方案中对于有财产担保债权、职工债权、税款债权的债权数额一般不进行调整。

（六）债权受偿方案

债权受偿方案一般包括受偿期限、受偿方式和偿债资金的来源。根据债权调整方案所确定的各类债权数额，根据每个案件的不同情况，确定不同的受偿期限、受偿方式以及偿债资金的来源。

1. 债权的受偿期限

债权可设立多长的受偿期限？各类债权是否可以设置不同的受偿期限？对此法律并没有规定，而是由债权人和债务人自行约定。在重整计划的债权受偿方案中，债权受偿的最长期限与重整计划执行期限一致。对于不同类型的债权，应根据其对于受偿的紧迫性而设定不同的清偿期，对于涉及职工生存权的职工债权以及涉及债权人生产经营的小额债权人，可以设定更短的受偿期限，但对于同一性质的债权，应当设定相同的受偿期限。

另外，对于有财产担保的债权组，除非该组通过了重整计划，需要对延期清偿的有财产担保的债权进行补偿，即应当支付利息，否则根据《企业破产法》第 87 条规定，人民法院不会强制批准重整计划。

2. 清偿方式

在实践中，最常见的清偿方式为现金清偿，也有部分债转股、以物抵债等方式，也存在上述多种方式混合清偿的方式。选择现金清偿的债权人的清偿率相对较低。债转股方式在上市公司重整案件中比较常见，其实质是因为上市公司股票的高度流通性，进而变现实现债权的清偿。而在非上市公司中，采用债转股一般分两种方式。一种是由债权人进行选择，选择债转股的债权人，清偿率相对较高，然后由投资人承诺在若干年后可以由其进行股权收购；另一种是由大债权人采用债转股方式，其他债权人采用现金清偿方式。以物抵债方式清偿，实务中有以应收账款抵债、以产品抵债等方式。

3. 偿债资金来源

偿债资金的来源主要包括债务人自有资金、借款、重整投资人投入的重整资金、重整执行期间的经营所得。债务人的自有资金包括对资产进行处置后所获得的资金。

（七）重整计划的执行期限

1. 执行期限

《企业破产法》中并没有对重整计划的执行期限进行规定，而是由各方当事人协商确定，并在重整计划中进行约定。笔者参与的重整案件中，执行期限多数为二三年，最长为 5 年。重整计划的执行期限，实际上与重整计划偿债方案的偿债期限相一致，如果债务人提前清偿所有债务，执行期限也相应提前到期。

2. 执行期限的效力

重整计划的执行期限对未依法申报的债权人有很大影响。依照《企业破产法》第 92 条规定，"债权人未依照本法规定申报债权的，在重整计划执行期间不得行使权利；在重整计划执行完毕后，可以按照重整计划规定的同类债权的清偿条件行使权利"。而对于债务人来说，在执行期内，债务人不能执行或者不执行重整计划的，人民法院经管理人或者利害关系人请求，应当裁定终止重整计划的执行，并宣告债务人破产。

3. 执行期限的变更

重整计划执行期限是否可以变更？我国《企业破产法》中对执行期限是否可变更、变更事由、变更次数、变更期限、变更程序均没有明确规定。在实践中则存在对执行期限进行变更的情况。早期大多数是通过人民法院的自由裁量权进行裁定认可的。但近年来，为避免自由裁量权的滥用和保证程序的公平性，多数法院通过发布破产案件审理指引对重整计划的变更进行了规定。

济南市中级人民法院规定，债务人申请延长执行期限的，由债权人会议表决通过，但未规定债权人会议表决是否按照重整程序的分组表决规则；山东省高级人民法院规定，重整计划因客观原因未能在规定期限内执行完毕，债务人申请延长重整计划执行期限的，人民法院可以裁定准许；深圳市中级人民法院规定，重整计划因客观原因未能在规定期限内执行完毕，债务人申请延长重整计划执行期限的，合议庭可以裁定准许。

笔者认为，重整计划的执行期限属于重整计划中的实质性内容，对债权人影响巨大，因此对执行期限的变更，应当进行严格的限制。首先，必须是存在客观原因导致无法按期执行重整计划，并且该客观原因仅仅导致延期的后果，而不能导致经营方案的执行不能；其次，执行期限延期不能过长，与客观原因造成的影响一致，但最长不能超过一年；最后，执行期限的变更应当有次数限制，只能限定一次。

（八）重整计划的执行监督期

重整计划的执行监督期是指在重整计划执行过程中管理人的监督期限，一般要短于或者等于执行期限。因为一般来说，重整计划执行的关键部分是一部分重整措施，只要这些措施完成，重整计划也就基本完成。例如，债转股、企业合并、分立、重大资产处置完成等，管理人监督的正是这些关键措施的实施情况，至于一些债权的分期偿还，完全可以由债权人自己监督债务人履行，债务人不履行的，利害关系人可以请求法院强制执行重整计划或者向法院申请终止重整计划的执行。

在实践中，执行期限和监督期限大多数是一致的。在执行期限因客观原因延长时，监督期限也会相应延长。

二、房地产重整计划草案的特别事项

相对于其他企业破产重整而言，房地产企业重整更为复杂，其债权人不仅包括常规的金融机构、税务机关、职工、民间借贷债权人等，还涉及公积金中心、购房户、建设工程承包商、材料供应商、农民工等特殊主体。各主体间法律关系错综复杂，还涉及债权清偿顺序等问题。因此，在房地产重整计划制订过程中对有关事项应予以特别关注。

（一）尚未确定的房产处理

我国房地产行业于 1994 年开始确立了商品房预售制度，规定在房地产企业取得土地使用权证、土地规划许可证、建设工程规划许可证、施工许可证后，投入开发建设的资金已达到工程建设总投资的 25% 以上，可以取得预售许可证，将在建的商品房向购房者进行销售，收取购房款，并在房管局进行网签备案。房地产项目需要的资金量大，部分开发商并没有资金实力，前期25% 的投资也大多属于借款，然后利用商品房预售制度，以期房销售的名义，实现现房销售的实质，实现了开发商"空手套白狼"的经营模式，而将经营风险转嫁给了社会。同时也可能存在大量不诚信的行为，比如将已抵押的期房销售、将已预售的商品房抵押、一房多卖、用假按揭骗贷等种种恶意违约和欺诈行为，极大地损害了购房人的利益，并引发了大量的法律纠纷。

在房地产重整中，如何确定哪些房产需要继续履行，哪些房产需要作为清偿债务的资产，关系到如何进行偿债分析，以及债权调整方案和偿债方案。在实务中，首先，应当确定一个初步的房产审查标准，确定哪些房产需要继续履行，哪些房产需要收回作为偿债资产。其次，对于部分法律关系复杂的房产，将其作为待定房产，待最终确定后按照同类债权予以清偿。并在重整计划草案中予以特别注明，在做偿债分析、债权调整方案及偿债方案时进行附条件处理，对待定房产是否收回做不同方案，待最终确定后予以调整债权调整方案及偿债方案，不因待定房产的存在而影响重整进程。

（二）在建项目

房地产企业重整实际挽救对象并非是房地产企业本身，而是房地产项目，即未完工的在建项目。在建项目属于房地产重整企业的核心资产，如何实现在建项目的价值最大化，关系到广大债权人的切身利益。尤其是在建项目已经部分对外出售的情况下，其背后存在着大量业主债权人，如何处理这一问题关乎社会稳定。

在建项目的工程续建，是实现在建项目价值最大化，实现社会资源再利用，化解社会矛盾的唯一选择。在房地产企业重整中，对在建项目续建资金的性质如何认定，主要是对已售房产的续建费用如何认定，实践中争议很大，各地法院做法不一。有的法院将在建项目的所有续建资金均作为共益债务处理，不区分已售房产和未售房产；有的法院则区分已售房产和未售房产，将未售房产的续建费用作为共益债务处理，而对于已售房产的续建费用则由购房者自行承担，因未能按照合同约定取得竣工房产所造成的违约损失可申报普通债权。

我们认为，对于主张交付房屋的购房者来说，由其承担续建费用，符合法律逻辑。例如，一个在建项目全部出售，开发商将收取的购房款挪用致使项目烂尾而资金无法追回的情况下，如果需要对在建项目续建，房地产企业已无其他财产用于支付续建资金，也只能是由购房者自担续建费用才有交付房屋的可能。即使是在建项目部分出售的情况下，购房者也只是对其已购房产享有物权期待权，而对于其他未售房产并不享有优先于其他债权的权利，要求以其他未售房产的财产价值作为其续建资金的来源，没有任何法律依据。但在实践中，虽然有的法院认定续建费用由购房者自行承担，但大多数是经过协商，由重整投资人承诺自行承担该部分费用。

（三）共益债务

对于共益债务，《企业破产法》和相关司法解释均对其进行了列举式规定。《企业破产法》第 42 条规定："人民法院受理破产申请后发生的下列债务，为共益债务：（一）因管理人或者债务人请求对方当事人履行双方均未履行完毕的合同所产生的债务；（二）债务人财产受无因管理所产生的债务；（三）因债务人不当得利所产生的债务；（四）为债务人继续营业而应支付的劳动报酬和社会保险费用以及由此产生的其他债务；（五）管理人或者相关人员执行职务致人损害所产生的债务；（六）债务人财产致人损害所产生的债务。"《破产法司法解释二》规定，因分割共有财产导致其他共有人损害产生的债务，其他共有人可请求作为共益债务清偿；因撤销不合理交易，债务人应返还已支付价款而产生的债务，受让人可请求作为共益债务清偿；破产受理后，因债务人转让占有他人财产而致使他人无法取回财产而产生的债务可作为共益债务清偿；破产受理后因债务人转让占有他人财产，第三人已支付对价，原权利取回转让财产，第三人请求返还已支付款项而产生的债务可作为共益债务清偿；出卖人破产，其管理人决定解除所有权保留买卖合同，并依据《企业破产法》第17条的规定要求买受人向其交付买卖标的物的，买受人依法履行合同义务并将买卖标的物交付出卖人管理人后，买受人已支付价款损失形成的债权可作为共益债务清偿；买受人破产，其管理人决定继续履行所有权保留买卖合同的，对因买受人未支付价款或者未履行完毕其他义务，以及买受人管理人将标的物出卖、出质或者作出其他不当处分导致出卖人损害产生的债务，出卖人可主张作为共益债务清偿；买受人破产，其管理人决定解除所有权保留买卖合同，取回的标的物价值明显减少给出卖人造成损失的，出卖人可从买受人已支付价款中优先予以抵扣后，将剩余部分返还给买受人；对买受人已支付价款不足以弥补出卖人标的物价值减损损失形成的债权，出卖人可主张作为共益债务清偿。《破产法司法解释三》规定，破产申请受理后，经债权人会议决议通过，或者第一次债权人会议召开前经人民法院许可，管理人或者自行管理的债务人可以为债务人继续营业而借款。提供借款的债权人可主张参照作为共益债务处理。

在房地产重整案件中，为了尽快恢复在建工程的续建，管理人会为此进行借款，该笔借款的本金可作为共益债务进行清偿，相应的所收到的借款也应增加债务人财产。在重整计划被法院裁定批准前，该笔借款所产生的利息，可作为共益债务进行清偿，但重整计划被法院裁定批准后，因债务人正常经营后所产生的收益归债务人所有，该笔借款所产生的利息则属于债务人正常经营期间所产生的财务费用，而不应再列为共益债务，由全体债权人承担。

第四节　重整计划草案的表决批准及其效力

一、重整计划草案的批准

《企业破产法》第82条规定："下列各类债权的债权人参加讨论重整计划草案的债权人会议，依照下列债权分类，分组对重整计划草案进行表决：（一）对债务人的特定财产享有担保权的债权；（二）债务人所欠职工的工资和医疗、伤残补助、抚恤费用，所欠的应当划入职工个人账户的基本养老保险、基本医疗保险费用，以及法律、行政法规规定应当支付给职工的补偿金；（三）债务人所欠税款；（四）普通债权。人民法院在必要时可以决定在普通债权组中设小额债权组对重整计划草案进行表决。"第84条规定："人民法院应当自收到重整计划草案之日起30日内召开债权人会议，对重整计划草案进行表决。出席会议的同一表决组的债权人过半数同意重整计划草案，并且其所代表的债权额占该组债权总额的三分之二以上的，即为该组通过重整计划草案。债务人或者管理人应当向债权人会议就重整计划草案作出说明，并回答询问。"

简单来说，就是分组表决，每组出席人数过半并且债权额占该组债权总额的三分之二以上，为该组通过。这里应注意，是出席人数而非该组债权人总数；债权总额为已申报确认有表决权的债权总额，而不包括预计负债和预留负债。另外，《企业破产法》第85条规定："债务人的出资人代表可以列席讨论重整计划草案的债权人会议。重整计划草案涉及出资人权益调整事项的，应当设出资人组，对该事项进行表决。"但出资人组如何进行表决，《企业破产法》没有规定。我们认为，出资人权益调整，属于《公司法》中规定的公司合并、分立等类似的重要事项，适用于股东会（大会）特别事项表决规则，有限责任公司的出资人权益调整事项应经股东所持表决权的三分之二以上同意为通过；股份有限公司的出资人权益调整事项应经出席出资人组会议的股东所持表决权的三分之二以上同意为通过。

二、重整计划的批准

（一）审查批准

依照《企业破产法》第86条规定，"各表决组均通过重整计划草案时，重整计划即为通过。自重整计划通过之日起10日内，债务人或者管理人应当向人民法院提出批准重整计划的申请。人民法院经审查认为符合本法规定的，应当自收到申请之日起30日内裁定批准，终止重整程序，并予以公告"。重整程序中各债权组虽然通过了重整计划草案，但尚需经人民法院审查批准后，才能终止重整程序。如果人民法院经审查后认为重整计划草案不合法，也可以不批准重整计划。但对人民法院审查重整计划的标准及依据，《企业破产法》并没有明确规定，各地法院为明确职责，纷纷出台了各种规范和指引。

《山东省高级人民法院企业破产案件审理规范指引（试行）》以及《深圳市中级人民法院审理企业重整案件的工作指引（试行）》均规定，人民法院应当按照下列原则审查批准重整计划：（1）程序合法原则，即重整计划的制订和表决程序符合法律规定；（2）公平原则，即公平对待同一表决组成员；（3）绝对优先原则，即破产清算程序的法定清偿顺序同样适用于重整程序；（4）最大利益原则，即持反对意见的债权人依据重整计划可获得的清偿比例不低于其在破产清算中可获得的清偿比例；（5）可行性原则，即经营方案以及重整计划的执行方式均不存在可能导致无法执行或者破产清算的法律及事实障碍。重整计划符合上述原则的，人民法院应当裁定批准并终止重整程序，予以公告。

《北京破产法庭破产重整案件办理规范（试行）》第115条规定："（一）重整计划的内容不违反法律规定，且符合本规范第97条第1款、第2款的规定；（二）债权人会议召开、表决程序，以及重整计划草案的提交程序符合本规范的规定；（三）债权人、出资人的分组符合本规范的规定；（四）管理人、自行管理的债务人对于重整计划草案的解释说明和以其他方式进行的信息披露不存在不客观不充分，可能损害表决者利益的情形；（五）重整计划的实施具有可行性；（六）重整计划的内容能够保证各表决组中反对者至少可以获得其权益在重整计划草案被提请批准时的清算价值。"

（二）强制批准

在重整程序中，虽然各债权组未能全部通过重整计划草案，但在符合一定条件下，人民法院可以强制批准重整计划草案。《企业破产法》第87条规定："部分表决组未通过重整计划草案的，债务人或者管理人可以同未通过重整计划草案的表决组协商。该表决组可以在协商后再表决一次。双方协商的结果不得损害其他表决组的利益。未通过重整计划草案的表决组拒绝再次表决或者再次表决仍未通过重整计划草案，但重整计划草案符合下列条件的，债务人或者管理人可以申请人民法院批准重整计划草案：（一）按照重整计划草案，本法第82条第1款第1项所列债权就该特定财产将获得全额清偿，其因延期清偿所受的损失将得到公平补偿，并且其担保权未受到实质性损害，或者该表决组已经通过重整计划草案；（二）按照重整计划草案，本法第82条第 1 款第 2 项、第 3 项所列债权将获得全额清偿，或者相应表决组已经通过重整计划草案；（三）按照重整计划草案，普通债权所获得的清偿比例，不低于其在重整计划草案被提请批准时依照破产清算程序所能获得的清偿比例，或者该表决组已经通过重整计划草案；（四）重整计划草案对出资人权益的调整公平、公正，或者出资人组已经通过重整计划草案；（五）重整计划草案公平对待同一表决组的成员，并且所规定的债权清偿顺序不违反本法第 113 条的规定；（六）债务人的经营方案具有可行性。人民法院经审查认为重整计划草案符合前款规定的，应当自收到申请之日起 30 日内裁定批准，终止重整程序，并予以公告。"从以上规定来看，人民法院强制批准重整计划草案的条件，对各债权组的清偿条件高于重整计划草案各组通过的条件。

有财产担保组未通过重整计划草案，需要就该特定财产将获得全额清偿，并且需补偿因延期所造成的损失，法院才可能强制批准。其中所谓的全额清偿，笔者认为应当是能够在担保物价值的范围内获得全额清偿，而并非是有财产担保的债权全额清偿；补偿延期清偿损失，应当补偿自重整计划批准后至实际清偿之日的利息损失，该利息损失应按全国银行间同业拆借中心公布的贷款市场报价利率计算，而不应按照合同约定进行计算。而在有财产担保债权组通过重整计划时，重整计划偿债方案中可以约定不支付利息。

职工债权组和税款债权组未通过重整计划草案，需要该两组债权全额清偿，人民法院才可能强制批准，但未要求补偿延期清偿的损失。也就是说，即使职工债权和税款债权在破产清算状态下清偿率为零，在重整计划草案中也需全额清偿，人民法院才能强制批准，除非该两组债权组通过对该两组债权非全额清偿的重整计划草案。但《企业破产法》第 83 条规定，非划入职工账户的其他社保费用，在重整计划中不得减免。而该债权的清偿顺序位于职工债权之后，与税款债权同顺位，如果职工债权组和税款债权组未获全额清偿而该债权全额清偿，是否违背了《企业破产法》规定的清偿顺序？笔者对此认为，如果一个企业重整计划草案对职工债权和税款债权都不能全额清偿，则该企业已经不具备重整价值和重整可行性，已无挽救可能，就应当进行破产清算。因此，重整计划草案中应当对职工债权和税款债权予以全额清偿。

普通债权组未通过重整计划草案，需要比较其清偿率是否不低于破产清算状态下的清偿率，该比较不仅仅是比较清偿数额的高低，还需要考虑延期清偿的影响，法院才能强制批准重整计划草案。

出资人组权益调整公平公正，法院才能强制批准重整计划草案。通常认为，在破产企业严重资不抵债的情况下，出资人权益为零，权益调整方案对出资人的出资全部无偿出让给新的投资人。管理人对于资产的价值一般采取清算法的评估值，而出资人则会主张采取市场法的评估值，有时市场法评估值会大大高于清算法的评估值。另有一些如客户资源、销售渠道、特殊经营资质、上市公司资格等不在资产表中体现的资产要素，也存在市场价值。因此，如何评价出资人组权益调整的公平公正是一个比较复杂的事情，需要债权人、重整投资人、出资人之间充分的沟通和协调。

重整计划草案公平对待同一类表决组的成员，并且所规定的债权清偿顺序不违反《企业破产法》第 113 条的规定。对于同一表决组的成员而言，其债权或者权利的性质是相同的，重整计划草案规定的调整方案、受偿比例应当相同，以公平对待同一类表决组的成员。当然，如果该表决组的部分成员同意作出更大的让步使重整计划草案对同一表决组的成员的权利作出不同的安排，则并不违反这一原则。同时，对不同表决组的成员而言，其债权的性质是不同的，在破产清算程序中的清偿顺序有先后，重整计划草案规定的债权清偿顺序应当与破产清算程序中的清偿顺序相符方为合理，除非优先顺位的债权人同意。上述同一表决组部分成员的让步以及优先顺位的债权人同意，应当是受影响的债权人全部同意，而不能采取多数的表决方式。

债务人的经营方案具有可行性，应当包括该经营方案能够实现企业的重整价值和具有可执行性两个方面。如果不具备上述两个方面，即使人民法院强制批准了重整计划草案，重整计划也不能成功执行。

《全国法院破产审判工作会议纪要》（法〔2018〕53 号）提出，人民法院应当审慎适用《企业破产法》第 87 条第 2 款，不得滥用强制批准权，并且如果债权人分多组的，还应当至少有一组已经通过重整计划草案，且各表决组中反对者能够获得的清偿利益不低于依照破产清算程序所能获得的利益。因此，在司法实践中，法院一般要求各债权组均应通过重整计划草案，如果出资人组未通过重整计划草案，则法院会强制批准。

三、重整计划的效力

（一）重整计划的效力范围

《企业破产法》第 92 条规定，"经人民法院裁定批准的重整计划，对债务人和全体债权人均有约束力。债权人未依照本法规定申报债权的，在重整计划执行期间不得行使权利；在重整计划执行完毕后，可以按照重整计划规定的同类债权的清偿条件行使权利。债权人对债务人的保证人和其他连带债务人所享有的权利，不受重整计划的影响"。重整计划对债务人和全体债权人均有约束力，对债务人的保证人和其他连带债务人无约束力。《企业破产法》第94条规定，"按照重整计划减免的债务，自重整计划执行完毕时起，债务人不再承担清偿责任"。《企业破产法》没有规定重整计划对出资人的效力，但如果重整计划中涉及出资人调整方案，重整计划对债务人的全体出资人当然具有约束力，是应有之意。

如果重整计划所调整的股权已设定质押或已被查封的，对质押权人和查封人是否具有约束力？《山东省高级人民法院企业破产案件审理规范指引（试行）》《深圳市中级人民法院审理企业重整案件的工作指引（试行）》均规定，"债务人资不抵债，重整计划所调整的股权已设定质押的，质押权人应当配合办理解除股权质押手续"。从财产所有权的角度来讲，股权不属于债务人财产，属于股东个人财产，但其严重依赖于债务人资产负债情况。在严重资不抵债的情况下，该股权价值为零，对其抵押和查封已无实际意义，如果不能解除查封和质押登记，将导致重整计划无法实施，不利于社会资源的盘活。山东省高级人民法院和深圳市中级人民法院虽然都规定了质押权人应配合办理解除股权质押手续，但并未规定，如果质押权人不配合解除质押登记，法院是否可以强制解除，而只是规定了股权未被质押与冻结，但出资人拒不配合办理股权转让手续的，法院可以发出协助执行通知书。在实践中，如果股权只有质押登记而没有法院冻结，破产受理法院可能会直接发出协助执行通知书。而如果股权有法院的冻结手续，实践中有三种处理方式，一种是由投资人与查封人协商，一种是由破产受理法院与查封法院协商或由其共同上级法院裁定，一种是由破产受理法院强制执行划转。前两种方式比较稳妥但耗时耗力，后一种方式效率最高，但极易发生纠纷，期待《企业破产法》修订时予以解决上述问题。

（二）重整计划的执行主体

企业重整的直接目的是使偿债能力严重不足但又具备重整价值和重整的可能性和必要性的企业通过重整免于破产，使濒临破产或已达到破产界限的企业起死回生，使得债权人能够获得更大的利益保护，从而达到优化社会资源配置、促进社会稳定的目的。《企业破产法》第89条规定，"重整计划由债务人负责执行。人民法院裁定批准重整计划后，已接管财产和营业事务的管理人应当向债务人移交财产和营业事务"。我国立法采取了债务人是重整计划的执行主体的模式，实际上是由新的重整投资人或原股东作为"权力机构"，以债务人的名义执行重整计划，对债权人进行清偿。

（三）法院协助执行的范围

虽然《企业破产法》规定重整计划由债务人执行，法院并不负有执行义务。但是，在出资人股权调整事项涉及权属非交易过户时，不向相关部门出具协助执行通知书，股权无法变更，重整投资人就无法投入重整资金，将导致破产重整失败。另外，在房地产企业重整案件中，存在大量商品房网签备案合同，在重整计划中已经明确有些网签备案合同并非真实的购房合同，需要予以解除网签备案。如果上述网签备案合同均需要通过单独诉讼，才能通过生效判决予以解除，而在房地产企业重整中可能涉及几百个这样的合同，此种解决方式会造成司法资源的极大浪费，将导致上述备案合同所涉及的房产无法及时出售以便回笼资金，从而导致破产重整计划草案不能得到顺利执行。法律允许破产重整失败，但是应当限于市场因素所导致的失败，如果因法院在重整计划草案执行中不协助执行而导致失败，则属于制度性的失败，非属市场因素的失败，这种失败是不能被认可的。

2015年《最高人民法院关于适用〈中华人民共和国民事诉讼法〉的解释》中首次规定了执行转破产的条件，并在2017年发布的《最高人民法院关于执行案件移送破产审查若干问题的指导意见》（法发〔2017〕2号）中确认，人民法院对个案的强制执行，是对个别债权利益的保护，属于个别清偿；而破产旨在对全部债权实现整体清偿，是为全体债权人进行的集体执行程序，属于法院执行的特殊形式，人民法院对重整计划具有协助执行义务。而其执行依据为人民法院批准重整计划的裁定，对重整计划中关于企业经营重组方面的方案，如股权与资产变更归属、营业业务的调整等，是可以具有强制执行效力的，但对重整计划中的偿债方案不具有强制执行力，在债务人不能执行重整计划的偿债方案时，可由利害关系人申请债务人破产。

（四）政府相关部门协助条款的拘束力

一个企业的生存，离不开政府部门的监管，破产案件同样离不开政府部门的支持，在实践中，地方影响较大的企业申请破产都会征求地方党委政府的意见，特别是房地产重整案件，更是离不开政府部门的配合与支持，政府与法院联动是企业重整成功的法宝。但在重整计划中对于政府相关部门协助的条款，在重整计划批准后，该条款只能作为重整计划执行的附条件条款，对政府相关部门并不具有拘束力。笔者参与的某个房地产重整案件中将政府部门完成某块土地的拆迁工作作为第二次偿债资金支付的条件，但并不能直接要求政府部门在规定时间内完成拆迁。重整计划在执行过程中，对于因破产原因导致的各种需要政府部门的配合和支持，均需要人民法院予以协调解决。

《山东省高级人民法院企业破产案件审理规范指引（试行）》规定，"重整计划执行期间，人民法院可以依据债务人的申请，协调办理债务人恢复正常生产经营的相关手续，包括移除经营异常名录、恢复营业执照、删除征信不良记录、移除纳税失信名单、删除失信被执行人信息等"。

（五）财产和营业事务的移交

《企业破产法》第89条规定，"重整计划由债务人负责执行。人民法院裁定批准重整计划后，已接管财产和营业事务的管理人应当向债务人移交财产和营业事务"。

在人民法院裁定批准重整计划后，管理人应做好债务人财产、印章和账簿、文书等资料移交的准备工作。管理人应当将拟移交的内容和范围告知债务人的有关人员，要求其做好交接准备。为了有计划地交接，管理人可以就债务人的财产、印章和账簿、文书等资料的移交制订移交方案，并根据移交方案进行交接。在移交方案中，管理人可以根据实际情况，决定对债务人的财产、印章和账簿、文书等资料是进行一次性全面交接，还是进行分期、分批交接。管理人移交债务人财产、印章和账簿、文书等资料，应制作资产交接清单，与债务人有关人员办理交接手续，与债务人有关人员在交接清单上共同签字确认。对于重整计划批准前的未决诉讼和仲裁无需移交，应当由管理人继续代表债务人参与诉讼和仲裁，但对重整计划执行期间新发生的债权债务纠纷，由债务人直接参与诉讼。

四、重整计划执行的监督

（一）重整计划的监督主体

《企业破产法》第 90 条第 1 款规定："自人民法院裁定批准重整计划之日起，在重整计划规定的监督期内，由管理人监督重整计划的执行。"《企业破产法》第 23 条规定，管理人执行职务应当向人民法院报告，并接受债权人会议和债权人委员会的监督。因此，管理人是重整计划的监督主体，人民法院指导管理人工作。

（二）重整计划的监督内容

《企业破产法》第 90 条第 2 款规定："在监督期内，债务人应当向管理人报告重整计划执行情况和债务人财务状况。"《企业破产法》第 91 条规定："监督期届满时，管理人应当向人民法院提交监督报告。自监督报告提交之日起，管理人的监督职责终止。"

《企业破产法》及相关法律法规对管理人的监督职权和职责并没有明确规定。实践中，管理人对重整计划的监督方式包括事前监督和事后监督，主动监督和被动监督。事前监督，包括对债务人经营中的重大运营预案、重大合同的签订等提前报备；事后监督，指债务人对于已经发生的重大事件向管理人进行汇报。主动监督，是指管理人主动对债务人重整计划执行期间的资产状况及执行情况进行检查，发现和纠正不法或不当行为；被动监督，是指管理人对债务人提交的执行情况进行审查，提出改正意见。

《深圳市中级人民法院审理企业重整案件的工作指引（试行）》对管理人的监督职责规定，管理人应当监督重整计划的执行，并制订监督方案。管理人的监督职责主要包括：（1）定期听取债务人财务状况及重整计划执行情况报告；（2）及时发现并纠正债务人执行重整计划过程中的违法或不当行为；（3）审查债务人提出的延长重整计划执行期限申请。重整计划执行完毕后，管理人应当向合议庭提交监督报告。

（三）房地产重整计划监督的特别条款事项

由于房地产重整案件的特殊性，一般会存在续建房地产项目，需要投入资金进行续建和房屋销售。因此对于房地产重整计划的监督除了一般监督以外，尚需对资金使用和房屋销售进行监督。

1. 资金使用监督

在房地产重整案件中，为保证"烂尾"的在建项目能够竣工交付，在招募公告及重整计划中一般会要求重整投资人缴纳一定的履约保证金作为续建费用的一部分。笔者参与的房地产重整案件中，该部分资金，首先要用于保证重整计划的执行，并分别约定每个工程进度应当保留的保证金的最低数额，如果在工程监督节点保证金未能达到最低数额，重整投资人应当负责补足。另外，在法院裁定批准重整计划草案之日的可售商品房预售资金属于偿债资金来源，应优先确保债务人能够按照重整计划如期偿还债务。对于该部分预售资金，除了按照商品房预售资金监管要求汇入监管账户以外，其余资金也应汇入管理人和债务人的共管账户，并按照债务人预先提交的资金使用计划予以拨款。

2. 房屋销售监督

为避免出现债务人违规销售及未执行完重整计划而低价处置商品房的行为，管理人对于债务人的商品房销售行为应当予以监督。笔者参与的房地产重整案件，要求债务人应当按照商品房预售资金监管办法的要求，开设预售资金监管账户，所售房款按照预售资金监管办法的规定使用。债务人应当在商品房销售现场公示企业营业执照、国有土地使用权证或不动产权证、建设工程规划许可证、建筑工程施工许可证、商品房预售许可证。委托销售商品房的，须公示商品房销售委托书、经纪机构备案证书。债务人应当在售楼处以及公司办公区域显著位置公示购房须知，包含保护购房者权益相关内容，告知购房者索要网签合同并及时办理网签备案手续。债务人应在与客户达成购房意向的 5 个工作日内办理销售商品房网签手续，并自商品房预售合同网签之日起 30 日内办理合同备案手续，收到的购房款 5 个工作日内应汇入相应账户。如债务人违反上述网签备案规定，每违反一次，应缴纳违约金 1000 元；如债务人未按期将所收到的购房款汇入相应账户，每违反一次，应缴纳违约金 1000 元；情形严重的，由房管部门依法处理；但由于客户原因造成无法及时办理网签及合同备案的除外。债务人应当在每月 10 日前将上月的预售网签合同及备案情况向管理人报备，管理人将随时进行抽查。下面附监督实施方案供参考。

附： 监督实施方案

××有限公司管理人
监督执行重整计划的实施方案

第一章　总　则

第一条　根据《××有限公司重整计划》（以下简称重整计划）的规定，在重整计划规定的监督期限内，管理人对××有限公司（以下简称××公司）执行重整计划的情况进行全面监督。为使管理人更好地履行监督职责，监督××公司严格按照重整计划进行重整工作，积极实现重整目标，特制定本实施方案。

第二条　管理人按照我国《中华人民共和国企业破产法》（以下简称《企业破产法》）、重整计划和本实施方案的规定，依法全面地履行监督职责。在重整计划规定的监督期限内，管理人有权对××公司执行重整计划的情况进行监督。

第三条　××公司应积极配合管理人履行监督职责，按照《企业破产法》、重整计划和本实施方案的要求履行其义务。

第二章　印章的管理

第四条　在人民法院裁定批准重整计划草案后，管理人将已接收的××公司的印章移交给××公司，××公司如需刻制新的印章，应报管理人备案后作废原印章，并将新刻制印章在公安机关进行备案。

前款所称××公司印章，包括××公司公章、××公司财务专用章、××公司法人章以及××公司合同专用章。

第五条　××公司印章由××公司保管使用，××公司应制定印章的保管、使用制度，并报管理人备案。

第六条　××公司应当设立印章使用登记与审批制度，并制作书面记录存档。

第七条　××公司印章保管人员因保管不当而造成印章灭失或毁损的，应当承担相应的法律责任。

第八条　任何人违反本实施方案的规定使用印章，给广大债权人造成损失的，应当承担相应的法律责任。

第三章　××公司人事任免

第九条　根据重整计划的规定，公司股权变更后，××公司董事、监事、高级管理人员的任免、变动及公司章程的修改应提前向管理人备案。

第十条　××公司董事、监事、高级管理人员应当具备下列条件：

（一）有良好的品行；

（二）有符合职位要求的专业知识和工作能力；

（三）有能够正常履行职责的身体条件；

（四）法律、行政法规规定的其他条件。

第十一条　有下列情形之一的，不得担任公司董事、监事、高级管理人员：

（一）无民事行为能力或者限制民事行为能力；

（二）因贪污、贿赂、侵占财产、挪用财产或者破坏社会主义市场经济秩序，被判处刑罚，执行期满未逾5年，或者因犯罪被剥夺政治权利，执行期满未逾5年；

（三）担任破产清算的公司、企业的董事或者厂长、经理，对该公司、企业的破产负有个人责任的，自该公司、企业破产清算完结之日起未逾3年；

（四）担任因违法被吊销营业执照、责令关闭的公司、企业的法定代表人，并负有个人责任的，自该公司、企业被吊销营业执照之日起未逾3年；

（五）个人所负数额较大的债务到期未清偿；

（六）不能胜任该职务或其任职不利于重整计划的执行的。

××公司违反前款规定选举、委派董事、监事或者聘任高级管理人员的，该选举、委派或者聘任无效。

董事、监事、高级管理人员在任职期间出现本条第一款所列情形的，××公司应当解除其职务。

第十二条　××公司董事、监事、高级管理人员新任、变动时，须提前15日将新任董事、监事、高级管理人员的基本情况报管理人备案。

第十三条　对××公司人事任免审批形成的有关文件资料，××公司应定期整理并加以归档。

第十四条 如××公司高级管理人员违反有关法律、法规或在任职期间实行了不利于重整计划的行为，管理人有权建议取消其任职资格。给公司及广大债权人造成损失的，应当依法承担法律责任。

第十五条 在重整计划规定的监督期限内，如××公司修改公司章程，应提前将修改后的公司章程报管理人备案。

第四章 资金监管

第十六条 在人民法院裁定批准重整计划后，××公司的账户恢复使用，管理人依法对××公司的日常业务进行监督。

第十七条 在重整计划执行期内，××公司的××项目房产截至法院裁定批准重整计划草案之日的可售商品房预售资金属于偿债资金来源，应优先确保××公司能够按照重整计划如期偿还债务。

第十八条 重整方根据重整计划所缴纳的××万元续建费用及××万元履约保证金用于××项目续建及保证重整计划的履行，在重整方未能按照重整计划执行时，由管理人自履约保证金中直接支付。××工程建设费用首先按照《威海市市区商品房预售资金监管办法》规定申请资金。

管理人将根据××公司的资金计划及××项目的工程进度，对工程使用预售监管资金不足部分进行补充拨付，并按照下列工程节点保留最低限额的履约保证金，余款予以拨付相关施工单位予以支付工程建设费用。

1. 施工用电，施工用水开通、施工企业进驻开始前，管理人保留××万元保证金。

2. 主体工程竣工，管理人保留××万元保证金。

3. 内墙抹灰及地面找平完成，管理人保留××万元的保证金。

4. 门窗及外立面施工完成，管理人保留××万元保证金。

5. 水电、电梯等设备安装完成，管理人保留××万元的保证金。

6. 单体竣工合格后，管理人保留××万元保证金。

7. 外部景观及附属配套设施完成后，管理人保留××万元保证金。

8. 综合验收合格后，剩余保证金全部予以支付。

第十九条 ××公司应遵守相关法律法规、财务纪律，不得使用个人银行卡、非××公司的账户收支款项。

第二十条 对于管理人依法追收的××公司的应收账款等，全部存入管理人账户，管理人不得擅自使用该资金。只能用于××公司的重整计划的债权清偿，如有盈余，则用于补充××公司的生产经营资金。

第二十一条 重整方应根据重整计划中的债权受偿方案及时向债权人支付。

第二十二条 ××公司的财务状况在监督期内，每年度最终由重整方和管理人共同指定的第三方审计单位进行审计，如果有违规使用资金情况并导致××公司财产损失，且经查实该等损失确系因重整方违规使用资金所致的，由重整方补足××公司相应财产损失。

第二十三条 ××公司应根据重整计划、资金使用计划的规定支出资金，不得将资金用于与重整或××公司日常经营及管理运营无关的工作。

第二十四条 ××公司应在每季度前10日将下一季度资金使用计划报管理人批准，资金使用计划应当根据重整计划和工程进度的具体情况制订。如遇市场变化或经营过程中突发情况需要调整和修正季度资金使用计划的，××公司可按需补充提交临时资金使用计划。

管理人若对季度或临时资金使用计划有异议，应于收到资金使用计划后5个工作日内书面通知要求××公司予以说明或修改；××公司逾期未收到书面通知的视为管理人无异议，管理人应于××公司提交资金使用计划或书面补充说明或修改方案后5个工作日内批准。

第二十五条 ××公司具有下列行为之一的，管理人有权责令其限期整改，整改期间不得申请使用资金：

（一）未按重整计划的规定使用资金；

（二）未按规定将收入存入共管账户；

（三）转移、隐匿或以其他方式变相逃避资金监管的。

第二十六条 ××公司须在每一季度终结之日起10日内将该季度公司资金收入、支出等情况报管理人备案。管理人有权随时抽查××公司的财务管理和资金使用情况。

第五章 房屋销售监管

第二十七条 ××公司××项目可售商品房，由××公司组织对外销售，所售房款全部汇入与主管部门共同开设的预资金监管账户；××公司需另行开设一个银行账户作为公司正常运转账户使用，该账户受管理人监管，网银审核权限由管理人负责。

对于管理人认定的需继续履行购房合同的购房人，由管理人出具名单，由××公司办理商品房预售合同网签并备案。

第二十八条 ××公司××项目开发的商品房应当按照预售资金监管办法的要求，开设预售资金监管账户，所售房款按照预售资金监管办法的规定使用。

第二十九条 ××公司应当在商品房销售现场公示企业营业执照、国有土地使用权证或不动产权证书、建设工程规划许可证、建筑工程施工许可证、商品房预售许可证。委托销售商品房的，须公示商品房销售委托书、经纪机构备案证书。××公司应当在售楼处以及公司办公区域显著位置公示购房须知，内容包含保护购房者权益相关内容，告知购房者索要网签合同并及时办理网签备案手续。

第三十条 ××公司应在与客户达成购房意向的5个工作日内进行销售商品房网签手续，并自商品房预售合同网签之日起30日内办理合同备案手续，收到的购房款5个工作日内应汇入相应账户。如××公司违反上述网签备案规定，每违反一次，应缴纳违约金1000元；如××公司未按期将所收到的购房款汇入相应账户，每违反一次，应缴纳违约金1000元；情形严重的，由房管部门依法处理；但由于客户原因造成无法及时网签及合同备案的除外。

第三十一条 ××公司应当在每月10日前将上月的预售网签合同及备案情况向管理人报备，管理人将随时进行抽查。

第六章 重大事项的报告、审批与定期汇报

第三十二条 在重整计划执行期间，如发生对重整计划的执行及债权人利益有较大影响的重大事件时，××公司应及时报告管理人，管理人应在第一时间向法院及住建局报告，并说明事件的起因、目前的状态和可能产生的影响。

前款所称重大事件包括但不限于：

1. 公司发生重大债务和未能清偿到期重大债务的违约情况，或者发生大额赔偿责任；

2. 公司发生了新的重大亏损或者重大损失；

3. 公司生产经营的外部条件发生了重大变化；

4. 涉及公司的重大诉讼、仲裁，股东大会、董事会决议被依法撤销或者宣告无效；

5. 主要资产被查封、扣押、冻结或者被抵押、质押；

6. 主要或全部业务陷入停顿；

7. 可能对公司资产、负债、权益或者经营成果产生重大影响的额外收益；

8. 其他可能对××公司有重大影响的情形。

第三十三条　在重整计划执行期间，××公司实施对重整计划的执行及债权人利益有较大影响的重大行为时，应提前 10 日报管理人及法院并备案。

前款所称重大行为包括但不限于：

1. 公司的重大投资行为和重大的购置资产的决定；

2. 公司非因日常生产经营需要而订立重要合同，可能对公司资产、负债、权益或者经营成果产生重大影响；

3. 涉及土地、房屋等不动产权益的转让（不含公司正常销售经营活动）；

4. 对外提供担保；

5. 放弃重大权利；

6. 销售方案制订；

7. 销售费用标准及拨付。

第三十四条　对××公司的报备事项，管理人从以下几个方面进行评价：

1. 是否符合我国法律、行政法规和国家政策的有关规定；

2. 是否有利于公司的重整和重整计划的执行；

3. 是否有利于公平维护广大债权人利益；

4. 交易价格是否合理，是否存在欺骗、双方恶意串通等损害债权人利益的行为。

第三十五条　××公司的季度报告应当在每季度终结后 15 日内向管理人提交，年度报告应当在每一会计年度终结后 30 日内向管理人提交。

第三十六条　××公司提交的报备事项和汇报材料如有不明确之处，管理人有权要求××公司或者其董事、监事、高级管理人对有关问题作出解释、说明或者提供相关资料。

第三十七条　××公司及其董事、监事、高级管理人员违反本实施方案的，管理人有权责令改正。拒不改正致使重整计划不能执行或者不执行重整计划的，管理人有权根据《企业破产法》的规定，申请人民法院裁定终止重整计划的执行，并宣告××公司破产。

第七章　附　则

第三十八条　本实施方案自法院裁定批准重整计划草案之日起生效。

××有限公司管理人

年　　月　　日

第三编
房地产企业破产重整最新实践解析

　　本编主要涉及房地产企业破产重整的最新实践解析，分析了房地产重整案中目前最具有代表性的一些热点法律问题及流行观点，包括已售房产（网签备案并预告登记的房屋）是否属于债务人财产；应当优先保护的购房消费者的范围和认定标准；消费者购买的未取得商品房销售许可的房产是否应该保护；消费者所购房产已办理了抵押的是否应予以优先保护；大量为抵债而签订的房屋买卖合同是否可以要求继续履行或行使取回权；以房抵债，破产前已经交付债权人的房产，管理人可否收回；购买商铺（非住宅）破产前已经完成交付的，管理人是否应当继续履行合同，交付是否以建筑物达到法定交付条件为依据（单体验收）；进入破产程序是否是阻却普通债权人要求继续履行合同的法定事由等法律问题。我们对办理的多起房地产企业破产重整案衍生诉讼的相关判例进行了梳理分析，以期通过总结与分析，将法院目前对房地产企业破产重整程序中的以上热点问题的主流判决观点作出解析并呈现给大家。

第七章
破产衍生诉讼案例解析

第一节　破产衍生诉讼解析的意义

本书在"第三章　债权的申报、审查与确认"里，从管理人审查债权的角度对房地产企业破产案件中债权审查，尤其是房产相关债权审查存在的有争议的一些焦点问题进行了分析和观点阐述。在房地产企业破产案件中，涉及房产相关的债权的审查与认定往往是整个破产程序中矛盾与争议最为集中之处。这不仅仅涉及律师作为管理人，对房地产企业破产中房产相关债权应如何审查与确认，也涉及律师作为债权人的代理人，在房地产企业破产案件中应当如何合理合法地为债权人争取最大利益。在司法实践中，不同管理人在审查房产相关债权时所采纳的观点有所分歧，很多律师作为债权人的代理人提起债权确认之诉时往往也没有抓住争议问题的核心焦点，甚至是不同法院在审理房地产破产衍生诉讼时也不是保持统一的裁判标准。本书第三章针对相关争议性问题虽已进行了详细分析与论述，但毕竟仅为笔者一家之言，而在司法实践中各级法院的审判观点则更具备公信力与说服力。

一、广信公司重整案例解析

笔者先以广信公司重整案为例。管理人在广信公司重整案中制定了严格的房产审核标准（案例分析后附广信公司房产审核标准），通过管理人确认的消费性业主优先权总计 985 名，其中需要交付房屋的 856 户（车位 103 个），需要返还购房款的 129 户。除确认消费性购房户之外其他各类需收回的房产 699 户，涉案房产建成价值约 6.65 亿元，总计 93 名债权人通过诉讼方式主张继续要房。笔者梳理了广信公司重整案主张交付房产的所有衍生诉讼，现将债权人的诉讼请求及法院裁判观点汇总如下。

（一）债权人诉讼请求：请求适用 2002 年《最高人民法院关于审理企业破产案件若干问题的规定》（法释〔2002〕23 号）第 71 条，主张诉争的房产不属于债务人财产（或破产财产）

（1）债权人根据 2002 年《最高人民法院关于审理企业破产案件若干问题的规定》第 71 条第 5 项的规定，即特定物买卖中，尚未转移占有但相对人已完全支付对价的特定物不属于破产财产，主张涉案房产不属于债务人财产，对此，最高人民法院和山东省高院二审判决均驳回了债权人的诉讼请求。

最高人民法院和山东省高院的判决理由如下：根据新法优于旧法的法律适用规则，应适用《破产法司法解释二》。根据《破产法司法解释二》的规定可知，涉案房产应当属于债务人财产。认定涉案房产属于债务人财产符合物权法定的不动产物权登记生效原则，所有权仍属于债务人，应为债务人财产。

相关案例：最高人民法院再审判决 3 份，即（2019）最高法民申 5623 号、（2020）最高法民申 477 号、（2020）最高法民申 1408 号；山东省高院二审终审共 8 份判决，即（2019）鲁民终 1005 号、（2019）鲁民终 1021 号、（2019）鲁民终 1022 号、（2019）鲁民终 1402 号、（2019）鲁民终 1049 号、（2019）鲁民终 1051 号、（2019）鲁民终 1543 号、（2019）鲁民终 1544 号。

以上判决中的（2019）鲁民终 1005 号、（2019）鲁民终 1021 号、（2019）鲁民终 1022 号、（2019）鲁民终 1402 号这 4 份判决，虽然中院一审和高院二审在合同效力的认定上有所不同，但不影响最终的判决结果。中院一审认为，停车位应首先满足小区业主所需，债权人并非小区业主，债权人与债务人通过抵债协议取得的车位也并非为使用之需，债务人将车位抵顶给债权人损害了小区全体业主的利益，合同无效。高院二审认为，抵债协议是双方真实意思表示，合法有效，债权人可通过出租、出售的市场机制满足小区业主利益；但抵账权利人不属于消费者，抵账车位属于债务人财产。

（2）债权人根据《破产法司法解释二》第 15 条"债务人经诉讼、仲裁、执行程序对债权人进行的个别清偿，管理人依据《企业破产法》第 32 条的规定请求撤销的，人民法院不予支持"的规定，主张涉案房产不属于债务人财产，对此，山东省高院二审判决驳回了债权人的诉讼请求。

山东省高院的判决理由如下：当事人双方并未依据执行和解协议完成清偿行为，不存在管理人行使撤销权的条件；涉案房产并未被执行法院确认所有权人为债权人；和解协议或商品房买卖合同也未被赋予强制执行的效力，在双方当事人尚未履行完毕之前仍属于债务人财产。

相关案例：山东省高院二审终审共 2 份判决，即（2019）鲁民终 1543 号、（2019）鲁民终 1544 号。

（二）债权人诉讼请求：要求确认为清偿债务而签订的房产买卖协议有效并继续履行合同

房地产破产案的衍生诉讼中，债权人为取得房产、确保利益最大化，在诉讼中提起不同的诉讼请求，如，确认房产所有权、请求继续交付房产、请求协助过户、主张取回权等，归根结底都属于债权人请求债务人继续履行合同，因此，各级法院给出了以下五个方面的判决理由。

（1）法院认为，继续履行属于以诉讼方式要求个别清偿，有违破产程序的相关制度，驳回债权人的诉讼请求。

相关案例：山东省高院二审终审共 26 份判决，即（2019）鲁民终 1388 号、（2019）鲁民终 1391 号、（2019）鲁民终 1404 号、（2019）鲁民终 1547 号、（2019）鲁民终 1546 号、（2019）鲁民终 1549 号、（2019）鲁民终 1550 号、（2019）鲁民终 1552 号、（2019）鲁民终 1548 号、（2019）鲁民终 1551 号、（2019）鲁民终 1553 号、（2019）鲁民终 1555 号、（2019）鲁民终 1803 号、（2019）鲁民终 1956 号、（2019）鲁民终 1940 号、（2019）鲁民终 1942 号、（2019）鲁民终 1959 号、（2019）鲁民终 1946 号、（2019）鲁民终 1943 号、（2019）鲁民终 1947 号、（2019）鲁民终 1954 号、（2019）鲁民终 2446 号、（2019）鲁民终 2453 号、（2019）鲁民终 2537 号、（2020）鲁民终 115 号、（2020）鲁民终 116 号。

（2）山东省高院认为，债务人企业进入破产程序，实质上构成阻却普通债权人主张继续履行合同的法定事由，且债务人破产时涉案房屋尚未竣工验收，不符合继续履行的条件，构成事实上的不能履行，驳回债权人的诉讼请求。

相关案例：山东省高院二审终审共 30 份判决，即（2019）鲁民终 1049 号、（2019）鲁民终 1051 号、（2019）鲁民终 1388 号、（2019）鲁民终 1391 号、（2019）鲁民终 1402 号、（2019）鲁民终 1543 号、（2019）鲁民终 1544 号、（2019）鲁民终 1547 号、（2019）鲁民终 1546 号、（2019）鲁民终 1549

号、（2019）鲁民终 1550 号、（2019）鲁民终 1552 号、（2019）鲁民终 1548
号、（2019）鲁民终 1551 号、（2019）鲁民终 1553 号、（2019）鲁民终 1555
号、（2019）鲁民终 1803 号、（2019）鲁民终 1956 号、（2019）鲁民终 1940
号、（2019）鲁民终 1942 号、（2019）鲁民终 1959 号、（2019）鲁民终 1946
号、（2019）鲁民终 1943 号、（2019）鲁民终 1947 号、（2019）鲁民终 1954
号、（2019）鲁民终 2453 号、（2019）鲁民终 2537 号、（2019）鲁民终 2539
号、（2020）鲁民终 115 号、（2020）鲁民终 116 号。

（3）债权人主张预告登记具有准物权特征，具有破产保护的效力。

山东省高院部分案件驳回了债权人的诉讼请求，判决理由如下：预告登
记所依据的合同被管理人依法解除，预告登记所赖以维系的债权基础消灭，
预告登记失效。合同属于事实上不能履行，可以认定为债权消灭，预告登记
失效。

相关案例：山东省高院二审终审共 25 份判决，即（2019）鲁民终 1049
号、（2019）鲁民终 1051 号、（2019）鲁民终 1388 号、（2019）鲁民终 1391
号、（2019）鲁民终 1547 号、（2019）鲁民终 1546 号、（2019）鲁民终 1549
号、（2019）鲁民终 1550 号、（2019）鲁民终 1552 号、（2019）鲁民终 1548
号、（2019）鲁民终 1551 号、（2019）鲁民终 1553 号、（2019）鲁民终 1555
号、（2019）鲁民终 1803 号、（2019）鲁民终 1956 号、（2019）鲁民终 1940
号、（2019）鲁民终 1942 号、（2019）鲁民终 1959 号、（2019）鲁民终 1946
号、（2019）鲁民终 1943 号、（2019）鲁民终 1947 号、（2019）鲁民终 1954
号、（2019）鲁民终 2453 号、（2019）鲁民终 2537 号、（2019）鲁民终 1403
号。

山东省高院和威海市中院的 8 个案件支持了债权人的诉讼请求，判决理
由如下：预告登记具有物权化的效力，可以使预告登记保护的请求权具备对
抗第三人的效力。但法院支持债权人不是因为涉案房产办理了预告登记，而
是认为债权人虽购买了两套房产但仍被认定为以消费性目的的买房，债权人支
付了绝大部分甚至全部购房款，双方当事人的合同义务均已履行完毕，涉案
债权未消灭，预告登记未失效，具有破产保护的效力。

相关案例：山东省高院二审终审共 7 份判决，均系购买二套房且交付了
绝大部分房款并办理了预告登记。7 份判决为：（2019）鲁民终 1951 号（两
套房产已经交付）、（2019）鲁民终 1957 号（两套房产未交付）、（2019）鲁

民终 1953 号（两套房产已经交付）、（2019）鲁民终 2808 号（两套房产办理了预告登记）、（2020）鲁民终 380 号（两套房产办理了预告登记）、（2019）鲁民终 2807 号（两套房产属于消费性购房）、（2019）鲁民终 2387 号（两套房产属于消费性购房）。中院一审终审 1 份判决，即（2019）鲁 10 民初 141 号（两套房产属于消费性购房）。

另外，以下 3 个案件，管理人初审中认定属于消费性购房，但审查认为债权人需要补交差价款。（2019）鲁 10 民初 178 号，该案属于债权人抵账房产，判决要旨认为，权利人向广信公司交纳了部分房款本质上属于消费者，在此基础上认为应属于消费性购房进而予以优先保护，预告登记有效。还有（2020）鲁民终 711 号和（2020）鲁民终 712 号两个案件。综合分析上述 3 个案件法院的审理意见可知，法院认为预告登记本身不是支持交付房产的法律要件，关键看债权人是否属于消费性业主。

（4）法院认为，涉案房产之前已经办理了抵押登记，债权人的请求权不能对抗抵押权人。管理人对破产受理前成立而双方当事人均未履行完毕的合同有权决定解除，管理人已经明确表示不再履行合同，所以合同不应继续履行，驳回债权人的诉讼请求。

相关案例：山东省高院二审终审共 5 份判决，即（2018）鲁民终 1580 号、（2018）鲁民终 1582 号、（2018）鲁民终 1573 号、（2018）鲁民终 1583 号、（2018）鲁民终 1587 号。

中院一审终审共 6 份判决，即（2019）鲁 10 民初 20 号、（2019）鲁 10 民初 21 号、（2019）鲁 10 民初 22 号、（2019）鲁 10 民初 23 号、（2019）鲁 10 民初 116 号、（2019）鲁 10 民初 141 号。

基层法院一审终审共 2 份判决，即（2019）鲁 1092 民初 18 号、（2019）鲁 1092 民初 1617 号。

（5）山东省高院认为，债权人的主要合同义务是支付购房款，债权人与债务人达成了以房抵债的合意，且债务人已经开具收据，则视为债权人已经履行了房款的交付义务，管理人不能以《企业破产法》第 18 条行使合同解除权，《企业破产法》第 18 条，只是管理人解除合同的法律依据之一。房产抵账合同，管理人不得依据该条行使解除权，不代表房产抵账合同一定要继续履行，要求继续履行仍是以诉讼方式要求对其进行个别清偿。

相关案例：山东省高院二审终审共 25 份判决，即（2019）鲁民终 1388

号、（2019）鲁民终 1391 号、（2019）鲁民终 1404 号、（2019）鲁民终 1547
号、（2019）鲁民终 1546 号、（2019）鲁民终 1549 号、（2019）鲁民终 1550
号、（2019）鲁民终 1552 号、（2019）鲁民终 1548 号、（2019）鲁民终 1551
号、（2019）鲁民终 1553 号、（2019）鲁民终 1555 号、（2019）鲁民终 1803
号、（2019）鲁民终 1956 号、（2019）鲁民终 1940 号、（2019）鲁民终 1942
号、（2019）鲁民终 1959 号、（2019）鲁民终 1946 号、（2019）鲁民终 1943
号、（2019）鲁民终 1947 号、（2019）鲁民终 1954 号、（2019）鲁民终 2453
号、（2020）鲁民终 115 号、（2020）鲁民终 116 号、（2019）鲁民终 2443 号。

以上所有案例除（2019）鲁民终 2443 号案件之外，威海市中院一审和山
东省高院二审以房抵账款项支付认定观点完全不同，威海市中院认为以房抵
账签订的买卖合同虽互开收据，但是并没有实际交付购房款，属于破产受理
前双方都没有履行完毕的合同，管理人可以依据《企业破产法》第 18 条解除
合同，山东省高院认为以原来的借贷款抵顶购房款并不违反法律，视为已经
履行了买卖合同支付房款的义务。

（三）债权人诉讼请求：要求确认消费性业主优先债权

（1）对于基础法律关系并非真实房产买卖的，山东省高院驳回了债权人
的诉讼请求，判决理由如下：

①以房抵债是以消灭因借贷关系产生的金钱债务为目的，并不属于以购
房为目的的房屋买卖合同，涉案房屋的交付、转让登记仅是以物抵债的实际
履行方式，与基于买卖而产生的物权期待权具有实质性的区别，债权人享有
的仅为一般债权，不享有消费者优先受偿权。

相关案例：山东省高院二审终审共 1 份判决，（2019）鲁民终 212 号。

②基于生存利益大于经营利益的社会政策原则，对于已经交付购买商品
房全部或者大部分房款的消费者予以优先保护，以房抵债在于实现债权，并
不是为了生活、居住需要，不属于消费性购房，结合其资金出借人的身份以
及涉案抵债房屋的数量，认为债权人不享有消费者优先受偿权。

相关案例：山东省高院二审终审共 30 份判决，即（2019）鲁民终 1049
号、（2019）鲁民终 1051 号、（2019）鲁民终 1388 号、（2019）鲁民终 1391
号、（2019）鲁民终 1543 号、（2019）鲁民终 1544 号、（2019）鲁民终 1404
号、（2019）鲁民终 1547 号、（2019）鲁民终 1546 号、（2019）鲁民终 1549

号、（2019）鲁民终 1550 号、（2019）鲁民终 1552 号、（2019）鲁民终 1548
号、（2019）鲁民终 1551 号、（2019）鲁民终 1553 号、（2019）鲁民终 1555
号、（2019）鲁民终 1803 号、（2019）鲁民终 1956 号、（2019）鲁民终 1940
号、（2019）鲁民终 1942 号、（2019）鲁民终 1959 号、（2019）鲁民终 1946
号、（2019）鲁民终 1943 号、（2019）鲁民终 1947 号、（2019）鲁民终 1954
号、（2019）鲁民终 2453 号、（2019）鲁民终 2537 号、（2019）鲁民终 2539
号、（2020）鲁民终 115 号、（2020）鲁民终 116 号。

（2）基础法律关系是真实的房产买卖关系，山东省高院支持了债权人的
诉讼请求，判决理由为：基于生存利益大于经营利益的社会政策原则，对于
已经交付购买商品房全部或者大部分房款的消费者予以优先保护，债权人已
经支付了大部分房款并办理了预告登记，被告无证据证明该房产系投资性房
产的，认为债权人享有消费者优先受偿权［山东省高院 8 份判决除（2019）
鲁民终 2443 号案件之外全部属于消费者购买了两套房产的情形］。

相关案例：山东省高院二审终审共 8 份判决，即（2019）鲁民终 1951
号、（2019）鲁民终 1957 号、（2019）鲁民终 1953 号、（2019）鲁民终 2808
号、（2020）鲁民终 380 号、（2019）鲁民终 2807 号（两套房属于消费者）、
（2019）鲁民终 2387 号（两套房属于消费者）、（2019）鲁民终 2443 号。

中院一审终审 4 份判决，即（2019）鲁 10 民初 141 号、（2019）鲁 10 民
初 26 号、（2019）鲁 10 民初 116 号、（2019）鲁 10 民初 237 号。

（四）债权人诉讼请求：要求行使取回权

债权人为取得诉争房产、实现利益最大化，主张对涉案房屋实际占有并
享有取回权，最高人民法院和山东省高院均驳回了债权人的诉讼请求，判决
理由如下：

（1）不动产物权的设立、变更、转让和消灭，经依法登记发生效力。涉
案房产不具备物权登记条件，尚未办理所有权转移登记，债权人不享有所有
权，不具备行使取回权的基础条件，驳回债权人的诉讼请求。

相关案例：最高人民法院 2 份判决，即（2019）最高法民申 5623 号、
（2020）最高法民申 477 号；山东省高院二审终审共 3 份判决，即（2019）鲁
民终 212 号、（2019）鲁民终 1049 号、（2019）鲁民终 1051 号。

中院一审终审共 1 份判决，即（2018）鲁 10 民初 30 号。

（2）涉案房产属于破产财产（或债务人财产），归债务人所有，债权人尚未取得所有权。双方当事人的协议未履行完毕，债权人未实际占有涉案房产，也未进行不动产权利变更登记，债权人不具有对特定物进行管理、支配的权利。债权人基于以物抵债协议享有的是债权请求权，不能对抗物权，更不能产生对特定物的取回权，因此，驳回债权人的诉讼请求。

相关案例： 山东省高院二审终审共 1 份判决，即（2019）鲁民终 340 号。

附： 房产审核标准

威海广信房地产开发有限责任公司重整案
房产审核标准

前言： 作为威海市中级人民法院依法指定的威海广信房地产开发有限责任公司（以下简称广信公司）破产重整一案的管理人，我们始终把确认消费者购房和清理应当收回资产作为清产核资的中心工作。重整过程中房产是继续履行还是收回，事关破产财产的增减和购房消费者的合法权益以及债权人的切身利益。为保证清产核资工作顺利进行，管理人依据《企业破产法》和其他相关法律法规及司法解释，向应当收回房产的债权人发出了不予履行房产通知书以及法律依据解释函，但在整个过程中遇到难以想象的阻力和困难。截至2018年2月底，已向法院起诉管理人要求继续履行交房或取回房产的总计43件，涉及房产176户。据初步统计，仅管理人认定应收回的民间借贷以房抵债的已办理网签的294套房产，抵账价值只有1.9亿元，建成后价值约3.18亿元。如果依法应当收回的房产无法收回，将导致管理人用借贷的建设资金及共益债务续建的房产难以让全体债权人受益，而是小部分普通债权人获得个别清偿。若应当依法收回的房产全部继续履行，广信公司将无破产财产。缺乏破产财产，管理人将无法筹集资金进行后续工程建设。个别抵房的债权人在破产程序中获得超额的个别清偿，而绝大部分普通债权人近9亿元债权清偿率将为零。以房抵账的房产如果全部继续履行，普通债权将先于法定建筑工程款优先获得清偿，法定的建筑工程优先权得不到清偿，势必颠倒破产法法定的清偿顺序，破坏破产法立法宗旨和公平清偿理念，最终导致重整计划草案亦无法执行。如果广信公司宣告破产转入清算，百度城二期近23万平方米的楼盘会陷入"烂尾"，届时消费者购房以及各类债权人的权益和清偿将全部遥遥无期。

根据《企业破产法》及其他相关法律法规、司法解释的规定，借鉴外地经验做法，结合本案具体情况，并广泛征求债权人意见，管理人制定了《房产审核标准》，现公布如下。

债权人如同意本标准，请填写"同意""没有意见"或其他类似表述；如有异议请当场或在本次会议后5日内提交具体的书面意见和具体的法律依据。债权人未在本次会议后5日内提交书面反馈意见的，视为同意。提交书面异议但未明确具体的异议内容，或虽有具体的异议内容但未提交具体的法律依据的，管理人将不予审核该异议。

房产审核标准

一、消费者权益审核原则（江苏省高院破产案件审理指引原文）

（一）关于商品房买受人的权益，商品房的权属变动

《物权法》第9条规定，不动产物权的设立、变更、转让和消灭，经依法登记，发生效力；未经登记，不发生效力，但法律另有规定的除外。据此，商品房权属尚未办理变更登记，买受人以实际支付全部购房款或已实际占有为由，主张实际取得商品房权属的，不予支持。《最高人民法院关于审理企业破产案件若干问题的规定》第71条第5项、第6项的规定，与其后颁布的《物权法》确立的不动产物权变动规则不相符，应适用《物权法》的有关规定。《执行异议和复议规定》第28条、第29条系不动产买受人物权期待权的规定，并非不动产权属规定。

（二）商品房买受人债权的性质

《工程款优先权批复》规定，消费者交付购买商品房的全部或者大部分款项后，承包人就该商品房享有的工程价款优先受偿权不得对抗买受人。据此，消费性买受人债权具有优先性，优先于建设工程价款优先权。审判实践中，应当从严把握优先清偿的债权范围，准确区分消费者与非消费者，依法审慎划定消费者标准，合理确定优先权效力范围，实现消费性买受人与其他债权人利益的妥善平衡。值得注意的是，《执行异议和复议规定》第29条规定，金钱债权执行中，买受人对登记在被执行的房地产开发企业名下的商品房提出异议，符合下列情形且其权利能够排除执行的，应予支持：一是在查封之前已签订合法有效的书面买卖合同；二是所购商品房系用于居住且买受人名

下无其他用于居住的房屋；三是已支付的价款超过合同约定总价款的百分之五十。该规定赋予特定情形下商品房买受人物权期待权，可以排除司法执行，在确定消费性买受人标准中参照。

（三）消费者购房户的具体认定（需同时符合下列条件）

自然人，所买房产为住宅，在百度城二期只有一套房产（以户为单位统计）。

（四）正常购房业主（基础法律关系是为消费行为购买住宅）

（1）按房产买卖（预售）合同支付全款或>50%的，符合消费者条件的，予以保护，房产买卖合同继续履行。

（2）按房产买卖（预售）合同支付款项≤50%的，解除合同、收回房产；其中符合消费者条件的，其已付房款本金优先保护。

3. 认定买卖关系的条件（需同时具备）

（1）基于真实的买卖关系签订书面房产买卖（预售）合同。

（2）已经支付房款，并需提交付款凭证（银行交易记录）。对于只提供房款收据，但未提供付款银行交易记录的，暂不认定买卖关系。

（3）房款直接付给广信公司，或广信公司财务人员向管理人明确的在破产受理前用于广信公司账外收支的银行卡账户。申请按揭贷款的，认定为款项直接付给广信公司。

二、收回房产、不予继续履行的审核

（一）以房抵账是否继续履行审核原则（江苏省高院破产案件审理指引原文）

破产申请受理前债务人订立的合同，应区分情况处理：一是债务人已履行完毕而相对方尚未履行完毕的合同，管理人无权依照企业破产法的规定解除，债务人享有的债权属于债务人财产。二是相对方已履行完毕而债务人尚未履行完毕的合同，因继续履行构成对个别债权人的违法清偿，管理人有权解除合同，但继续履行不构成个别违法清偿的除外。

（二）抵债房产的认定

（1）债权人与广信公司已签订书面抵账协议，且相关的收据已经开具的，按抵账房产处理。

（2）债权人未签订正式的房产预售合同，但已经互开收据的，或已签订正式的房产预售合同，但未开收据的，均按抵账房产处理。

（3）部分抵账协议的签署时间在2015年12月29日之前，但预售合同的网签时间在2015年12月29日之后的，以预售合同网签时间作为抵账时间。

（4）部分销售合同从广信公司财务账表面看未体现抵账、只是一份房产买卖（预售）合同，但是，如根据房款支付的银行流水、双方之间存在借贷（或工程承包、材料买卖等）关系等可以确认为抵账关系的，按抵账房产处理。

（5）债权人已签订抵账协议（或预售合同），债权人在2016年6月29日之前已转售的，但是购房人或房屋备案人将大部分房款直接交付给广信公司（或广信财务人员确认的在破产受理前广信公司用于账外收支的银行卡账户），则该套房产不视为抵账，按广信公司直接销售处理（含按揭贷款）。

（6）只签订抵债协议，但未签订正式的房产预售合同，也未开收据的，不认可房产抵债，房产收回。

（三）对于抵账的房产，凡尚未办理房产证的，以及未交付使用的，原则上均解除抵账合同、收回房产（包括属于在6个月之内个别清偿的、1年内低价抵账的）；但本标准规定不收回的除外。

三、特殊情形房产的审核原则

（一）已经抵押的房产

（1）抵押之前已经销售的房产，或抵押之后销售的房产，如系正常从广信公司买房的、符合消费者条件的购房业主，且已付款>50%的，予以保护，继续履行房产买卖合同；付款≤50%的，房产收回；如属于正常购房，并符合消费者条件的，房款本金优先保护。

（2）对于已抵押的房产，广信又顶账给他人的，对顶账方不予保护，房产收回（不论抵账时间在抵押之前或之后）。

（3）抵押房产其他销售情形的，凡不符合上述第1项所列条件的，管理人收回房产。

（二）让与担保

（1）广信公司借款，为担保该借款，双方在借款的同时又签订了预售合同，该房产预售合同认定为让与担保，依法无效。

（2）存在让与担保的情形，在借款到期后，债权人又补充签署了以房抵债协议（抵账协议），区分抵账协议的签署时间。

①如果是在破产前6个月内签署的，认定为个别清偿，依法撤销；

②如果是在破产前1年内签订，但涉嫌低价的，依法撤销；

③不属于6个月内个别清偿，也不属于1年内低价的，按以房抵债处理，收回房产。

（3）对于因抵账等原因，购房人将房款直接交付给广信公司的债权人的，按抵账房产处理，收回房产。

（三）支付解押资金问题

债权人代广信公司支付房产解押资金、解除房产抵押登记，然后办理房产抵账的，按下列情形处理：

（1）抵账房产系百度城一期房产，二期5号楼、6号楼：

①如系6个月内的，属于个别清偿，房产收回（如房产已办证无法收回，则管理人向其主张相应金额的款项）；债权人垫付的解押资金本金优先保护。

②属于一年内低价的，房产收回（如房产已办证无法收回，管理人向其主张相应金额的款项）；债权人垫付的解押资金本金优先保护。

③不属于6个月内个别清偿，也不属于1年内低价的，房产不予收回。

（2）二期其他房产（不含5号楼、6号楼）：

抵账房产均收回（但符合不收回条件的除外），债权人垫付的解押资金本金优先保护。

（四）停车位问题

（1）原则上车位与房产根据合同的签订情况独立审核。

（2）如果房产收回，车位原则上也收回；房产收回后如房款本金给予消费者优先保护的，车位款也给予消费者优先保护（抵账的除外）。

（3）如果债权人的房产继续履行，但车位系抵账的，车位按以物抵债处理。

说明：

1. 上述意见系管理人参考现行相关法律和司法解释制定的，若本意见与新颁布的法律、司法解释或新的司法精神等不一致的，以新颁布的法律、司法解释及司法精神等规定为准。

2. 审核标准无法涵盖一一对应广信公司每个个案，如有遗漏，管理人将根据相关法律法规及司法解释的规定进行处理；对于疑难复杂的个别案件，管理人将书面汇报法院或专门上报债权人会议进行核查。

3. 房产审核标准及房产审核过程全部本着公开、公平、公正的原则，由于广信财务原始凭证严重缺失尤其是银行交易信息凭证缺失加大了管理人审核工作的难度，本次债权人会议公布的继续履行消费者名单或正在审核的房产，希望广大债权人踊跃行使破产法赋予的债权核查权利，如发现任何遗漏或差错，请及时向管理人或中院提供线索或证据，不论是对于自己的房产或他人房产都可以随时反映问题。

特别声明：核查债权的权利在债权人会议，管理人只是初步审查，个别债权人对其房产收回或确认有异议但又不愿通过法律诉讼程序解决的，管理人会将其全部证据材料提交债权人会议决议，如不能召开债权人会议，则邮寄给广大债权人决定。

威海广信房地产开发有限责任公司管理人

2018 年 3 月 23 日

二、中天公司重整案例解析

笔者亦对团队办理的中天房地产开发公司重整案衍生诉讼进行梳理，债权人诉讼请求大致分三种类型。

（一）债权人请求适用 2002 年《最高人民法院关于审理企业破产案件若干问题的规定》第 71 条，主张诉争的房产不属于债务人财产（或不属于破产财产、确认涉案房屋归债权人所有）

债权人根据上述 2002 年司法解释"特定物买卖中，尚未转移占有但相对人已完全支付对价的特定物不属于破产财产"的规定，主张涉案房产不属于债务人财产。文登区人民法院、威海市中级人民法院均否认了该观点。

威海市中级人民法院认为，2002 年 9 月 1 日实施的《最高人民法院关于审理企业破产案件若干问题的规定》系为正确适用《中华人民共和国企业破产法（试行）》所制定的司法解释，在《企业破产法》施行后，《破产法司法解释二》第 2 条对不应认定为债务人财产的情形作出了不同于上述第 71 条的规定，根据该规定，涉案 29 套房产不应排除在债务人财产之外。

相关案例：（2019）鲁 10 民终 2904 号判决、（2018）鲁 1003 民初 5065 号、（2018）鲁 1003 民初 5066 号、（2018）鲁 1003 民初 5064 号、（2018）鲁

1003 民初 5057 号、（2018）鲁 1003 民初 5060 号、（2018）鲁 1003 民初 5058 号、（2019）鲁 10 民终 2905 号、（2019）鲁 1003 民初 155 号、（2020）鲁 10 民终 392 号、（2018）鲁 1003 民初 4814 号、（2018）鲁民 103 民初 5270 号、（2018）民初 3945 号、（2018）鲁 10 民终 2880 号。

（二）债权人请求确认以物抵债房屋买卖协议有效并继续履行合同配合办理过户手续，要求确认对涉案房屋享有消费者优先权

（1）在合同效力方面，一审、二审法院均认为房屋买卖合同有效，二审法院基于房屋在破产前已交付的法律事实对部分判决进行了改判。

法院认为：抵顶欠款而签订商品房买卖合同，涉及二套房的，一审法院认定为其并非消费目的而购房，不享有消费者优先权。但二审法院基于房屋已交付的事实认为，虽然其不享有消费者优先权但具有物权期待权。消费性购房户或以房顶账在本小区内有两套房屋全部支持理由，因破产前交付风险责任已经转移，双方交易已经完成，合同目的已经实现，应依法予以保护。

相关案例：（2018）鲁 1003 民初 4896 号、（2019）鲁 10 民终 621 号、（2018）鲁 1003 民初 4882 号、（2019）鲁 10 民终 2947 号、（2018）鲁 1003 民初 5530 号、（2019）鲁 10 民终 612 号、（2018）鲁 1003 民初 4839 号、（2019）鲁 10 民终 1409 号。

（2）没有证据支付过房款或顶账手续没有完成的，一审、二审法院全部驳回诉讼请求。

法院认为：属于双方均未履行完毕的合同，管理人享有合同解除权，不享有消费者优先权。交付房款不足 50% 的消费性购房者，属于双方均未履行完毕的合同，双方协议应解除，但应予优先保护返还实付的购房款。

相关案例：（2018）鲁 1003 民初 5090 号、（2019）鲁 10 民终 2357 号、（2018）鲁 1003 民初 5228 号 、（2018）鲁 1003 民初 4814 号（消费性购房款不足 50%）。

（3）以房抵账的房产已经设定抵押的驳回以房顶账债权人优先权请求。

法院认为：以房抵账不能优先于抵押权人，"抵押期间，抵押人未经抵押权人同意，不得转让抵押财产"，涉案房产抵顶人并不享有涉案房产的物权，不能对抗设定在先的抵押权，驳回要求确认消费性优先权请求。

相关案例：（2018）鲁 1003 民初 4838 号、（2019）鲁 10 民终 1408 号。

（三）债权人请求确认支付了全部款项的商铺在达到办证条件后配合办理过户手续，区分破产已经交付或在破产前没有交付（在建工程），分别支持或驳回诉讼请求。

（1）支持诉讼请求的。

法院认为：债权人购买商铺付清全款，商铺在破产之前已交付使用多年，因此不属于双方当事人均未履行的合同，管理人无权解除，应协助办理过户手续。

相关案例：（2018）鲁 1003 民初 5270 号。

（2）驳回诉讼请求的。

法院认为：涉案房产记载"非住宅""仅作经商使用"，购买涉案房产并非为生活消费需要，因此不属于"消费者"，并无获得优先保护的特殊利益，其主张优先于其他债权人获得清偿，无事实及法律依据，要求交付房屋是要求对其债权优于其他同序列债权人的个别清偿。

相关案例：（2018）鲁 1003 民初 3945 号、（2019）鲁 10 民终 2880 号。

三、实务经验总结

两个房地产重整案件所有债权人请求要房的全部案件中，广信公司重整案中房产衍生诉讼共 93 起，其中 7 起申请了再审，54 起经过了二审。中天公司重整案中衍生诉讼 18 起，其中 12 起案件二审终审，两起案件申请了再审。所有衍生诉讼中，除了个别消费者购买了两套房产，因管理人在审查债权时只确认了一套房产而通过诉讼要求支持两套房产之外，其余都是普通债权人主张继续要房。从衍生诉讼的案件数量、上诉的比例以及涉案标的看（广信重整案衍生诉讼涉争议房产价值 6.3 亿元），大家对房地产企业破产重整中债权的排序或债权的性质争议较大，笔者从实践工作中也深切感觉到破产财产的确认和各类债权的排序已经严重影响到房地产企业的重整效率及成功率，给破产财产的清理带来了极大麻烦，严重影响了投资人的投资信心以及重整计划执行的稳定性。有的重整计划已经执行近两年，相关债权确认之诉还在最高人民法院申请再审，个别案件衍生标的额巨大，直接影响到重整计划的继续执行。笔者和所有从事地产重整一线的管理人以及从业法官都一致期待最高人民法院尽快出台针对房地产企业破产的相关司法解释，否则会出现在不同地区相同案情而判决结果截然不同的情形。

以下章节系笔者从上述相关案例中根据归类将争议较多的一些判例进行的深度解析，希望给参与房地产企业破产案件的相关各方提供参考。

第二节　具体案例分析

一、破产前抵债的房产，但尚未办理房产过户的，属于破产企业的债务人财产

阅读提示

房地产开发企业破产的案件，在法院受理破产之前，开发商一般都存在用房产抵债的情形；在人民法院受理破产时，抵债房产尚未竣工，无法办理产权证。在法院裁定受理破产之后，债权人在向管理人申报债权时，往往都会主张抵债的房产不属于破产企业的债务人财产，进而主张抵债房产属于债权人所有。

另外，针对抵债房产，行业内的习惯做法为，债权人一般都会指定一个具体的自然人与开发商直接签订《商品房买卖（预售）合同》。根据《工程款优先权批复》的相关规定，建设工程价款优先受偿权优先于抵押权，但对于已交付全部或部分房款的消费者来说，消费者的权利优先于建设工程价款优先受偿权。因此，许多债权人经常以抵债房产的权利人属于消费者为由，要求优先清偿。

上述问题具有一定的普遍性，且涉及债权人人数较多、债权金额较大，涉及的法律关系复杂，如处理不好，会严重影响破产工作的推进。

裁判主旨

（1）房产抵债协议虽然有效，但协议约定的房屋未办理物权登记，不发生物权变动效力。

（2）抵债房产权利人对抵债房产享有的权利来源，并非基于消费关系，抵债权利人不属于消费者。

关键词： 抵债房产　消费者

基本案情[1]

威海市中级人民法院于 2016 年 6 月 29 日受理广信公司破产重整案。

广信公司在破产之前因资金紧张，向宋××借款，到期未还，广信公司与宋××双方之间存在民间借贷债权债务关系。2014 年 12 月 18 日，广信公司与宋××签订两份《威海市商品房（预售）合同》，广信公司将其开发建设的威海市××项目的 2 套房产（以下简称该 2 套房产）出售给宋××，宋××用广信公司欠其未还的民间借贷债权抵顶该 2 套房产的房款。

2016 年 1 月 20 日，宋××与田××签订《房屋买卖合同》，双方约定因宋××欠田××款项到期未还，经协商一致，宋××将该 2 套房产出售给田××，田××用之前出借给宋××的款项支付房款。根据宋××的申请，2016 年 1 月 20 日，广信公司与田××就该 2 套房产分别签订了《威海市商品房（预售）合同》，广信公司同时向田××出具了房款收据。广信公司与田××签订的 2 份《威海市商品房（预售）合同》，已在房地产行政主管部门办理了预售合同备案登记，并于 2016 年 3 月 28 日就该 2 套房产分别办理了商品房预告登记。

就该 2 套房产，田××并未向广信公司实际支付房款，宋××也未向广信公司实际支付房款。

该 2 套房产在法院受理广信公司破产时并未竣工，不具备办理产权证的条件。

2018 年，田××向威海市中级人民法院提起诉讼，请求：（1）判令广信公司与田××就该 2 套房产签订的《威海市商品房（预售）合同》有效；（2）判令该 2 套房产不属于广信公司的破产财产。

裁判结果

关于涉案房产是否属于广信公司的债务人财产问题，田××主张，依据《最高人民法院关于审理企业破产案件若干问题的规定》第 71 条 "下列财产不属于破产财产：……（五）特定物买卖中，尚未转移占有但相对人已完全支付对价的特定物" 的规定，涉案房产属于特定物，不属于广信公司的破产

────────────

〔1〕 案例索引：威海市中级人民法院（2018）鲁 10 民初 84 号；山东省高级人民法院（2019）鲁民终 2450 号。

财产。一审法院认为，田××与广信公司签订涉案《威海市商品房买卖（预售）合同》，系为履行田××与宋××之间签订的《房屋买卖合同》，田××未按照《威海市商品房买卖（预售）合同》的约定向广信公司支付购房款，并未完全支付对价，故田××关于涉案房产属于特定物的主张，一审法院不予支持。

《物权法》第9条第1款规定："不动产物权的设立、变更、转让和消灭，经依法登记，发生效力；未经登记，不发生效力，但法律另有规定的除外。"依据上述规定，不动产物权转让以登记为生效要件。田××虽与广信公司签订商品房买卖合同，但未办理不动产所有权转移登记手续，田××并未取得涉案房产所有权，依照《企业破产法》第30条的规定，涉案房产仍属于广信公司财产。因涉案房产并未转移登记到田××名下，不符合《物权法》第106条规定的善意取得的条件，田××关于对涉案房产构成善意取得的主张，无事实与法律依据。

关于田××在广信公司破产程序中是否享有消费者优先权问题，一审法院认为，《消费者权益保护法》第2条、第3条规定，消费者为生活消费需要购买、使用商品或者接受服务，其权益受该法保护，经营者为消费者提供其生产、销售的商品或者提供服务，应当遵守该法。根据该规定，消费关系产生在消费者和经营者之间。《工程款优先权批复》第2条规定："消费者交付购买商品房的全部或者大部分款项后，承包人就该商品房享有的工程价款优先受偿权不得对抗买受人。"本案中，宋××与广信公司就涉案房产签订买卖合同后，田××又与宋××签订《房屋买卖合同》，宋××将涉案房产转让给田××，并配合田××与广信公司签订涉案《威海市商品房买卖（预售）合同》，该《威海市商品房买卖（预售）合同》仅系田××、广信公司为履行田××与宋××签订的《房屋买卖合同》而订立，并未设定新的权利义务。田××与宋××结算购房款，宋××不是房地产经营者，田××就涉案房产所享有的权利来源于其与宋××之间的合同关系，而不是基于消费关系，因此田××并非上述法律和司法解释规定的消费者，田××关于消费者优先权的主张，无事实和法律依据，一审法院不予支持。

一审法院判决：（1）确认田××与广信公司签订的《威海市商品房买卖（预售）合同》有效；（2）驳回田××的其他诉讼请求。

田××不服一审判决，向山东省高级人民法院提起上诉。二审法院认为，田××主张依据《最高人民法院关于审理企业破产案件若干问题的规定》第71

条第 5 项规定，"特定物买卖中，尚未转移占有但相对人已完全支付对价的特定物"，涉案两套房产不属于广信公司的债务人财产。对此，二审法院认为，该规定系为正确适用《中华人民共和国企业破产法（试行）》所制定的司法解释，随着《企业破产法》的施行，《中华人民共和国企业破产法（试行）》已经废止，因此针对该部法律所制定的司法解释原则上应不再适用；即使该规定尚未明确废止，但根据"新法优于旧法"的法律适用规则，本案亦应适用《破产法司法解释二》第 2 条规定，"下列财产不应认定为债务人财产：（一）债务人基于仓储、保管、承揽、代销、借用、寄存、租赁等合同或者其他法律关系占有、使用的他人财产；（二）债务人在所有权保留买卖中尚未取得所有权的财产；（三）所有权专属于国家且不得转让的财产；（四）其他依照法律、行政法规不属于债务人的财产"，认定涉案两套房产是否属于广信公司的债务人财产。因涉案两套房产并不符合前述规定情形，所以不应排除在债务人财产之外，且认定涉案两套房产是否属于广信公司的债务人财产也应符合物权法确定的不动产物权变动登记生效原则。《物权法》第 9 条第 1 款规定："不动产物权的设立、变更、转让和消灭，经依法登记，发生效力；未经登记，不发生效力，但法律另有规定的除外。"涉案两套房产尚未变更登记至田××名下，不产生物权变动的效力，所有权仍归属于广信公司，应为广信公司的债务人财产。

二审法院判决驳回上诉，维持原判。

实务经验总结

（一）以房抵债协议的法律分析

1. 以房抵债协议的效力问题

以物抵债在日常经济生活中是一种非常普遍的行为，尤其是房地产行业，开发商用房产抵顶施工单位的工程款，可以说是非常普遍的情况。我国《合同法》第 44 条第 1 款规定："依法成立的合同，自成立时生效。"一般来说，以物抵债协议是双方真实意思表示，并不违反相关法律、行政法规的强制性规定，在不存在《合同法》《民法总则》规定的合同无效的情形下，以物抵债协议依法应当是有效的。

此外，最高人民法院发布的指导案例"汤某、刘某某、马某某、王某某诉彦海房地产开发有限公司商品房买卖合同纠纷案"（第72号）也确认，以房抵债协议依法有效。

2. 以房抵债协议的履行问题

在司法实践中，部分当事人将合同有效与合同履行等同，认为合同有效就应当继续履行，这是一个错误的认识。合同的效力与合同的履行，是完全不同的两个法律概念。如果合同有效且已履行完毕，二者的后果可能是统一的，这也是社会普通大众的一般认知；如果合同有效但尚未履行完毕，合同是否应当继续履行、是否可以解除、客观上是否能够履行，这都是司法实践中普遍存在的问题，尤其是破产企业，相关纠纷很多。

例如，"一房两卖"问题，甲将自己所有的一套房产分别出售给乙、丙，并分别与乙、丙签订了房产买卖合同，乙、丙也均已付清价款。发生纠纷后，乙、丙双方与甲方签订的两份房产买卖合同均是有效的，但显然只能履行一份房产买卖合同；另一份无法履行的房产买卖合同只能解除，然后由甲方承担相应的违约责任。

具体到本案，抵债房产并未办理房产过户（当然客观上也不具备办理过户条件），以房抵债协议并未履行完毕。因此，在合同没有履行完毕的情况下，需要解决的是以房抵债合同是否继续履行、如何履行等事宜，原告直接要求确认抵债房产属于原告所有，显然是没有法律依据的。

3. 以房抵债协议需要注意的问题

第一，破产案件中，需要格外注意抵债协议的签订时间。

我国《企业破产法》第32条规定，破产受理前6个月内债务人对个别债权人进行清偿的，管理人有权申请法院予以撤销。第31条规定，破产受理前1年内，债务人对其财产以不合理低价进行交易的，管理人有权申请法院予以撤销。因此，如果抵账协议是在破产前6个月内签订的，管理人可以依法申请撤销；如果是在破产前1年内签订的，管理人可以根据评估价格是否偏低决定是否依法申请撤销。

第二，以房抵债协议涉及的债权，是否已届清偿期。

实践中，部分以房抵债协议涉及的债权，在签订抵债协议时债权并未到清偿期，例如民间借贷债权，借款期限3个月，但借款合同签订15天后，双方就签订了抵债协议。例如2015年12月24日《关于当前商事审判工作中的若干具体问题》中认为，债权人与债务人在债务履行期届满前就作出以物抵债的约定，由于债权尚未到期，债权数额与抵债物的价值可能存在较大差距。如果此时直接认定该约定有效，可能会导致双方利益显失公平。所以实践中一般认为应参照《物权法》关于禁止流押、流质的相关规定，不确认该种情形下签订的以物抵债协议的效力。

第三，法院受理破产时，抵债房产的客观情况。

债务人签订的以房抵债协议中抵债涉及的房产，在法院受理破产时情况千差万别，应注意了解涉案房产是否具备办理产权证条件，是否已经交付使用；如果尚不具备办理产权证条件的，应注意了解房产是否已单体竣工。房产不同的情况，对于破产后抵债协议的履行有重要影响。

（二）不动产物权登记原则

前面已经陈述，以房抵债协议有效不代表抵债合同已经履行完毕，更不代表抵债房产的所有权已经转移。我国《物权法》第9条规定，不动产物权的设立、变更、转让和消灭，经依法登记，发生效力；未经登记，不发生效力，但法律另有规定的除外。第15条规定，当事人之间订立有关设立、变更、转让和消灭不动产物权的合同，除法律另有规定或者合同另有约定外，自合同成立时生效；未办理物权登记的，不影响合同效力。

根据上述规定，不动产登记是物权登记，债权人只要还未取得抵债房产的产权证，债权人就没有取得抵债房产的所有权。因此，抵债房产当然属于债务人的财产。

另外，最高人民法院政策研究室认为，以物抵债调解书不具有发生物权变动的效力，以物抵债调解书不能够直接引起物权变动。

二、网签备案并预告登记的房屋依然属于债务人财产

裁判主旨

涉案两套房产是否属于广信公司的债务人财产。田××主张依据《最高人民法院关于审理企业破产案件若干问题的规定》第71条第5项规定："特定物买卖中，尚未转移占有但相对人已完全支付对价的特定物"，认定涉案两套房产不属于广信公司的债务人财产。对此，法院认为，该规定系为正确适用《中华人民共和国企业破产法（试行）》所制定的司法解释，随着《企业破

产法》的施行，《中华人民共和国企业破产法（试行）》已经废止，因此针对该部法律所制定的司法解释原则上应不再适用；即使该规定尚未明确废止，但根据"新法优于旧法"的法律适用规则，本案亦应适用《破产法司法解释二》第 2 条规定，"下列财产不应认定为债务人财产：（一）债务人基于仓储、保管、承揽、代销、借用、寄存、租赁等合同或者其他法律关系占有、使用的他人财产；（二）债务人在所有权保留买卖中尚未取得所有权的财产；（三）所有权专属于国家且不得转让的财产；（四）其他依照法律、行政法规不属于债务人的财产"，认定涉案两套房产是否属于广信公司的债务人财产。因涉案两套房产并不符合前述规定情形，因此不应排除在债务人财产之外，且认定涉案两套房产是否属于广信公司的债务人财产也应符合物权法确定的不动产物权变动登记生效原则。《物权法》第 9 条第 1 款规定："不动产物权的设立、变更、转让和消灭，经依法登记，发生效力；未经登记，不发生效力，但法律另有规定的除外。"涉案两套房产尚未变更登记至田××名下，不产生物权变动的效力，所有权仍归属于广信公司，应为广信公司的债务人财产。

关键词： 预告登记　债务人财产

基本案情[1]

上诉人田××因与被上诉人广信公司、原审第三人宋××破产债权确认纠纷一案，不服山东省威海市中级人民法院（2018）鲁 10 民初 84 号民事判决，向本院提起上诉。法院于 2019 年 11 月 8 日立案后，依法组成合议庭进行了审理。本案现已审理终结。

田××上诉请求：（1）撤销威海市中级人民法院（2018）鲁 10 民初 84 号民事判决书，依法改判支持田××的一审诉讼请求，即确认田××与广信公司于 2016 年 1 月 20 日签订的两份《威海市商品房买卖（预售）合同》（合同编号分别为：20100002262、20600002265）有效；预售合同中的百度城的两套房产不是广信公司的破产财产；（2）诉讼费用由广信公司承担。事实和理由：（1）一审判决错误地认定田××与广信公司于 2016 年 1 月 20 日签订的两份《威海市商品房买卖（预售）合同》系双方均未履行完毕的合同，破产管理人有权予以解除。本案中，关于田××与广信公司于 2016 年 1 月 20 日签订的两份《威

海市商品房买卖（预售）合同》中的房款支付，系因田××需要买房居住，宋××将其购买的广信公司的涉案房产卖给田××，田××将宋××之前欠其款项转为购房款，无须再另行支付房款，广信公司亦出具收款收据注明已收到田××对涉案房产的全部房款，广信公司财务账本对此记载"房款已收"。现进入破产程序后，广信公司管理人对此不予认可，违反民法总则的诚信原则。因此，田××已履行完涉案两份合同的全部义务，管理人无权依据《企业破产法》第18条解除该两份合同。涉案合同是完全合法有效的，应当继续履行，田××应当取得涉案房产。（2）一审判决错误地认定涉案房产的预告登记失效。《物权法》第20条规定："当事人签订买卖房屋或者其他不动产物权的协议，为保障将来实现物权，按照约定可以向登记机构申请预告登记。预告登记后，未经预告登记的权利人同意，处分该不动产的，不发生物权效力。预告登记后，债权消灭或者自能够进行不动产登记之日起3个月内未申请登记的，预告登记失效。"《最高人民法院关于适用〈中华人民共和国物权法〉若干问题的解释（一）》第5条规定："买卖不动产物权的协议被认定无效、被撤销、被解除，或者预告登记的权利人放弃债权的，应当认定为物权法第20条第2款所称的'债权消灭'。"本案中，田××办理涉案预购商品房预告登记所依据的《威海市商品房买卖（预售）合同》系合法有效（一审判决认定有效），亦不符合被解除、被撤销的条件，故该预告登记是合法有效的，广信公司无权处分田××购买的两套房屋。（3）一审判决错误地认定"田××并非《工程款优先权批复》中规定的消费者"。《工程款优先权批复》侧重于对消费性购房人优先权的保护，是建立在保护"居住"这一基本生存权的基础上。对消费性购房人的认定符合以下条件即可：①购房人为自然人；②购房人所购房为住宅；③所购房为本市（或本小区）唯一住房；④签订了合法有效的商品房买卖合同。本案中，田××购房是因其子在外地工作，以后返回威海生活需要购买住宅用房，在威海无其他房产，因宋××欠款不还而无钱买房的情况下，不得已购买了广信公司抵顶给宋××的房屋。《消费者权益保护法》中的"消费关系"概念仅适用于《消费者权益保护法》，而《工程款优先权批复》中"消费者"的适用范围是所有买房用于居住的买房人，该批复保护的是所有买房人的居住权，不区分房屋出售人是个人还是房产经营者，一审判决对此扩大适用于因合同纠纷、破产纠纷发生的案件，于法无据。退一步讲，即使根据一审判决的法律逻辑，涉案房屋若属于破产财产，则出售涉案房屋的仍是广信公司，广信公司为房产经营者，那么田××购买涉案房屋仍属于为生活消费需要所购。综上，田××属于消费性购房，一审法院的判决前后矛盾，认定田××不属于消费性购房实属错误。（4）一审法院错误地认定涉案房产属于破产财产。2002年《最高人民法院关于审理企业破产案件若干问题的规定》第71条规定："下列财产不属于破产财产：……（五）特定物买卖中，尚未转移占有，但相对人已经完全支付对价的特定物。"该条规定与《企业破产法》的两个司法解释不存在矛盾冲突，现行有效，应当在本案中适用。在田××与广信公司的商品房买卖合同法律关系中，购房者选定房屋后，该房屋对于购房者而言就是特定物。田××购买广信公司的房产是有明确的楼层和房号的商品房，现房屋已基本建成，是实实在在的物，无论是否已经取得产权证，该商品房属于特定物无疑，故不属于广信公司的破产财产。（5）一审法院错误地认定田××不属于善意第三人。田××购买房屋符合《物权法》第106条善意取得的规定：①田××与宋××签订《房屋买卖合同》以及与广信公司签订《威海市商品房买卖（预售）合同》是双方的真实意思表示，田××出于生活需求而购房，一审判决已认定该《威海市商品房买卖（预售）合同》合法有效。②田××购房的价格合理，且付清全款。③签订该合同时，涉案两套房屋均网签在宋××名下，田××对宋××与广信公司之间的借贷并不知情，且在为田××办理网签备案手续时，广信公司认可宋××与田××之间的房屋转让行为及付款方式，配合办理，未提出异议，足以使田××相信宋××对涉案两套房屋有处分权。综上，破产法律关系也是一种民事法律关系，其理应受到诚实信用原则的约束，只要债务人、债权人主观上是善意的，没有破坏公平受偿的恶意，本质上是一种合法诚信的行为。即使第三方买房人由借款转变房款进行买房，也符合诚实信用原则的要求，如果不加区分一律视为无效，那么破产制度的正义性就会大打折扣，因为只对债权人整体利益进行保护，而不顾及交易第三人的个体利益同样是不公平的。综上，田××作为消费性住房购房者购买涉案房产，与广信公司签订的两份《威海市商品房买卖（预售）合同》合法有效，在田××已支付全部对价的情况下，涉案房产不属于广信公司的破产财产，且田××作为善意的消费性住房购房者，权益应得到优先保护，广信公司应按合同约定交付房屋。

广信公司辩称，一审判决认定事实清晰，法律适用正确，请求二审法院维持原判。理由：（1）原审第三人宋××在广信公司无力偿还其借款的情况下，双方达成以物抵债的合意，约定广信公司将涉案房产抵顶给宋××，对抵顶房产的面积与金额做出明确约定。2016 年 1 月 20 日，因原审第三人宋××无法偿还田××到期借款，双方又签订《房屋买卖合同》，约定原审第三人宋××将涉案房产出售给田××，田××以其对原审第三人宋××的借款抵顶购房款。因此，田××与广信公司之间的《威海市商品房买卖（预售）合同》系为履行原审第三人宋××与田××之间的《房屋买卖合同》而签订，并未设立新的权利义务，其真实意思表示系基于田××与原审第三人宋××的借贷关系、原审第三人宋××与广信公司借贷关系而产生，以消灭金钱债务为目的。综上，田××与原审第三人宋××之间的以房抵债行为、原审第三人宋××与广信公司之间的"房屋买卖行为"，相互关联，依据田××自认的没有向广信公司支付购房款以及广信公司向田××开具了购房款收据等事实，可见田××所谓的支付全部购房款项的实质仍是在利用原审第三人宋××借款本金及利息抵顶购房款项，因此田××并未按照《威海市商品房买卖（预售）合同》约定完成支付购房款的义务。(2) 广信公司于 2016 年 6 月 29 日被一审法院裁定破产，而涉案房屋在该时间节点并未竣工，尚不具备物权成立条件，依据《物权法》第 23 条规定，涉案房产属于破产财产，且并不具备向田××交付的条件。(3)《企业破产法》第 18 条规定："人民法院受理破产申请后，管理人对破产申请受理前成立而债务人和对方当事人均未履行完毕的合同有权决定解除或者继续履行，并通知对方当事人。管理人自破产申请受理之日起 2 个月内未通知对方当事人，或者自收到对方当事人催告之日起 30 日内未答复的，视为解除合同。"对于双方均未履行完毕的合同，管理人依法享有解除权。在本案中，田××并未实际支付购房款项，而广信公司在客观上也无法完成交付房屋的义务，因此管理人依法有权解除涉案商品房买卖合同。(4) 涉案房产办理的预告登记不具有破产保护的效力。①预告登记所登记的不是现实的不动产物权，而是将来发生不动产物权变动的请求权，预告登记使这一请求权具有物权的排他效力。从本质上说，预告登记所登记的是一项请求权，而不是物权本身，因此预告登记并不产生物权变动的效力，房产所有权仍属于广信公司。况且，涉案商品房在破产时间节点尚未建成、未办理所有权登记，还不具备不动产所有权成立的要件，因涉案房产尚未办理物权转移手续、田××也未取得涉案商品房的物权。最高人民法院公报案例"中国光大银行股份有限公司上海青浦支行诉上海东鹤房地产有限公司、陈思绮保证合同纠纷案"亦能佐证上述意见。

②预告登记的目的是保全债权请求权将来能够得到履行、以实现该物权变动的目的，是以债权请求权的存在为前提，并随着该请求权的状态而改变。当请求权消灭时，预告登记也随之消灭。《最高人民法院关于适用〈中华人民共和国物权法〉若干问题的解释（一）》第5条规定，买卖不动产物权的协议被认定无效、被撤销、被解除，或者预告登记的权利人放弃债权的，应当认定《物权法》第20条第2款所称的"债权消灭"。《物权法》第20条第2款规定，预告登记后，债权消灭的，预告登记失效。根据上述规定，是否办理预告登记，并不影响其依附的债权关系的解除，即使已经办理预告登记，管理人仍有权解除房屋买卖合同，该合同被解除后，预告登记依法应失效。

(5) 管理人根据相关法律规定对广信公司破产重整一案制定的《房产审核标准》以及法院裁定批准的重整计划，均认定在百度城以户为单位拥有唯一一套用于个人居住的房产才能确定为消费者优先权，其余不符合消费者条件的不再继续履行房产预售合同。因此，在百度城"购买"两套房产的田××不符合消费者条件，不应予以优先保护，依法不应再继续履行合同。(6) 继续履行与田××签订的《威海市商品房买卖（预售）合同》将构成《企业破产法》第32条所禁止的个别清偿，损害其他债权人合法权益。①田××基于其与原审第三人宋××的金钱债务、广信公司与原审第三人宋××的以房抵债行为而形成购房事实，利用原审第三人宋××对广信公司的借款本金及利息抵顶购房款项，且在广信公司进入破产程序后继续起诉，要求认定其名下签订《威海市商品房买卖（预售）合同》的两套房产并非破产财产并主张继续履行合同，如对其诉讼请求予以支持，最直接的效果即原审第三人宋××与广信公司的以房抵债约定得到了完整有效的履行，其他债权人合法权益遭受直接损失。②在广信公司重整案中存在大量与田××相似的情形。管理人在接受指定后，主动引入资金完成续建工程，以实现破产财产的价值最大化，提高清偿比例。同时管理人将该部分续建资金列入共益债务在所有债权中优先受偿。如法院判决继续履行类似的商品房买卖合同，势必违背《企业破产法》公平清理债务债权的立法目的，使得大量基于借贷关系而产生的金钱债权通过以物抵债的方式获得物权期待权，从而得到不正当的优先受偿。且因续建资金列入共益债务，继续履行类似商品房买卖合同，实际上是挪用了广信公司其他资产对以物抵债的债权人进行清偿，严重侵犯了其他债权人的合法权益。③《工程款优先权批复》第2条及《执行异议和复议规定》第29条，均是基于生存利益大于经营利益的社会政策原则，为保护消费者的居住权而设置的特殊规定。本案中，田××基于其与原审第三人宋××之间的金钱债务、原审第三人宋××与广信公司以房抵债行为而形成购房事实，主张利用原审第三人宋××的借款本息抵顶购房款的具体情况，应认定其购房目的在于实现金钱债权，并非为生活、居住需要，不应属于上述规定所保护的普通住房消费者。

宋××述称："广信公司与田××没有直接的关系，田××应当属于善意第三人，当初我卖房给田××时，田××不知道该房屋是我抵账的，当时田××没有问我，我也没有说。因此，我支持田××的主张，应该履行购房合同。"

田××向一审法院起诉请求：（1）判令确认田××与广信公司于2016年1月20日签订的两份《威海市商品房买卖（预售）合同》（合同编号分别为：201600002262、201600002265）有效；（2）判令田××与广信公司于2016年1月20日签订的两份《威海市商品房买卖（预售）合同》中的百度城1B-3910、百度城1B-3708两套房产不属于广信公司的破产财产；（3）广信公司承担本案诉讼费用。

一审法院认定事实：

宋××与广信公司存在借贷关系。2014年12月18日，宋××与广信公司签订《威海市商品房买卖（预售）合同》，约定由宋××购买百度城1B-3708号房产，面积42.83平方米，总价款179 886元；2015年6月26日，宋××与广信公司签订《威海市商品房买卖（预售）合同》，约定由宋××购买百度城1B-3910号房产，面积135.80平方米，总价款570 360元。

2016年1月20日，宋××与田××签订《房屋买卖合同》，约定因宋××欠田××款项到期未还，经协商一致，宋××将百度城1B-3708、1B-3910两套房产出售给田××，其中1B-3910卖给田××之子姚×，总房款为120万元，付款方式约定为田××用2014年12月15日借给宋××的120万元支付房款，双方之间借款结算完结，并约定本合同签署当日宋××配合田××完成《商品房买卖（预售）合同》网签手续。

2016年1月20日，田××与广信公司签订《威海市商品房买卖（预售）合同》，约定由田××购买涉案百度城1B-3708号房产，面积42.83平方米，单价每平方米7004.44元，总购房款为30万元；付款方式及期限约定为，签订合同前，买受人已向出卖人支付定金人民币30 000元，该定金于本合同签订时抵作商品房价款，买受人采取商业贷款方式付款，应于2016年1月20日前支付首期房价款 30 000 元，余款 270 000 元向银行申请贷款支付。同日，田××与广信公司签订《威海市商品房买卖（预售）合同》，约定由田××购买涉案百度城 1B-3910 号房产，面积 135.80 平方米，单价每平方米 5522.83 元，总购房款为 75 万元；付款方式及期限约定为，签订合同前，买受人已向出卖人支付定金人民币 75 000 元，该定金于本合同签订时抵作商品房价款，买受人采取商业贷款方式付款，应于 2016 年 1 月 20 日前支付首期房价款 75 000元，余款 675 000 元向银行申请贷款支付。

2016 年 1 月 20 日、22 日，广信公司向田××出具收款收据 4 份，收款事由为百度城二期房款（1B-3708、1B-3910）。但田××并未向广信公司支付房款，诉讼中，田××主张广信公司出具收款收据等同于收到了房款。

上述《威海市商品房买卖（预售）合同》已办理网签备案，并于 2016 年 3 月 28 日为涉案房产办理预购商品房预告登记。

2016 年 6 月 29 日，一审法院裁定广信公司破产重整。涉案房产在法院裁定破产重整时尚未建成，不具备办理房屋产权登记条件。

2017 年 12 月 31 日，广信公司管理人向田××送达《通知书》一份，载明：管理人查明田××与广信公司签订的《威海市商品房买卖（预售）合同》属于《企业破产法》第 32 条规定的法院受理破产申请前 6 个月内个别清偿，管理人决定不再向田××交付涉案房产，该房产作为破产财产将依法用于清偿。

一审法院认为，本案的争议焦点为：（1）涉案《威海市商品房买卖（预售）合同》的效力；（2）田××在广信公司破产程序中是否享有消费者优先权；（3）涉案房产是否属于广信公司的债务人财产；（4）涉案预告登记的效力。

关于争议焦点（1），《合同法》第 44 条第 1 款规定："依法成立的合同，自成立时生效。"《物权法》第 15 条规定："当事人之间订立有关设立、变更、转让和消灭不动产物权的合同，除法律另有规定或者合同另有约定外，自合同成立时生效；未办理物权登记的，不影响合同效力。"本案中，田××与广信公司签订的《威海市商品房买卖（预售）合同》，不违反法律、行政法规的强制性规定，涉案房产虽未办理物权登记，但不影响合同效力，田××关于确认涉案《威海市商品房买卖（预售）合同》有效的诉讼请求，符合法律规定，一审法院予以支持。

关于争议焦点（2），《消费者权益保护法》第 2 条、第 3 条规定，消费者为生活消费需要购买、使用商品或者接受服务，其权益受该法保护，经营者为消费者提供其生产、销售的商品或者提供服务，应当遵守该法。根据该规定，消费关系产生在消费者和经营者之间。《工程款优先权批复》第 2 条规定："消费者交付购买商品房的全部或者大部分款项后，承包人就该商品房享有的工程价款优先受偿权不得对抗买受人。"本案中，宋××与广信公司就涉案房产签订买卖合同后，田××又与宋××签订《房屋买卖合同》，宋××将涉案房产转让给田××，并配合田××与广信公司签订涉案《威海市商品房买卖（预售）合同》。该预售合同仅系田××、广信公司为履行田××与宋××签订的《房屋买卖合同》而订立，并未设定新的权利义务。田××与宋××结算购房款，宋××不是房地产经营者，田××就涉案房产所享有的权利来源于其与宋××之间的合同关系，而不是基于消费关系，因此田××并非上述法律和司法解释规定的消费者，其关于消费者优先权的主张，无事实和法律依据，一审法院不予支持。

关于争议焦点（3），田××主张依据《最高人民法院关于审理企业破产案件若干问题的规定》第 71 条"下列财产不属于破产财产：……（五）特定物买卖中，尚未转移占有但相对人已完全支付对价的特定物"的规定，涉案房产属于特定物，不属于广信公司的破产财产。一审法院认为，田××与广信公司签订涉案《威海市商品房买卖（预售）合同》，系为履行田××与宋××之间签订的《房屋买卖合同》，田××未按照《威海市商品房买卖（预售）合同》的约定向广信公司支付购房款，其并未完全支付对价，故田××关于涉案房产属于特定物的主张，一审法院不予支持。《物权法》第 9 条第 1 款规定："不动产物权的设立、变更、转让和消灭，经依法登记，发生效力；未经登记，不发生效力，但法律另有规定的除外。"依据上述规定，不动产物权转让以登记为生效要件。田××虽与广信公司签订商品房买卖合同，但未办理不动产所有权转移登记手续，田××并未取得涉案房产。

关于争议焦点（4），《企业破产法》第 18 条规定："人民法院受理破产申请后，管理人对破产申请受理前成立而债务人和对方当事人均未履行完毕的合同有权决定解除或者继续履行，并通知对方当事人。管理人自破产申请受理之日起 2 个月内未通知对方当事人，或者自收到对方当事人催告之日起 30 日内未答复的，视为解除合同。"依据该规定，管理人对破产申请受理前合同双方均未履行完毕的合同享有解除权。本案中，涉案《威海市商品房买卖

（预售）合同》所约定的支付房款的义务，田××并未实际向广信公司履行，涉案房产在广信公司破产申请受理时未竣工，不具备交付条件，广信公司交付房产的义务亦未履行。依据上述规定，管理人依法有权决定解除，故广信公司管理人以《通知书》的方式通知田××解除涉案《威海市商品房买卖（预售）合同》，符合法律规定。《物权法》第 20 条规定："当事人签订买卖房屋或者其他不动产物权的协议，为保障将来实现物权，按照约定可以向登记机构申请预告登记。预告登记后，未经预告登记的权利人同意，处分该不动产的，不发生物权效力。预告登记后，债权消灭或者自能够进行不动产登记之日起 3 个月内未申请登记的，预告登记失效。"《最高人民法院关于适用〈中华人民共和国物权法〉若干问题的解释（一）》第 5 条规定："买卖不动产物权的协议被认定无效、被撤销、被解除，或者预告登记的权利人放弃债权的，应当认定为物权法第 20 条第 2 款所称的'债权消灭'。"依据上述规定，预告登记的效力以债权有效存续为基础，预告登记所依据的买卖合同被解除时，属于债权消灭，该情形下预告登记依法失效。本案中，田××办理涉案预购商品房预告登记所依据的《威海市商品房买卖（预售）合同》依法被解除，预告登记效力所赖以维系的债权基础消灭，涉案预购商品房预告登记失效。

综上，田××诉请确认涉案《威海市商品房买卖（预售）合同》中百度城 1B-3910、1B-3708 号两套房产不属于广信公司的破产财产，于法无据，一审法院不予支持，但其关于涉案房产买卖合同有效的诉讼请求，符合法律规定，一审法院予以支持。依照《企业破产法》第 18 条、第 30 条，《合同法》第 44 条，《物权法》第 9 条、第 15 条、第 20 条，《最高人民法院关于适用〈中华人民共和国物权法〉若干问题的解释（一）》第 5 条规定，一审法院判决：（1）确认田××与威海广信房地产开发有限责任公司签订的《威海市商品房买卖（预售）合同》有效；（2）驳回田××的其他诉讼请求。一审案件受理费 100 元，由田××负担。

山东省高院二审期间，田××提交（2019）鲁 01 民初 138 号民事判决书及（2019）鲁民终 1388 号民事判决书，广信公司对该两份民事判决书的证明效力不予认可，山东省高院认为民事判决书并非证据，且前述两份民事判决书所涉情况与本案情况并不相符。山东省高院对一审查明的事实予以确认。

山东省高院认为，田××一审诉讼请求为：（1）判令确认田××与广信公司的两份《威海市商品房买卖（预售）合同》有效；（2）判令田××与广信公司的两份《威海市商品房买卖（预售）合同》中的百度城 1B 号-3910、百度城 1B 号-3708 两套房产不属于广信公司的破产财产。一审对涉案商品房买卖合同有效的认定正确，山东省高院予以确认。本案二审争议的焦点问题是：涉案两套房产是否属于广信公司的债务人财产。田××主张依据《最高人民法院关于审理企业破产案件若干问题的规定》第 71 条第 5 项规定："特定物买卖中，尚未转移占有但相对人已完全支付对价的特定物"，认为涉案两套房产不属于广信公司的债务人财产。对此，山东省高院认为，该规定系为正确适用《中华人民共和国企业破产法（试行）》所制定的司法解释，随着《企业破产法》的施行，《中华人民共和国企业破产法（试行）》已经废止，因此针对该部法律所制定的司法解释原则上应不再适用；即使该规定尚未明确废止，但根据"新法优于旧法"的法律适用规则，本案亦应适用《破产法司法解释二》第 2 条规定，"下列财产不应认定为债务人财产：（一）债务人基于仓储、保管、承揽、代销、借用、寄存、租赁等合同或者其他法律关系占有、使用的他人财产；（二）债务人在所有权保留买卖中尚未取得所有权的财产；（三）所有权专属于国家且不得转让的财产；（四）其他依照法律、行政法规不属于债务人的财产"，认定涉案两套房产是否属于广信公司的债务人财产。因涉案两套房产并不符合前述规定情形，因此不应排除在债务人财产之外，且认定涉案两套房产是否属于广信公司的债务人财产也应符合物权法确定的不动产物权变动登记生效原则。《物权法》第 9 条第 1 款规定："不动产物权的设立、变更、转让和消灭，经依法登记，发生效力；未经登记，不发生效力，但法律另有规定的除外。"涉案两套房产尚未变更登记至田××名下，不产生物权变动的效力，所有权仍归属于广信公司，应为广信公司的债务人财产。

综上，田××的上诉请求不能成立，应予驳回。依照《民事诉讼法》第 170 条第 1 款第 1 项规定，判决如下：驳回上诉，维持原判。二审案件受理费 100 元，由田××负担。

本判决为终审判决。

实务经验总结

在房地产破产案件中，对于已经签订商品房预售合同的商品房是否属于债务人财产，至今争议不断。产生该问题的主要原因是 2002 年《最高人民法院关于审理企业破产案件若干问题的规定》第 71 条的规定，特定物买卖中，尚未转移占有但相对人已完全支付对价的特定物不属于破产财产。虽然该司法解释是为正确适用《中华人民共和国企业破产法（试行）》所制定的司法解释，在《企业破产法》施行后，《中华人民共和国企业破产法（试行）》已经废止，但该司法解释至今并没有被最高人民法院废止。在司法实践中，各地方法院对此有不同的认定，最高人民法院的相关案例也存在截然相反的认定和裁判结果。一种观点认为，上述司法解释应继续适用，将商品房买卖合同的标的物认定为特定物，在买受人已经支付全部价款的情况下，认定该标的物不属于债务人财产。第二种观点认为，上述司法解释所适用的法律已经废止，不应再适用。即使要适用，但根据"新法优于旧法"的法律适用规则，本案亦应适用《破产法司法解释二》第 2 条规定，从而认定商品房买卖合同的标的物仍属于债务人财产。

笔者同意第二种观点，即 2002 年发布的《最高人民法院关于审理企业破产案件若干问题的规定》第 71 条规定的特定物买卖的条款不应再适用。在 2007 年以前，对于不动产转让效力的问题，主要依据的是民法不动产转让理论，动产以交付、不动产以登记为准，但没有法条予以明确规定。同时，民法理论界对于合同效力与物权效力没有进行区分，造成了合同效力和物权效力等同的模糊认识。但在 2007 年《物权法》施行后，已经明确规定了"不动产物权的设立、变更、转让和消灭，经依法登记，发生效力；未经登记，不发生效力，但法律另有规定的除外。依法属于国家所有的自然资源，所有权可以不登记"。上述商品房不属于国家所有的自然资源，也没有其他法律规定未经登记，发生物权效力的情形。《最高人民法院关于审理企业破产案件若干问题的规定》不属于法律，其规定对不动产的物权变动没有约束力，不应再适用。

三、基于以物抵债的协议仅享有债权请求权，不能对抗物权，更不能产生对特定物的取回权

裁判主旨

以物抵债在法律属性上是民事合同行为，基于法律对不动产物权变动的特别规定，以物抵债的标的物是不动产的，除非已办理产权变更登记手续，

否则不能发生物权变动的法律效力，不得对抗第三人。在本案以物抵债协议合法有效的情况下，威海××有限公司基于以物抵债协议对广信公司享有债权请求权，可以请求对方当事人履行协议或承担违约责任，此种权利属于债权请求权，不能对抗物权，更不能产生对特定物的取回权。

关键词： 以物抵债　取回权

基本案情[1]

上诉人××公司因与被上诉人广信公司取回权纠纷一案，不服山东省威海市中级人民法院（2018）鲁10民初56号民事判决，提起上诉。法院依法组成合议庭，通过阅卷、法庭调查和询问当事人，对案件进行了审理。××公司的委托诉讼代理人，广信公司的委托诉讼代理人，到庭参加了法庭调查。本案现已审理终结。

××公司上诉请求：请求撤销原判第二项，改判确认上诉人从被上诉人处购买的位于威海市经区百度城的111套商品房不属于破产财产（房号详见清单）；请求确认上诉人对该111套商品房中的106套享有取回权（房号详见清单）；请求确认被上诉人及管理人对上述合同不享有解除权和撤销权，同时不得解除或撤销涉案房屋的网签登记备案手续。

事实与理由：（1）本案的基础法律关系应为商品房买卖合同关系，而非借贷关系，一审将本案基础法律关系认定为借贷关系是错误的。（2）一审关于案涉房屋不属于特定物的认定错误，双方在《债务抵顶清结协议》《商品房买卖（预售）合同》中，明确约定了买卖商品房的位置坐落、房号、面积，对房屋进行了选定，与其他房屋相区别，应属特定物。（3）案涉商品房已进行了预售合同的网签备案登记，尽管不能昭示物权变动的完成，也不使买受人的请求权成为一项效力完全的物权，但具有保全效力乃至破产保护的效力，上诉人据此产生物权期待权。（4）一审认定上诉人对涉案房产不享有所有权，不具备行使取回权的条件，是错误的。广信公司只是基于代销关系占有房屋，不能认定为其所有的财产。一审认为涉案房屋是否属于破产财产与上诉人无关也是错误的。（5）一审认定双方签订的《债务抵顶清结协议》《委托销售协

---

[1]　案例索引：（2019）鲁民终340号。

议》以及《商品房买卖（预售）合同》已被解除错误，审理企业破产衍生诉讼的宗旨是公平保护相关利害关系人的权益，不能为照顾某一利益而损害其他利害关系人的利益。

广信公司答辩称：请求驳回上诉，维持原判事实与理由。（1）本案基础法律关系是民间借贷，双方之间的商品房买卖协议实质上是为了担保双方之间借款履行的一种让与担保，而所谓的商品房买卖不过是为了履行该民间借贷行为的一种担保即后来的一种清偿方式。（2）认可双方之间所签订的协议，合同是有效合同，但是在破产案件中即使该以物抵债的协议效力是有效的，不代表上诉人享有产权（取回权），也不代表被上诉人应该交付房屋。在没有办理产权登记的情况下，涉案房产仍然属于破产财产，上诉人并不享有取回权。（3）在重整计划草案中已经明确了以房抵债房产的审核原则，该重整计划草案已经获得通过，管理人应当严格按照该重整计划草案执行，否则将导致管理人用借贷的建设资金及共益债务续建房产对以物抵债的债权人清偿，严重侵犯其他债权人的合法权益。以房抵账的房产如果全部继续履行，其普通债权将先于法定建筑优先获得清偿，导致法定的建筑工程优先权得不到清偿，颠倒企业破产法规定的清偿顺序，颠覆破产法立法宗旨公平清偿理念，不是让全体债权人受益，而是让小部分普通债权人获得个别清偿。（4）××公司直接抵顶100多套房产，不享有消费性优先权，如果履行以房抵债协议，实际上相当于将借贷法律关系的普通债权转化为消费性业主优先债权。

××公司向一审法院提出诉讼请求：（1）请求确认原、被告之间签订的《借款担保协议》《借款合同》《保证合同》《债务抵顶清结协议》《委托销售协议》以及111套《商品房买卖（预售）合同》等一系列协议有效；（2）请求确认原告从被告处购买的位于威海市经区百度城的111套商品房不属于破产财产（房号详见清单）；（3）请求确认原告对该111套商品房中的106套享有取回权（房号详见清单）；（4）请求确认被告及管理人对上述合同不享有解除权和撤销权，同时不得解除或撤销涉案房屋的网签登记备案手续。

一审法院查明事实：2014年2月25日，原、被告签订《借款担保协议》，约定鉴于原告金融监管的限制，被告为缓解资金压力，决定以自然人之名义向原告循环借款，循环借款的期限为1年零6个月；被告定于2014年2月27日、28日分别以王××、鞠××等人的名义向原告先期借款2000万元；为保证上述借款的履行，被告将其名下开发的威海市百度城二期项下的97套房屋

（建筑面积：7017.01平方米）作为担保并于本协议签订后先行签署《商品房预售合同》，签订《商品房预售合同》后原告向被告发放上述借款；根据被告的借款数额的变化，双方签署的《商品房预售合同》的数量、编号、房屋价格、位置及借款名义主体均可能产生相应变动或调整；在原告处所有以被告名义作为担保人的借款，实际借款人均为被告；对所有借款被告承诺按期偿还并不得违约，如还款期限届满后被告未能按期偿还借款，由被告承担所有法律责任。为保证上述借款的履行，被告将其开发的威海市百度城二期的房屋作为担保，于2014年2月至2015年6月2日，与原告签订《商品房买卖（预售）合同》若干份。

2014年6~9月，原告与王××、鞠××等人签订借款合同16份，与被告签订保证合同16份，原告按约放款，本金共计2400万元，借款期限届满后被告未按期还款。

2015年8月28日，原、被告双方签订《债务抵顶清结协议》，协议中载明，鉴于2014年2月25日双方签订《借款担保协议》，协议约定被告为缓解资金压力以自然人之名义向原告循环借款，为保证上述借款的履行，被告将其名下开发的威海市百度城二期项下的97套房屋作为担保，并在《借款担保协议》签订后与甲方签署了《商品房预售合同》，截至2015年8月28日，双方经调整后签署的《商品房预售合同》数量为111套房屋，截至本协议签署之日，被告尚欠原告本金2400万元，利息411.64万元未能偿还。双方确认，2014年2月25日，原、被告签订的《借款担保协议》合法有效；双方同意以现有预告登记在原告名下的共计102套房屋（面积6593.28平方米，均价每平方米4264.4元）与被告拖欠的债务予以抵消，由于被告用以抵消的房屋尚未封顶不具备交付条件，预计交房至少尚需一年，严重损害原告的利益，被告以网签在原告名下的剩余9套房屋用以弥补被告因违约给原告造成的损失500万元，基于双方签订的《借款担保协议》及本协议条款的约定，被告以债务抵消方式偿还了全部借款本息及全部损失，原告以债务抵消方式支付了上述商品房预售合同项下的全部购房款，双方基于借款合同及《商品房预售合同》所产生并存在的法律关系，以本协议为准。

同日，双方签订《委托销售协议》，约定原告对抵顶房屋不自行销售，委托被告销售；被告按住宅销售价格为4300元/平方米支付给原告，超过销售底价的部分归被告所有，被告应在一年内销售完毕，如到期未能销售完毕，双方另行协商。

2016 年 6 月 29 日，一审法院裁定被告破产重整。

2017 年 5 月 27 日，被告向一审法院提起诉讼，请求法院解除其与本案原告签订的 111 份商品房买卖合同（预售）的网签、预售备案、预告登记等相关手续。2017 年 12 月 27 日，被告申请撤诉，一审法院作出（2017）鲁 10 民初 201 号民事裁定书，裁定准许其撤诉。

2017 年 12 月 27 日，广信公司管理人向原告送达《通知书》一份，载明：管理人查明其与被告签订的《商品房买卖（预售）合同》为清偿原债务而签订以物抵债协议，属于对原债务的一种清偿方式，不属于消费者购房人。管理人决定不再向原告交付该房屋，该房屋作为破产财产将依法用于清偿。

另查明，2015 年 8 月 28 日，原、被告双方签订《债务抵顶清结协议》载明的"预告登记"，原告未提交相关证据，应为网签备案，"抵消"应为"抵销"。涉案房屋在一审法院裁定受理破产重整时不具备交付条件。

一审法院认为，本案的争议焦点是：（1）双方之间签订的《借款担保协议》《借款合同》《保证合同》《债务抵顶清结协议》等协议或合同的效力；（2）原告对涉案房屋是否享有取回权。

关于争议焦点（1）。《合同法》第 44 条第 1 款规定："依法成立的合同，自成立时生效。"《物权法》第 15 条规定："当事人之间订立有关设立、变更、转让和消灭不动产物权的合同，除法律另有规定或者合同另有约定外，自合同成立时生效；未办理物权登记的，不影响合同效力。"本案中，原告与被告签订《借款担保协议》《保证合同》《债务抵顶清结协议》《委托销售协议》以及 111 套《商品房买卖（预售）合同》、原告与被告以鞠××等人名义签订《借款合同》，该系列协议不存在合同无效的情形，涉案房屋虽未办理物权登记，但不影响合同效力。《借款担保协议》虽违反有关金融监管政策，但未违反法律、行政法规的强制性规定，故该系列协议有效，原告该项诉讼请求，符合法律规定，一审法院予以支持。

关于争议焦点（2）。《物权法》第 9 条第 1 款规定："不动产物权的设立、变更、转让和消灭，经依法登记，发生效力；未经登记，不发生效力，但法律另有规定的除外。"本案中，上述系列协议虽然有效，但协议约定的房屋未办理物权登记，未发生物权变动，涉案房屋的物权尚未设立，不存在取回权行使基础。上述系列协议虽然有效，但《债务抵顶清结协议》《商品房买卖

（预售）合同》是以消灭因借贷关系产生的金钱债务为目的，而涉案房屋的交付、转让登记仅为以物抵债的实际履行方式，其与基于买卖而产生物权期待权具有基础性的区别，涉案房屋也不属于特定物，因而，基于以物抵债而拟受让不动产的受让人，在完成不动产法定登记之前，该以物抵债协议并不足以形成优先于一般债权的利益，不能据此产生针对交易不动产的物权期待权。原告基于《借款担保协议》《借款合同》《保证合同》《债务抵顶清结协议》《委托销售协议》《商品房买卖（预售）合同》所享有的权利属性仍为债权，无任何物权属性。商品房预售合同的网签备案登记仅为一种行政管理措施，并非物权登记，不产生物权效力，更无破产保护效力。在被告进入破产程序后，原告应当依照《企业破产法》的规定行使权利。《企业破产法》第 38 条规定："人民法院受理破产申请后，债务人占有的不属于债务人的财产，该财产的权利人可以通过管理人取回……"因原告对涉案房屋不具有所有权，不具备行使取回权的条件，故原告请求确认对涉案房屋享有取回权的诉讼请求无事实和法律依据，一审法院不予支持。

《企业破产法》第 30 条规定："破产申请受理时属于债务人的全部财产，以及破产申请受理后至破产程序终结前债务人取得的财产，为债务人财产。"因本案被告广信公司破产程序尚未终结，属于被告的财产称为"债务人财产"，原告诉讼请求第 2 项中的"不属于破产财产"应理解为"不属于债务人财产"。因原告对涉案房屋不享有所有权、取回权，涉案房屋是否属于债务人财产与原告利益诉求无关，且涉案房屋是否存在基于其他法律关系而不属于债务人财产的情形不属于本案审理范围，故原告请求确认 111 套涉案房屋不属于破产财产的诉讼请求一审法院不予支持。

广信公司进入破产程序后，管理人已接管破产企业，相关民事权利由管理人代为行使，管理人为被告的代表人，并非两个民事主体。《企业破产法》第 18 条第 1 款规定："人民法院受理破产申请后，管理人对破产申请受理前成立而债务人和对方当事人均未履行完毕的合同有权决定解除或者继续履行，并通知对方当事人。管理人自破产申请受理之日起 2 个月内未通知对方当事人，或者自收到对方当事人催告之日起 30 日内未答复的，视为解除合同。"根据上述规定，管理人对双方均未履行完毕的合同有权决定是否解除，由于涉案房屋不具备交付条件且双方存在委托销售关系，《债务抵顶清结协议》《委托销售协议》《商品房买卖（预售）合同》签订后，双方均未履行完毕，

《债务抵顶清结协议》《委托销售协议》《商品房买卖（预售）合同》已被解除，且原告在其诉称的理由中亦主张《委托销售协议》已解除，与其诉讼请求自相矛盾。同时，原、被告在《借款担保协议》中明确约定双方签订《商品房预售合同》系为借款履行作为担保，根据《民间借贷规定》第24条的规定，无论《债务抵顶清结协议》是否解除，原、被告之间的基础法律关系仍为借贷关系，管理人并无解除借贷关系的意思表示。故原告请求确认"被告"及"管理人"对涉案合同不享有解除权和撤销权的诉讼请求一审法院不予支持。如前所述，双方签订的《债务抵顶清结协议》是以消灭因借贷关系产生的金钱债务为目的，其订立合同的目的及履行方式等不同于以购买房屋为目的的房屋买卖合同，原告享有的权利属性为普通债权，并不享有物权，故原告请求确认"被告"及"管理人"不得解除或撤销涉案房屋的网签登记备案手续的诉讼请求一审法院不予支持。

综上所述，一审法院依照《合同法》第44条第1款，《物权法》第9条第1款，《企业破产法》第18条第1款、第30条、第38条的规定，判决：（1）确认原、被告之间签订的《借款担保协议》《借款合同》《保证合同》《债务抵顶清结协议》《委托销售协议》以及111套《商品房买卖（预售）合同》有效；（2）驳回原告的其他诉讼请求。案件受理费100元，由原告××有限公司负担。

二审中，当事人没有提交新的证据，法院对一审查明的事实予以确认。

案件的二审诉讼争议焦点为：××公司对涉案房屋是否享有取回权。法院根据查明的事实和相关法律规定，分析如下：

第一，关于××公司与广信公司之间法律关系的性质。

××公司与广信公司双方之间签订的《借款担保协议》《借款合同》《保证合同》《债务抵顶清结协议》《委托销售协议》以及《商品房买卖（预售）合同》是双方真实意思表示，且不违反法律强制性规定，为合法有效。根据双方当事人合同的约定内容，双方所签订的《借款担保协议》，明确约定是为了保证借款合同的履行，以房产作为担保，因此本案双方当事人之间基础法律关系应为民间借贷。此后，在广信公司不能偿还借款的情况下，双方又签订了《债务抵顶清结协议》《商品房买卖（预售）合同》，××公司并非以居住使用为目的而购买商品房，而是以消灭借款债务为目的实行以房抵债，双方之间最终的法律关系是由民间借贷关系转化而来，名为商品房买卖合同关系，实为以物抵债法律关系。

第二，关于××公司与广信公司之间的以房抵债协议是否履行完毕。

以房抵债属于以物抵债的范畴。根据民法基本原理，以物抵债要产生抵销债务的法律后果，不仅需要当事人达成抵债合意，还要完成交付特定物的交付，实现对抵债财产的合法占有，用于抵债的财产是不动产的，还须履行权利变更登记手续。本案××公司虽然与广信公司签订了债务抵顶清结协议及商品房买卖合同，并在合同中明确约定了房产的位置坐落、房号、面积，但双方并没有办理房产交接等能够证明房产移交事实的手续，××公司主张的以房抵债协议并未履行完毕，××公司并没有实现对房产的实际控制和合法占有，据此，××公司与广信公司之间的以房抵债协议并未实际履行完毕。

第三，关于××公司与广信公司之间以房抵债行为的法律效力。

《物权法》第9条第1款规定："不动产物权的设立、变更、转让和消灭，经依法登记，发生效力；未经登记，不发生效力，但法律另有规定的除外。"本案根据现有证据，首先，经查房地产项目的开发商和投资人是广信公司，因不论是根据不动产的登记状况，还是根据不动产的真实权利状态，涉案房产在法律上归属于广信公司所有，广信公司进入破产程序后，该部分财产即属破产财产。××公司主张对房产具有所有权没有法律依据。其次，根据查明的事实，××公司与广信公司之间以房抵债协议并未履行完毕，××公司没有实现对涉案房产的实际占有，更没有进行不动产权利变更登记，××公司不具有对特定物进行管理支配的权利。再者，以物抵债在法律属性上是民事合同行为，基于法律对不动产物权变动的特别规定，以物抵债的标的物是不动产的，除非已办理产权变更登记手续，否则不能发生物权变动的法律效力，不得对抗第三人。在本案以物抵债协议合法有效的情况下，本案××公司基于以物抵债协议对广信公司享有债权请求权，可以请求对方当事人履行协议或承担违约责任，此种权利属于债权请求权，否则不能对抗物权，更不能产生对特定物的取回权。

综上，法院认为，××公司对涉案房产不具有管理支配的权利，××公司关于确认对涉案房屋享有取回权的诉讼请求，没有事实依据和法律依据。一审判决认定事实清楚，适用法律正确，应予维持。据此，依照《民事诉讼法》第170条第1款第1项规定，判决如下：驳回上诉，维持原判。二审案件受理费100元，由××公司负担。

本判决为终审判决。

实务经验总结

所谓取回权，是指当企业进入破产程序后，对于不属于债务人的财产，其权利人有从破产管理人处取回的权利。取回权来源于民法规定的物的返还请求权，该标的物虽然被债务人占有，但债务人对该物并不享有物权，取回权人对拟取回的标的物享有所有权或支配权，有权向管理人请求返还。

在房地产企业破产程序中，虽然债权人和债务人签订了以房抵债协议，且已经办理网签备案，但没有办理不动产转移登记，房屋也没有办理交付手续，债权人没有对抵债房产实际控制和合法占有，其所享有的只是债权请求权，并不享有任何物权，对抵债房产也不享有取回权，其应当依法向管理人进行债权申报，而非行使取回权。

四、生效法律文书要求协助办理产权登记，不产生物权变动效力

裁判主旨

涉案 29 套房屋仅仅办理了网签备案，尚未变更登记至俞×、俞×× 名下。且根据《物权法》第 28 条及《最高人民法院关于适用〈中华人民共和国物权法〉若干问题的解释（一）》第 7 条之规定，（2015）威仲字第 219 号仲裁调解书虽为生效法律文书，但不属于导致物权设立、变更、转让或者消灭的法律文书，故俞×、俞×× 并未据此取得涉案 29 套房屋的物权。

关键词： 生效法律文书　物权

基本案情[1]

上诉人俞×、俞××因与被上诉人中天公司破产债权确认纠纷一案，不服威海市文登区人民法院（2019）鲁 1003 民初 155 号民事判决，向法院提起上诉。法院于 2020 年 2 月 17 日立案后，依法组成合议庭进行了审理。案件现已审理终结。

俞×、俞××上诉请求：（1）撤销原判决，依法改判涉案 29 套房产不属于

---

[1] 案例索引：（2020）鲁 10 民终 392 号。

破产财产，继续履行商品房买卖合同，并在符合办证条件时协助俞×、俞××办理相应的产权证书；（2）本案一审、二审诉讼费用由中天公司承担。

事实和理由：（1）原判决认定"仲裁调解书的内容在本质上仍属于融资性让与担保"属于认定事实错误，该仲裁调解书是双方对商品房买卖法律关系的确认。①仲裁和解协议确认俞×、俞××通过债务抵销的方式付清29套房产的购房款，中天公司应于2015年10月31日前将上述29套房产交付给俞×、俞××，于2015年12月31日前协助俞×、俞××取得上述29套商品房的房屋所有权证。双方在平等自愿的基础上达成该协议，系双方真实意思表示，内容没有违反法律、法规的强制性规定，也没有任何融资性让与担保的意思。②原判决认定"双方达成仲裁调解后中天公司仍有权赎回房产"，并以此作为仲裁调解书的内容属于融资性担保的理由，该理由不成立。即使债务清结及房屋赎回协议补充协议书约定赎回权延长至2015年10月31日，但同时对赎回期间补偿金的支付即赎回权丧失进行了约定，根据协议第3条第7项，中天公司给付补偿金低于应付总额的30%的，中天公司的赎回权立即丧失。从该债务清结及房屋赎回协议补充协议书签订直至2015年7月14日仲裁和解协议达成，中天公司未支付任何补偿金，其赎回权已经丧失。③不论涉案29套房产的商品房预售合同何时签订，亦不论预售合同签订时双方意思表示如何，在仲裁和解协议书签订时双方系商品房买卖法律关系，仲裁和解协议书就出卖人履行交付、办证义务的时间进行了确定，并确认俞×、俞××通过债务抵销的方式付清了涉案29套房产的购房款。（2）原判决的认定与生效法律文书相悖，《破产法司法解释三》第7条规定，已经生效法律文书确定的债权，管理人应当予以确认。①仲裁和解协议书的内容已经威海仲裁委员会审查确认，并出具仲裁调解书，该调解书与裁决书具有同等法律效力，管理人及人民法院应予确认。②（2015）威仲字第219号仲裁调解书具有强制执行力，且已经威海市中级人民法院执行，威海市中级人民法院向文登房管局送达的协助执行通知书明确了涉案29套房产归俞×、俞××所有，且俞×、俞××可持威海市仲裁委员会（2015）威仲字第219号仲裁调解书到管理部门办理过户登记手续。③如管理人认为俞×、俞××据以申报债权的生效法律文书确定的内容错误，应按法定程序申请撤销或不予执行。该生效法律文书未经依法撤销前，其确定的债权就应予以确认，且具有法定的强制执行力。（3）原判决认定涉案29套房产为债务人财产，属于认定错误。涉案29套房产属于特定物，

（2015）威仲字第 219 号仲裁调解书已经确认支付了全部购房款，俞×、俞×× 已于 2015 年 11 月 2 日申请执行，且中天公司进入破产程序，距仲裁调解书送达给俞×、俞××，长达一年半之久。《最高人民法院关于审理企业破产案件若干问题的规定》第 71 条规定，特定物买卖中，尚未转移占有，但相对人已完全支付对价的特定物不属于破产财产，根据上述法律规定，涉案房屋不属于破产财产，俞×、俞××要求交付房屋，亦不属于个别清偿。

中天公司辩称，原判决认定事实清楚，适用法律正确。（1）涉案房产尚未登记在俞×、俞××名下，不产生物权变动的效力，所有权属于中天公司。《最高人民法院关于审理企业破产案件若干问题的规定》系为正确适用《中华人民共和国企业破产法（试行）》所制定的司法解释，《企业破产法》施行后，该司法解释原则上不再适用。根据《破产法司法解释二》第 2 条规定，涉案房产不应排除在中天公司的破产财产之外，且 9 号楼仍在建设中，其他楼也未经综合验收，不具备交付条件，不属于特定物。（2）仲裁调解书并不能改变其融资让与担保的性质。借款协议明确约定中天公司以涉案房产网签备案至俞×、俞××名下的方式为其借款提供担保，该合同有效不代表双方建立了商品房买卖关系。（2015）威仲字第 219 号仲裁调解书即使有意以物抵债，但房屋回赎协议约定的回赎日期晚于仲裁调解协议的日期，不宜认定双方在调解时就直接以欠款抵顶了房款，而是在中天公司不能回赎之后，将房屋直接归债权人所有，该条款实质上是流质条款。之后中天公司又把房屋另行出售给第三方，该抵顶房屋条款未实际履行。（3）仲裁调解书只是对中天公司的还款时间、方式进行了确认，并不发生物权变动的效力。俞×、俞××不属于消费者，不具有物权期待权。

俞×、俞××向一审法院提出诉讼请求：（1）确认威海市文登区龙都丽景居民小区 1 号楼 1 单元 401 室、403 室，甲 1 号楼 1 单元 401 室，8 号楼 1 单元 1702 室、1802 室、1803 室、2202 室、2203 室、2303 室、2402 室、2403 室、403 室，9 号楼 1 单元 401 室、501 室，9 号楼 2 单元 104 室、105 室、1304 室、1404 室、1405 室、1505 室、1704 室、1705 室、205 室、303 室、304 室、305 室，10 号楼 1 单元 1602 室及 10 号楼 2 单元 1806 室、2006 室共 29 套房产不属于破产财产，俞×、俞××对上述 29 套房产享有优先权；（2）判令中天公司继续履行威海市仲裁委员会（2015）威仲字第 219 号仲裁调解书，向俞×、俞××交付上述 29 套房产，并协助办理过户手续。

一审法院认定事实：俞×、俞××为兄弟关系，2012 年 10 月 16 日，中天公司与俞×签订借款协议书一份，约定由中天公司向俞×借款 2 527 020.00 元，同时约定中天公司以其开发的龙都丽景小区共 9 套房产为该借款提供担保。2012 年 10 月 16 日，中天公司与俞××签订借款协议书一份，约定由中天公司向俞××借款 2 472 980.00 元，同时约定中天公司以其开发的龙都丽景小区共 10 套房产为该借款提供担保。上述两笔借款本金合计 500 万元，俞×、俞××于 2012 年 10 月 17 日通过俞×的银行卡在中天公司 POS 机刷卡支付 455 万元，中天公司于同日出具收据注明借款 500 万元，中天公司财务账目同日记载支出利息 45 万元。俞×、俞××主张该 45 万元其以现金的方式支付给中天公司，但其并未提供相关证据。2013 年 9 月 10 日，中天公司与俞×签订借款协议书一份，约定由中天公司向俞×借款 2 467 577.00 元，同时约定中天公司以其开发的龙都丽景小区共 7 套房产为该借款提供担保。2013 年 9 月 10 日，中天公司与俞××签订借款协议书一份，约定由中天公司向俞××借款 2 532 897.00 元，同时约定中天公司以其开发的龙都丽景小区共 10 套房产为该借款提供担保。上述两笔借款本金合计 500 万元，俞×、俞××于 2013 年 9 月 10 日以银行承兑汇票的方式向中天公司支付 100 万元，中天公司同时出具了一张 100 万元的收款收据，同日，由俞×的银行账户向中天公司银行账户转账支付 385 万元，中天公司同时出具了一张 385 万元和一张 15 万元的收款收据，中天公司财务账目同日记载支出利息 15 万元。俞×、俞××主张该 15 万元其以现金的方式支付给中天公司，但其并未提供相关证据。上述四份借款协议中中天公司提供用于担保的房产双方经过多次变动调整后，最终中天公司将龙都丽景小区甲 1 号楼 1 单元 401 室、1 号楼 1 单元 401 室、1 号楼 1 单元 403 室、8 号楼 1 单元 403 室、9 号楼 2 单元 105 室、9 号楼 2 单元 205 室、9 号楼 2 单元 305 室、9 号楼 2 单元 1405 室、9 号楼 2 单元 1505 室、9 号楼 2 单元 1704 室、9 号楼 2 单元 1705 室、10 号楼 2 单元 1806 室、10 号楼 2 单元 2006 室共计 13 套房产网签备案在俞×名下作为借款担保，将龙都丽景小区 8 号楼 1 单元 1702 室、8 号楼 1 单元 1802 室、8 号楼 1 单元 1803 室、8 号楼 1 单元 2202 室、8 号楼 1 单元 2203 室、8 号楼 1 单元 2303 室、8 号楼 1 单元 2402 室、8 号楼 1 单元 2403 室、9 号楼 1 单元 401 室、9 号楼 1 单元 501 室、9 号楼 2 单元 104 室、9 号楼 2 单元 303 室、9 号楼 2 单元 304 室、9 号楼 2 单元 1304 室、9 号楼 2 单元 1404 室、10 号楼 1 单元 1602 室共 16 套房产网签备案在俞××名下作为借款担保。俞×、俞××二人名下共计网签备案龙都丽景小区29套房产。2014年4月10日、16日，中天公司与俞×、俞××又分别签订了四份《债务清结及房屋赎回协议》，约定中天公司应偿还俞×、俞××名下的借款本息与俞×、俞××名下29套房产应支付给中天公司的购房款互相抵销，同时约定中天公司可在3个月内赎回俞×、俞××名下的29套房产。2015年5月25日，中天公司又与俞×、俞××共同签订了一份《〈债务清结及房屋赎回协议〉补充协议书》，再次约定中天公司应偿还俞×、俞××名下的借款本息与俞×、俞××名下29套房产应支付给中天公司的购房款互相抵销，同时再次约定中天公司对俞×、俞××名下29套房产的赎回权延期至2015年10月31日。

上述四笔借款，中天公司自2013年3月5日至2014年8月21日共偿还借款本金1 667 057.00元，自2013年1月21日起至2015年1月15日共实际支付利息3 779 690.00元。中天公司停止还款付息后，俞×、俞××向威海市仲裁委员会申请仲裁，原中天公司总经理余××代表中天公司参与仲裁调解，双方于2015年7月14日达成（2015）威仲字第219号仲裁调解书。该调解书主要内容为：（1）涉案29套商品房预售合同有效；（2）双方所签的《债务结清及房屋赎回协议》及其补充协议有效；（3）俞×、俞××通过债务抵销的方式付清了涉案29套房产的购房款；（4）中天公司于2015年10月31日前将涉案29套房产交付给俞×、俞××；（5）中天公司于2015年12月31日前协助俞×、俞××取得涉案29套房产的房屋所有权证。上述协议系双方当事人自行达成，由仲裁庭出具调解书，不写明争议事实和理由。该仲裁调解书生效后，俞×、俞××向威海市中级人民法院申请执行，执行案号为（2015）威执一字第378号。2016年1月16日，威海市中级人民法院作出（2015）威执一字第378号执行裁定书，以"被执行人的房产因不具备初始登记条件，暂时无法办理其房屋所有权证"为由，裁定终结本次执行程序。

据调查，在俞×、俞××名下的29套房产中，有10套房产已经被中天公司对外销售或抵顶，其中6套房产的购房人已实际入住，其余4套为尚未竣工的9号楼的房产。另，所有涉案29套房产中天公司在进入破产程序前均未实际交付给俞×、俞××。

2017年6月6日，一审法院作出（2017）鲁1003民（预）2-1号民事裁定书，裁定对中天公司进行重整并指定山东利得清算事务有限责任公司作为管理人接管财产。俞×、俞××向中天公司管理人申报债权，要求管理人向其交付涉案 29 套房产。管理人经审查认为，俞×、俞××申报的上述房产虽网签备案登记在其二人名下，但未办理产权转移登记手续，属于中天公司的债务人财产。如交付上述财产属于对普通债权人的个别清偿。且俞×、俞××与中天公司签订的购房合同并非以个人消费为目的，不属于破产程序中优先保护的债权范围，俞×、俞××对上述房产无优先权。交付房产将损害其他债权人的权益，也使中天公司财产受损，决定解除俞×、俞××与中天公司的购房合同，如俞×、俞××认为有其他损失，可依法向管理人申报。俞×、俞××对管理人的债权认定提出异议，并诉至一审法院。

一审法院认为，根据《企业破产法》的规定，破产申请受理时属于债务人的全部财产以及破产申请受理后至破产程序终结前债务人取得的财产，为债务人财产。本案争议房产虽网签备案登记在俞×、俞××名下，但根据《物权法》的规定，不动产物权的设立、变更、转让和消灭，经依法登记，发生效力；未经登记，不发生效力，但法律另有规定的除外。而网签作为行政机关行使管理的一种手段而存在，在物权法上并无法律效力可言。庭审中，管理人认为 29 套房屋为中天公司的债务人财产，一审法院予以确认。

对于俞×、俞××与中天公司签订房屋买卖合同是否为融资性让与担保抑或真实买卖关系，在中天公司与俞×、俞××所签订的借款协议中均已明确约定中天公司系以相关房产网签备案登记至俞×、俞××名下的方式为其借款提供担保，因此，中天公司将 29 套房产网签备案登记在俞×、俞××名下的行为应为融资性担保行为而非真实买卖关系。在其后中天公司与俞×、俞××签订的《债务清结及房屋赎回协议》及其补充协议中，虽有以中天公司所欠俞×、俞××借款本息抵销俞×、俞××名下 29 套房产应付购房款的约定，但《债务清结及房屋赎回协议》及其补充协议中又均同时约定中天公司有权将房产予以赎回。综合该两方面的约定，应认定《债务清结及房屋赎回协议》及其补充协议中所约定的本意仍是以买卖合同的形式作为借款合同的担保，本质上仍属于融资性让与担保。双方在（2015）威仲字第 219 号仲裁调解书中虽然有以借款本息抵销应付购房款的意思表示，但双方在仲裁调解时既未对双方间的借款欠款本息进行核对结算，也未对 29 套房产的价值重新进行评估或商谈后另行签订购房合同，而是约定直接执行借款担保时所签订的购房合同。况且，中天公司与俞×、俞××最后一次所签订的《〈债务清结及房屋赎回协议〉补充协议书》中明确约定中天公司对于俞×、俞××名下 29 套房产的赎回权截止期限为 2015 年 10 月 3 日，而（2015）威仲字第 219 号仲裁调解书是在 2015 年 7 月 14 日形成的，该调解书中并未否定中天公司的赎回权，即在双方达成仲裁调解后中天公司仍有权赎回房产，且该仲裁调解书达成后中天公司仍对外出售涉案房产，印证了其赎回条款仍在实施。因此，仲裁调解书的内容在本质上仍应属于融资性让与担保。

关于（2015）威仲字第 219 号仲裁调解书对涉案房产权属所产生的效力问题。上述仲裁调解书虽然明确了中天公司限期将涉案 29 套房产交付给俞×、俞××并协助俞×、俞××取得所有权证，但根据《物权法》第 28 条之规定："因人民法院、仲裁委员会的法律文书或者人民政府的征收决定等，导致物权设立、变更、转让或者消灭的，自法律文书或者人民政府的征收决定等生效时发生效力。"《最高人民法院关于适用〈中华人民共和国物权法〉若干问题的解释（一）》第 7 条之规定："人民法院、仲裁委员会在分割共有不动产或者动产等案件中作出并依法生效的改变原有物权关系的判决书、裁决书、调解书，以及人民法院在执行程序中作出的拍卖成交裁定书、以物抵债裁定书，应当认定为物权法第 28 条所称导致物权设立、变更、转让或者清灭的人民法院、仲裁委员会的法律文书。"（2015）威仲字第 219 号仲裁调解书并不属于《物权法》第 28 条所称的导致物权设立、变更、转让或者消灭的人民法院、仲裁委员会的法律文书。因此，俞×、俞××基于（2015）威仲字第 219 号仲裁调解书仅取得了关于涉案 29 套房产的债权利益，要求中天公司向其二人交付涉案 29 套房产及协助办理房屋所有权证均属于（2015）威仲字第 219 号仲裁调解书的强制执行的内容，而破产程序则是法定阻却债权人对破产企业强制执行的事由。在中天公司进入破产程序之后，（2015）威仲字第 219 号仲裁调解书的调解内容对涉案 29 套房产的权属并无影响。且 29 套房屋经威海市中级人民法院审查，因缺乏执行条件而终结本次执行程序，其仲裁内容客观上属执行不能。该调解协议内容实际上系俞×、俞××与中天公司独立达成，仲裁庭并不查明争议事实及理由，仅仅为双方达成的协议出具仲裁调解书，故俞×、俞××既不能依据该仲裁调解书取得房屋所有权，亦不具有物权期待权，其实质上仍是双方为融资担保达成的以房抵债协议，因其具有"流质"条款性质且缺乏法律规定以物抵债折价抵顶须经评估，处置财产须经拍卖、变卖等程序而不具有执行力。

综上所述，俞×、俞××与中天公司之间所签订的关于涉诉 29 套房产的商品房预售合同为融资性让与担保，并非真实买卖关系，且不具有消费性购房的优先性。在完成房屋变更登记之前，以房抵债协议并不形成优先于其他债权的利益，不能认定由此而产生的物权期待权及物权本身。以物抵债调解书只是对当事人之间以物抵债协议的确认，其实质内容是债务人用以物抵债的方式来履行债务，并非对物权权属的变动。因此，不能认定以物抵债调解书能够直接引起物权变动。在中天公司破产后，俞×、俞××诉请要求中天公司向其交付该 29 套房产于法无据，不予支持。依照《物权法》第 9 条，《企业破产法》第 30 条、第 44 条、第 58 条，《执行异议和复议规定》第 29 条规定，判决：驳回俞×、俞××要求中天公司继续履行与俞×、俞××签订的 29 套商品房买卖合同，并在符合办证条件时协助俞×、俞××办理相应的产权证书，变更登记在俞×、俞××名下的房产诉讼请求。案件受理费 100 元，由俞×、俞××负担。

二审期间，当事人未提交新证据。

法院二审查明，俞×、俞××认可其与中天公司签订商品房预售合同的本意并非为了居住使用。

法院二审查明的其他事实与一审一致，对一审查明的事实予以确认。

法院认为，本案的争议焦点为涉案 29 套房屋是否属于破产财产，俞×、俞××是否有权依据（2015）威仲字第 219 号仲裁调解书要求中天公司交付房屋。

首先，涉案 29 套房屋仅仅办理了网签备案，尚未变更登记至俞×、俞××名下。且根据《物权法》第 28 条及《最高人民法院关于适用〈中华人民共和国物权法〉若干问题的解释（一）》第 7 条之规定，（2015）威仲字第 219 号仲裁调解书虽为生效法律文书，但不属于导致物权设立、变更、转让或者消灭的法律文书，故俞×、俞××并未据此取得涉案 29 套房屋的物权。

其次，俞×、俞××主张依据《最高人民法院关于审理企业破产案件若干问题的规定》第 71 条第 5 项规定，涉案 29 套房产系尚未转移占有但相对人已完全支付对价的特定物，应认定为不属于破产财产。对此法院认为，2002年 9 月 1 日实施的《最高人民法院关于审理企业破产案件若干问题的规定》系为正确适用《中华人民共和国企业破产法（试行）》所制定的司法解释，在《企业破产法》施行后，《破产法司法解释二》第 2 条对不应认定为债务人财产的情形作出了不同于上述第 71 条的规定，根据该规定，涉案 29 套房产不应排除在债务人财产之外。

最后，俞×、俞××是基于其与中天公司之间的借款关系所形成的债务而在仲裁程序中达成和解协议，并经仲裁调解书确认。该和解协议虽然确认双方之间以债务抵销的方式付清了涉案 29 套房屋的购房款，但俞×、俞××并非购房消费者，二审期间其亦认可与中天公司签订涉案《商品房预售合同》的本意并非为了居住使用，故俞×、俞××在破产财产分配中不享有消费者的优先权。

综上，俞×、俞××之上诉请求不能成立，应予驳回；原判决认定事实清楚，适用法律正确，应予维持。依照《民事诉讼法》第 170 条第 1 款第 1 项规定，判决如下：驳回上诉，维持原判。二审案件受理费 100 元，由俞×、俞××负担。

本判决为终审判决。

实务经验总结

本案中，双方当事人虽然在仲裁机构达成了以物抵债的调解书，但根据《物权法》及《最高人民法院关于适用〈中华人民共和国物权法〉若干问题的解释（一）》的规定，该调解书并不属于能产生物权变动效力的生效法律文书，因此涉案的 29 套房产依然属于债务人的财产。

基于以房抵债的生效法律文书只能产生债权请求权，至于是否能够产生物权期待权，应当结合房产是否交付以及其基础法律关系来审查其债权性质。一般认为，以房抵债行为实际上是以房产抵债消灭其他债权债务关系，不属于消费性购房，不享有优先权。

五、付款不足 50% 的购房人不享有主张交付房产的优先权

裁判主旨

关于张××是否就涉案房产享有优先权问题。《工程款优先权批复》第 2 条规定："消费者交付购买商品房的全部或者大部分款项后，承包人就该商品房享有的工程价款优先受偿权不得对抗买受人。"该规定对交付购买商品房全部或者大部分款项的消费者予以优先保护是基于生存利益大于经营利益的社会政策原则，为保护消费者的居住权而设置的特殊规定。《执行异议和复议规定》第 29 条进一步规定："金钱债权执行中，买受人对登记在被执行的房地产开发企业名下的商品房提出异议，符合下列情形且其权利能够排除执行的，

人民法院应予支持：（一）在人民法院查封之前已签订合法有效的书面买卖合同；（二）所购商品房系用于居住且买受人名下无其他用于居住的房屋；（三）已支付的价款超过合同约定总价款的百分之五十。"

本案中，张××未提交证据证实其向广信公司交付了"全部或者大部分"购房款，张××和广信公司之间签订的涉案商品房买卖合同虽然合法有效，但是张××并未据此取得涉案房产的所有权或者优于其他债权人的优先权利。张××就涉案房产不享有商品房购房消费者的优先权。

关键词： 全部或者大部分　优先权

基本案情[1]

上诉人张××因与被上诉人威海广信房地产开发责任有限公司（以下简称广信公司）破产债权确认纠纷一案，不服山东省威海市中级人民法院（2019）鲁10民初86号民事判决，向法院提起上诉。法院受理后，依法组成合议庭审理了本案。案件现已审理终结。

张××上诉请求：（1）请求二审法院撤销山东省威海市中级人民法院（2019）鲁10民初86号民事判决第二项；（2）请求二审法院依法改判确认张××对广信公司开发的百度城二期10号302室、10号502室房产及车位282、283、284享有优先权；（3）一审、二审诉讼费用全部由广信公司承担。

事实和理由：（1）张××按照合同约定和广信公司的指示，已经履行了交付全部购房款的义务，一审法院认定张××未交付"全部或者大部分"购房款，属于认定事实错误。张××作为购房人，与广信公司签署《商品房买卖（预售）合同》以后，在房产登记部门办理了网签备案，并且按照合同约定和广信公司的指示支付了全部购房款，广信公司向张××出具了收到张××全部购房款的收据，这足以证明张××已经全部履行了支付购房款的义务。关于张××按照广信公司的指示将部分购房款支付给案外人兰××的行为，属于张××按指示向第三方履行的行为。在签订《商品房买卖（预售）合同》之前，张××对兰××并不负有债务，没有义务向兰××支付任何款项。但是，张××按照广信公司的指示和要求，将部分购房款支付给兰××，兰××向张××出具收条，广信公司依据该收条已经向张××出具了购房款收据，这一事实能够证明张××已经履行了支付购房款的义务，加上向广信公司支付的首付款，《商品房买卖（预售）合同》约定的张××的购房款支付义务即全部履行完毕。因此，一审法院认定张××未交付"全部或者大部分"购房款，属于认定事实错误。（2）一审法院认定广信公司未指示张××向案外人兰××支付购房款，属于认定事实不清。本案中，张××按照广信公司的指示向兰××支付了部分购房款，并提交了兰××的收条、广信公司的收据、广信公司法定代表人的证明、付款通知书等证据，上述证据相互印证，形成完整证据链，足以证明广信公司指示张××向案外人兰××支付房款的事实。因此，一审法院关于"原告关于其向案外人兰××支付房款系依照被告指示的主张，一审法院不予采信"的认定，属于认定事实不清。（3）一审法院适用《企业破产法》第18条规定，认定破产管理人享有解除权，属于适用法律错误。本案中，张××作为涉案《商品房买卖（预售）合同》的购房人，已经履行完毕全部付款义务，对于该房产享有的请求出卖人交付房屋的权利，并非普通无担保债权，而是一种针对特定不动产所享有的具有非金钱债务属性的特殊债权，应当受到保护。因此，张××属于履行完毕全部购房款支付义务的消费性购房者，破产管理人无权按照《企业破产法》第18条行使解除权，而应当继续履行合同，优先向张××交付涉案房产。综上，一审法院认定事实不清、适用法律错误，请求二审法院依法作出认定，支持张××的上诉请求，维护张××的合法权益。

广信公司辩称：（1）张××与广信公司之间涉案的5份《商品房买卖（预售）合同》系因案外人兰××与广信公司之间的借款本金及利息无法偿还，双方协商以物抵债形成，其真实意思表示系基于借贷关系而产生，以消灭金钱债务为目的，张××并未就涉案合同向广信公司支付全部购房款。（2）涉案房产在广信公司破产时还不具备交付条件，依据物权法，理应属于破产财产。广信公司客观上无法履行交付涉案房产的义务。广信公司于2016年6月29日被威海市中级人民法院裁定破产，而涉案房屋在该时间节点并未竣工，还属于在建工程，尚不具备物权成立条件。广信公司进入破产重整程序后，涉案房屋依法属于破产财产。根据《物权法》第9条规定，尚不具备物权成立条件的涉案房产在客观上无法交付，广信公司也并未履行《商品房买卖（预售）合同》中交付房产的义务。（3）对于双方均未履行完毕的合同，管理人依法享有解除权。根据《企业破产法》第18条，"人民法院受理破产申请后，管理人对破产申请受理前成立而债务人和对方当事人均未履行完毕的合同有权决定解除或者继续履行，并通知对方当事人。管理人自破产申请受理之日起2个月内未通知对方当事人，或者自收到对方当事人催告之日起30日内未答复的，视为解除合同"。在本案中，张××并未实际全额支付购房款项，而广信公司在客观上也未完成交付房屋的义务，因此，广信公司依法有权解除与张××之间的商品房买卖合同。（4）涉案房产办理的预告登记不具有破产保护的效力。①预告登记不发生物权变动的法律效力。②办理房产预告登记，不影响管理人解除《商品房买卖（预售）合同》的权利。是否办理预告登记，并不影响其依附的债权关系的解除，即使已经办理预告登记，管理人仍有权解除房屋买卖合同，该合同被解除后，预告登记依法应失效。（5）继续履行合同将构成个别清偿、打开以物抵债的新渠道，有违《企业破产法》立法目的。综上所述，广信公司认为（2019）鲁10民初86号民事判决认定事实清楚，适用法律正确，恳请山东省高级人民法院维持原判。

张××向一审法院提出诉讼请求：（1）确认原、被告签订的《商品房买卖（预售）合同》（合同编号分别为：201500042301、201500042302、201500042468、201500042470、201500042471）有效；（2）依法确认原告对被告百度城二期10号楼302室、502室房产及车位282、283、284享有优先权，待房屋具备交付条件时优先向原告交付；（3）本案的诉讼费用由被告承担。

一审法院认定事实如下：

2015年11月25日，原、被告签订《商品房买卖（预售）合同》（合同编号为：201500042301），约定原告购买百度城10号302房屋，建筑面积151.93平方米，单价为每平方米9000元，总价款1 367 370元。同日，原、被告签订《商品房买卖（预售）合同》（合同编号为：201500042302），约定原告购买百度城10号502房屋，建筑面积200.60平方米，单价为每平方米9000元，总价款1 805 400元。关于付款方式及期限，上述两份合同均约定，签订合同前，原告已向被告支付定金136 000元、180 000元，该定金于合同签订时抵作商品房价款，原告应当在2015年11月25日前支付该商品房全部价款，纳入预收资金监管范围的商品房，出售的全部房价款应当存入预售资金监管账户，用于本工程建设。

上述合同签订当日，被告为原告出具收款收据4份，金额分别为434 000元（事由为百度城二期10-302房款）、933 370元（事由为百度城二期10-

302 房款）、573 000 元（事由为百度城二期 10-502 房款）、1 232 400 元（事由为百度城二期 10-502 房款），共计 3 172 770 元。

2015 年 11 月 26 日，原、被告签订《商品房买卖（预售）合同》3 份（合同编号分别为：201500042468、201500042470、201500042471），约定原告购买百度城二期地下车库 282、283、284，建筑面积均为 12.72 平方米，价格均为 6 万元。关于涉案车位价款，原告主张签订合同时开发商表示购房赠车位，所以未支付车位价款。

2016 年 4 月 19 日，原告就涉案房产百度城 10 号 302 室、10 号 502 室办理预购商品房预告登记。

2016 年 6 月 29 日，一审法院裁定被告破产重整。涉案房产在一审法院受理被告破产重整时尚未竣工，不具备交付条件。

2017 年 12 月 27 日，被告管理人向原告出具《通知书》，载明：管理人认为，涉案房产在广信公司破产时不具备房产交付条件，依法仍属于广信公司的破产财产；原告对涉案房产并不享有物权，也不属于消费性购房人；广信公司破产后，管理人对于尚未履行完毕的合同依法享有解除权；如向原告交付房产，属于一种个别清偿行为，将损害广信公司其他债权人的合法权益。管理人决定不再向原告交付该房产，该房产作为破产财产将依法用于清偿。

对有争议的证据和事实，一审法院认定如下：

原告为证明涉案房款已经全部支付，提交以下证据：

证据 1：恒丰银行个人业务回单 1 份，内容为：2015 年 11 月 23 日，原告张××向被告账户转账 1 007 000 元。被告质证认为，对该证据的真实性没有异议，对证明内容有异议，涉案房屋在抵顶给案外人兰××前已经办理了抵押，原告支付该款项的行为是为了办理银行解押手续，也即被告与兰××之间以物抵债协议履行的一个步骤，该款项打到被告在恒丰银行海阳分行设立的保证金账户。

证据 2：兰××出具的收据 2 份，内容分别为：今收到张××百度城二期房款（10-302），933 370 元，玖拾叁万叁仟叁佰柒拾元整，兰××，2015 年 11 月 25 日；今收到张××百度城二期房款（10-502），1 232 400 元，壹佰贰拾叁万贰仟肆佰元整，兰××，2015 年 11 月 23 日。原告主张其按照被告指示向案外人兰××支付房款，以兰××欠原告的借款抵顶部分房款，剩余房款以现金结算，由兰××向原告出具收条。被告质证认为，对该证据的真实性不予认可，因被告与案外人兰××之间是以物抵债关系，兰××为配合原告本次诉讼而为原告出具的该收条，没有实际意义，原告如果确实向兰××支付了相关款项，应提供流水予以证明，而不仅仅是兰××出具的收条，且被告从未向原告作出过任何指示，如双方真正存在房产买卖关系，原告应依据合同约定向被告支付款项。

证据3：购房付款通知书、被告原法定代表人姚××出具的证明原件各1份，付款通知书内容为：张××，你购买的威海广信房地产开发有限责任公司开发的百度城二期住宅10号楼302室、502室，总购房款3 172 770元，已交首付款1 007 000元，现通知你将剩余的房款2 165 770元交给兰××，落款"威海广信房地产开发有限责任公司　2015年11月19日"。被告原法定代表人姚××出具的证明内容为："本人姚××，身份证号××，原系威海广信房地产开发有限责任公司的法定代表人，2015年11月张××来我公司购买房子的时候，公司考虑到欠兰××的钱，为了偿还兰××的债务，我公司就要求张××将部分购房款直接支付给了兰××，以抵销我公司欠兰××的欠款。"被告质证认为，对该证据的真实性及证明内容均不予认可，购房付款通知书加盖的被告印章所盖位置明显与常理不符，而且据被告财务人员称，在被告进入破产程序时，加盖被告印章的空白纸有一部分流落在外，在庭前会议时，原告并没有提交该证据，现被告有充分理由认为该证据是原告为应付本次诉讼利用原有加盖印章的空白纸编造而成；对于被告原法定代表人姚××出具的证明，依据证据规则，证人应出庭作证方具有证据效力，且被告原法定代表人与原告及兰××均有利害关系，被告已进入破产程序，原法定代表人出具的证言已不能代表被告，因此该证据没有任何证明力，应不予采信。

一审法院根据各方当事人的举证质证意见，结合本案其他证据，对证据认证如下：被告对证据1的真实性没有异议，因此一审法院对该证据的真实性予以确认；因该证据能够证明原告向被告支付款项的过程，即使如被告所述该款项系向银行支付的解押款，但亦不能否认原告支付款项的事实，因此对该证据的关联性一审法院予以认定，根据被告向原告出具的房款收据并结合原告提交证据2的内容，应认定原告就涉案百度城10号302室《商品房买卖（预售）合同》及百度城10号502室《商品房买卖（预售）合同》分别支付金额为434 000元、573 000元。被告对证据2的真实性不予认可，因兰×

205

××非涉案合同当事人，即使兰××收到原告房款，该证据本身亦不能证明系根据被告指示付款，因此一审法院对证据2的关联性不予认定。故原告关于其向案外人兰××支付房款系依照被告指示的主张，一审法院不予采信。

被告对证据3的真实性有异议，庭前会议中一审法院询问原告"是否有被告出具的向兰××付款的指示"，原告陈述"没有书面的指示，据当事人陈述，当时原告向被告购买房产，按照被告的要求，向其支付了首付款，在原告向被告支付剩余款项时，被告未收，而是让原告支付给兰××"。《最高人民法院关于民事诉讼证据的若干规定》第74条规定："诉讼过程中，当事人在起诉状、答辩状、陈述及其委托代理人的代理词中承认的对己方不利的事实和认可的证据，人民法院应当予以确认，但当事人反悔并有相反证据足以推翻的除外。"本案中，原告未提供相反证据推翻其在前陈述，且该付款指示的内容表明，原告在2015年11月19日已交首付款1 007 000元，而根据原告提交的证据1恒丰银行个人业务回单，原告向被告转账1 007 000元的时间为2015年11月23日，该付款指示的内容与实际不符，因此，对原告提交的证据3，一审法院不予采信。

一审法院认为，本案的争议焦点为：原、被告签订的5份《商品房买卖（预售）合同》的效力以及原告对涉案房屋及车位是否享有优先权。

《合同法》第44条第1款规定："依法成立的合同，自成立时生效。"第52条规定："有下列情形之一的，合同无效：（一）一方以欺诈、胁迫的手段订立合同，损害国家利益；（二）恶意串通，损害国家、集体或者第三人利益；（三）以合法形式掩盖非法目的；（四）损害社会公共利益；（五）违反法律、行政法规的强制性规定。"《物权法》第15条规定："当事人之间订立有关设立、变更、转让和消灭不动产物权的合同，除法律另有规定或者合同另有约定外，自合同成立时生效；未办理物权登记的，不影响合同效力。"本案中，原告与被告签订的《商品房买卖（预售）合同》不违反法律、行政法规的强制性规定，不存在合同无效的情形，涉案房屋虽未办理物权登记，但不影响合同效力，故原、被告签订的5份《商品房买卖（预售）合同》有效，原告关于确认该5份合同有效的诉讼请求，符合法律规定，一审法院予以支持。

《工程款优先权批复》第2条规定，消费者交付购买商品房的全部或者大部分款项后，承包人就该商品房享有的工程价款优先受偿权不得对抗买受人。

本案中，对于百度城 10 号 302 房屋、10 号 502 房屋的房款，原告仅分别支付 434 000 元、573 000 元，对于百度城二期 282、283、284 号地下车库的价款，原告并未支付，均未达到上述规定的"全部或大部分"款项，因此原告关于其对涉案房屋及车位基于消费性购房人而享有优先权的主张，一审法院不予支持。

《企业破产法》第 18 条第 1 款规定："人民法院受理破产申请后，管理人对破产申请受理前成立而债务人和对方当事人均未履行完毕的合同有权决定解除或者继续履行，并通知对方当事人。管理人自破产申请受理之日起 2 个月内未通知对方当事人，或者自收到对方当事人催告之日起 30 日内未答复的，视为解除合同。"依据该规定，管理人对破产申请受理前合同双方均未履行完毕的合同享有解除权。本案中，对于涉案百度城 10 号 302 房屋、10 号 502 房屋 2 份《商品房买卖（预售）合同》所约定的支付价款的义务，原告仅分别支付 434 000 元、573 000 元，余款并未实际向被告履行，对于涉案百度城二期地下车库 282、283、284 共 3 份《商品房买卖（预售）合同》所约定的支付价款的义务，原告并未实际向被告履行，涉案房产及车位在被告破产申请受理时未竣工不具备交付条件，被告交付房产的义务亦未履行。

依据上述规定，破产申请受理前成立而双方均未履行完毕的合同，管理人依法有权决定解除，故被告管理人于 2017 年 12 月 27 日以《通知书》的方式通知原告解除上述 5 份《商品房买卖（预售）合同》，符合法律规定。因涉案《商品房买卖（预售）合同》已被解除，故原告要求被告优先向其交付房产及车位的诉讼请求，在破产程序中依法不应支持。

《物权法》第 20 条规定："当事人签订买卖房屋或者其他不动产物权的协议，为保障将来实现物权，按照约定可以向登记机构申请预告登记。预告登记后，未经预告登记的权利人同意，处分该不动产的，不发生物权效力。预告登记后，债权消灭或者自能够进行不动产登记之日起 3 个月内未申请登记的，预告登记失效。"《最高人民法院关于适用〈中华人民共和国物权法〉若干问题的解释（一）》第 5 条规定："买卖不动产物权的协议被认定无效、被撤销、被解除，或者预告登记的权利人放弃债权的，应当认定为物权法第 20 条第 2 款所称的'债权消灭'。"依据上述规定，预告登记的效力以债权有效存续为基础，预告登记所依据的《商品房买卖（预售）合同》被解除后，债权消灭，该情形下预告登记依法失效。本案中，原告办理涉案预购商品房预告登记所依据的《商品房买卖（预售）合同》被管理人依法解除，预告登记效力所赖以维系的债权基础消灭，涉案预购商品房预告登记失效，原告不享有预告登记所产生的相关权利。

综上所述，原告请求确认其与被告签订的《商品房买卖（预售）合同》有效的诉讼请求符合法律规定，一审法院予以支持；原告要求被告优先向其交付房产及车位的诉讼请求，于法无据，一审法院不予支持。依照《合同法》第44条第1款、第52条，《物权法》第15条、第20条，《企业破产法》第18条第1款，《最高人民法院关于适用〈中华人民共和国物权法〉若干问题的解释（一）》第5条，《工程款优先权批复》第2条规定，一审法院判决：（1）确认原、被告之间签订的5份《商品房买卖（预售）合同》（合同编号分别为：201500042301、201500042302、201500042468、201500042470、201500042471）有效；（2）驳回原告的其他诉讼请求。案件受理费100元，由原告张××负担。

二审中，当事人没有提交新证据。法院二审查明的事实与一审法院查明的事实一致。

法院认为，二审各方当事人争议的焦点问题是张××是否就涉案房产享有优先权。

首先，关于张××与广信公司之间法律关系的性质和效力认定。张××与广信公司之间的法律关系应当认定为商品房买卖合同关系。张××与广信公司的涉案商品房买卖合同系各方当事人真实意思表示，内容并未违反法律、行政法规的强制性规定，应认定为有效。

其次，关于张××是否就涉案房产享有优先权问题。

（1）张××就涉案房产不享有商品房购房消费者的优先权。《工程款优先权批复》第2条规定："消费者交付购买商品房的全部或者大部分款项后，承包人就该商品房享有的工程价款优先受偿权不得对抗买受人。"该规定对交付购买商品房全部或者大部分款项的消费者予以优先保护是基于生存利益大于经营利益的社会政策原则，为保护消费者的居住权而设置的特殊规定。《执行异议和复议规定》第29条进一步规定："金钱债权执行中，买受人对登记在被执行的房地产开发企业名下的商品房提出异议，符合下列情形且其权利能够排除执行的，人民法院应予支持：（一）在人民法院查封之前已签订合法有效的书面买卖合同；（二）所购商品房系用于居住且买受人名下无其他用于居住的房屋；（三）已支付的价款超过合同约定总价款的百分之五十。"

本案中，张××未提交证据证实其向广信公司交付了"全部或者大部分"购房款，张××和广信公司之间签订的涉案商品房买卖合同虽然合法有效，但是张××并未据此取得涉案房产的所有权或者优于其他债权人的优先权利。

（2）张××的诉讼请求属于个别清偿请求，有违破产程序的相关制度。《企业破产法》第16条规定："人民法院受理破产申请后，债务人对个别债权人的债务清偿无效。"而公平清理破产企业的债权债务系破产程序的基本宗旨。本案中，广信公司进入破产程序后，张××的主张属于对其进行个别清偿的诉讼请求，与前述破产程序的宗旨和相关规定均不符。综上，张××未取得涉案房产的所有权或者优于其他债权人的优先权利，一审法院驳回其诉讼请求，并无不当。

此外，关于张××的权利救济问题。债务企业进入破产程序实质上构成阻却普通债权人主张继续履行合同的法定事由，并且广信公司进入破产程序之时，涉案房屋尚未竣工验收，也不符合实际交付并办理产权过户手续的条件，根据《合同法》第110条规定，"当事人一方不履行非金钱债务或者履行非金钱债务不符合约定的，对方可以要求履行，但有下列情形之一的除外：（一）法律上或者事实上不能履行；（二）债务的标的不适于强制履行或者履行费用过高；（三）债权人在合理期限内未要求履行"，涉案商品房买卖合同虽然有效，但是属于法律上或者事实上不能履行的合同，张××作为债权人可以向广信公司管理人申报相应的债权，并按《企业破产法》的相关规定实现权利。

最后，关于涉案商品房预告登记的问题。《物权法》第20条规定，"当事人签订买卖房屋或者其他不动产物权的协议，为保障将来实现物权，按照约定可以向登记机构申请预告登记。预告登记后，未经预告登记的权利人同意，处分该不动产的，不发生物权效力。预告登记后，债权消灭或者自能够进行不动产登记之日起3个月内未申请登记的，预告登记失效"。《最高人民法院关于适用〈中华人民共和国物权法〉若干问题的解释（一）》第5条规定："买卖不动产物权的协议被认定无效、被撤销、被解除，或者预告登记的权利人放弃债权的，应当认定为物权法第20条第2款所称的'债权消灭'。"本案中，鉴于涉案商品房买卖合同属于《合同法》第110条所规定的法律上或者事实上不能履行的合同，张××需要按《企业破产法》的相关规定实现权利，一审法院确认涉案商品房的预告登记失效并无不当。

综上，张××的上诉请求不能成立，应予驳回；一审判决认定事实清楚，适用法律虽有表述错误之处，但判决结果正确，应予维持。依照《民事诉讼法》第170条第1款第1项规定，判决如下：驳回上诉，维持原判。二审案件受理费100元，由上诉人张××负担。

实务经验总结

消费者交付购买商品房的全部或者大部分款项后，享有消费者购房优先权，是基于生存利益至上的原则而由司法解释所规定，通常认为属于物权期待权。而衡量消费者是否享有上述优先权的一个标准即为是否支付全部或大部分款项。而付款多少为大部分款项，《执行异议和复议规定》第29条规定，"已支付的价款超过合同约定总价款的百分之五十"。本案中二套房屋总价分别为1 367 370元、1 805 400元，而已付款分别为434 000元和573 000元，均未超过房屋总价款的50%，依法不属于交付"全部或者大部分"款项，因此并不享有优先权。

2019年11月8日印发的《全国法院民商事审判工作会议纪要》第125条对于如何理解"已支付的价款超过合同约定总价款的百分之五十"，认为如果商品房消费者支付的价款接近于百分之五十，并将剩余价款支付给申请执行人或按照人民法院要求交付执行的，也可理解为符合该规定的精神。但会议纪要并没有明确接近多少为符合规定，尚需进行个案审查。

六、消费性购房者的权利优先于抵押权人

裁判主旨

本案中，原告为生活消费需要购买涉案房屋，且已支付全部价款，依照上述规定，承包人就该房屋享有的工程价款优先受偿权不得对抗原告，而承包人的优先受偿权优于抵押权，因此百度城1B-2917房屋抵押权人××银行享有的优先权不得对抗原告。

关键词：生活消费　抵押权

基本案情[1]

原告永××与被告威海广信房地产开发有限责任公司（以下简称广信公司）破产债权确认纠纷一案，法院于 2019 年 5 月 17 日立案后，依法适用普通程序，于 2019 年 11 月 1 日公开开庭进行了审理。原告永××委托诉讼代理人、被告广信公司委托诉讼代理人到庭参加诉讼。案件现已审理终结。

永××向法院提出诉讼请求：（1）确认原、被告签订的房屋买卖合同有效并要求被告交付百度城二期 1B-2917 号房屋；（2）本案的诉讼费用由被告承担。

事实和理由：2015 年 10 月，原告购买被告开发的百度城二期 1B-2917 号房屋，2015 年 12 月 7 日，原告付清全部房款，后被告因经营不善破产，原告申报债权后，管理人一直拒不向原告交付房屋，为维护原告的合法权益，诉至法院，请求依法判决。

广信公司辩称：2015 年 10 月 14 日，原、被告签订协议书约定原告购买被告房产为百度城二期 1B-3317 室，该房产已于 2014 年 12 月 16 日出卖给了案外人丁××，被告与丁××签订了《威海市商品房买卖（预售）合同》并办理了备案登记，丁××通过交付首付款和银行按揭贷款的方式付清了全部房款875 777 元。根据《最高人民法院关于审理商品房买卖合同纠纷案件适用法律若干问题的解释》的有关规定，原告的诉求依法应予以驳回。百度城二期 1B-2917 号房屋在原告所主张的购房时间前已抵押给银行，根据相关法律规定，1B-2917 号房屋不能再对外出售，即使被告有了出售行为，与任何人签订的房产买卖协议均是无效的。

当事人围绕诉讼请求依法提交了证据，法院组织当事人进行了证据交换和质证。对当事人无异议的证据，法院予以确认并在卷佐证。根据当事人陈述和经审查确认的证据，法院认定事实如下：

2015 年 10 月 14 日，原、被告签订协议书，约定原告购买被告开发的商品房位于威海市经区百度城二期 1B 号楼 3317 室，建筑面积约为 109.21 平方米，单价 5219 元，总价 570 000 元；原告为能购买该房屋，同意签署协议时向被告支付定金人民币 35 000 元；原告必须于 2016 年 1 月 1 日前，交齐全部

---

〔1〕 案例索引：（2019）鲁 10 民初 116 号。

房款 570 000 元，并签订该房屋商品房预售合同；"甲方"有被告公司印章，签约人签字"辛雨"；乙方处有"永××"签字、捺手印。

原告分别于 2015 年 10 月 14 日、30 日，11 月 18 日向被告支付房款 35 000 元、265 000 元、270 000 元，共计 570 000 元。被告分别于 2015 年 10 月 14 日、10 月 30 日、11 月 18 日、12 月 7 日向原告出具收款收据 35 000 元、239 739 元、270 000 元、25 261 元，共计 570 000 元，其中 2015 年 12 月 7 日收款收据载明的事由为百度城二期房款（1B-2917），其余事由均为百度城二期房款（1B-3317）。

关于 2015 年 12 月 7 日被告向原告出具的金额为 25 261 元、事由为百度城二期房款（1B-2917）的收款收据，原告陈述，2015 年 10 月 30 日签购单的 265 000 元是在原告购房后支付的第二笔款项，2015 年 12 月 7 日的 25 261 元收据是被告因中间人带原告到售楼处购房所支付的中间人的居间费用，但当时原告不知情，在被告发现 1B-3317 室已经出售的情况下，通过销售人员赵×× 找到原告，商量将 1B-3317 室调换为 1B-2917 室，原告到被告处之后，要求被告补齐原告所交房款收据，所以在 2015 年 12 月 7 日被告向原告出具了百度城二期房款 1B-2917 室的收款收据。

另查明，在原告与被告签订协议书协商购买百度城二期房产前，被告已将该房产出售给案外人丁××。2014 年 12 月 16 日，被告与案外人丁×× 签订《威海市商品房买卖（预售）合同》，约定丁×× 购买被告开发的百度城 1B-3317 室，建筑面积 109.31 平方米，总价款 875 777 元，并办理网签备案手续。

再查明，百度城二期 1B-2917 房屋于 2015 年 7 月 29 日抵押给 ×× 银行。现已具备交付条件。被告于 2019 年 7 月 27 日将涉案百度城二期 1B-2917 房屋出售。

对有争议的证据和事实，法院认定如下：

原告为证明其购买的房屋已由 1B-3317 更换为 1B-2917，提交以下证据：

证据 1：短信截图 1 份，系被告因出售给原告的房屋由于不能履行合同，被告方销售人员辛雨（真名为赵××）通过短信与原告协商调换房屋。内容为：2015 年 12 月 16 日辛雨向原告发送短信：尊敬的永×× 先生，您于 2015 年 10 月 14 日购买百度城二期 1B-3317 现为您更换为 1B-2917，价位上每平方米便宜 50 元且报销您个人的来回高铁票和住宿费用，特此征求您的同意。2015 年 12 月 19 日辛雨向原告再次发送短信，内容为：同意永×× 先生要求，签完合同后当天同时报销路费和住宿费。原告回复：同意。被告质证认为，对该证据的真实性不予认可，被告财务人员称当时被告处并无"辛雨"此人。关于"辛雨"的身份，庭审中被告陈述，"辛雨"是"××公司"的工作人员，被告在2015年前后委托"××公司"销售房产，代理销售范围是包括涉案房产在内的百度城二期房产。

证据2：被告方销售人员赵××出具的证明原件1份，内容为："本人赵××，身份证号××，于2015年就职于威海广信房地产开发有限责任公司，客户永××于2015年10月14日购买房屋1B-3317，后因公司核实1B-3317不能售卖，经与客户协商更换为1B-2917号房且退还两套房屋差价，并报销来回路费及住宿费。客户已交清全款，且只购买了一套房屋，交清全款时未签订房屋预售合同，公司房产处于抵押状态，公司说解押后签订。同时，辛雨与赵××是同一人，都是本人。赵××，2019.6.8，联系方式：××。"被告质证认为，对该证据的真实性不予认可，被告处并无赵××，倘如赵××作证，其应当出庭作证，接受原、被告双方的询问及质证。

证据3：《签订合同资料确认表》复印件1份，内容为，日期：2015.10.30；姓名：永××；房号：1B-3317更换1B-2917；面积：109.21m^2；电商/装修费：25 261元；实收房款：544 739元；实收首付：274 739元；实收贷款27万元；合同额：544 739元；首付：274 739元；贷款：27万元。"××公司：填表人"处有"辛雨"签名；"复核及经理签字"处有"闫××"签名；"广信：接收确认"处有"赵××"签名。被告质证认为，对该证据的真实性不予认可，该证据仅是复印件，不符合证据规则对证据的要求，同时该资料确认表标明的日期为2015年10月30日，填表人"辛雨"为××公司的员工，而不是原告所主张的为被告的职工，即使该表是真实的，也只能证明原被告双方曾就原告购买被告房屋事宜进行过协商，这只是双方协商过程中形成的一个表格，不能证明原告已与被告就1B-2917室达成一致意见。关于该证据中"闫××""赵××"的身份，庭审中被告陈述，经落实，确认闫××是被告公司的销售人员，且被告财务人员"闫××"的签字是其本人笔迹。

法院根据各方当事人的举证质证意见，结合本案其他证据，对上述证据认证如下：

被告对证据1、证据2、证据3的真实性均不予认可，但结合被告于2015年12月7日向原告出具的1B-2917的收款收据、原告对该收据形成过程的陈述以及被告对证据 3 中冎××身份及签字认可，原告提交的证据能够形成完整证据链，可以认定原告提交的证据 1 短信截图的内容是真实的。根据上述证据，法院认定如下事实：因百度城二期 1B-3317 房屋已出售他人，原、被告经协商，于 2015 年 12 月 19 日将原告所购房屋由百度城二期 1B-3317 更换为百度城二期 1B-2917。

法院认为，案件的争议焦点为：原、被告签订的协议书的效力以及在破产程序中原告是否有权要求被告交付房产。

《合同法》第 44 条第 1 款规定："依法成立的合同，自成立时生效。"第 52 条规定："有下列情形之一的，合同无效：（一）一方以欺诈、胁迫的手段订立合同，损害国家利益；（二）恶意串通，损害国家、集体或者第三人利益；（三）以合法形式掩盖非法目的；（四）损害社会公共利益；（五）违反法律、行政法规的强制性规定。"《物权法》第 15 条规定："当事人之间订立有关设立、变更、转让和消灭不动产物权的合同，除法律另有规定或者合同另有约定外，自合同成立时生效；未办理物权登记的，不影响合同效力。"本案中，原告与被告签订的协议书为当事人真实意思表示，且不违反法律、行政法规的强制性规定，不存在合同无效的情形，涉案房屋虽未办理物权登记，但不影响合同效力；××银行的抵押权存续期间，被告未经抵押权人××银行同意转让抵押房屋，亦不影响原、被告之间房屋买卖合同的效力。故原、被告签订的协议书有效，原告关于确认该协议书有效的诉讼请求，符合法律规定，法院予以支持。

《合同法》第 77 条规定："当事人协商一致，可以变更合同。"本案中，被告在百度城二期 1B-3317 房屋已经出售给他人的情况下，又出售给原告，在被告发现后由代理销售房屋公司的销售人员与原告协商变更所购房屋为 1B-2917，经原告同意，应视为双方对 2015 年 10 月 14 日签订的协议书内容的变更。

《消费者权益保护法》第 2 条、第 3 条规定，消费者为生活消费需要购买、使用商品或者接受服务，其权益受该法保护，经营者为消费者提供其生产、销售的商品或者提供服务，应当遵守该法。《工程款优先权批复》第 1 条规定，人民法院在审理房地产纠纷案件和办理执行案件中，应当依照《合同法》第 286 条的规定，认定建筑工程的承包人的优先受偿权优于抵押权和其他债权。第 2 条规定消费者交付购买商品房的全部或者大部分款项后，承包人就该商品房享有的工程价款优先受偿权不得对抗买受人。本案中，原告为生活消费需要购买涉案房屋，且已支付全部价款，依照上述规定，承包人就该房屋享有的工程价款优先受偿权不得对抗原告，而承包人的优先受偿权优于抵押权，因此百度城 1B-2917 房屋抵押权人××银行享有的优先权不得对抗原告。

《企业破产法》第 18 条第 1 款规定："人民法院受理破产申请后，管理人对破产申请受理前成立而债务人和对方当事人均未履行完毕的合同有权决定解除或者继续履行，并通知对方当事人。管理人自破产申请受理之日起 2 个月内未通知对方当事人，或者自收到对方当事人催告之日起 10 日内未答复的，视为解除合同。"本案中，原告已经履行涉案协议书约定的给付房款的全部义务，根据上述规定，被告管理人不能解除该协议书，并且该协议书不存在合同无效或被撤销的情形，被告仍应当继续履行协议书，且原告享有的权利优先于抵押权人，故原告要求被告交付百度城 1B-2917 房屋的诉讼请求符合法律规定，法院予以支持。被告在诉讼中将争议房屋出售，损害了原告的利益，由此产生的后果由被告自行承担。

综上所述，原告的诉讼请求符合法律规定，法院予以支持。依照《合同法》第 44 条第 1 款、第 52 条、第 77 条，《物权法》第 15 条，《消费者权益保护法》第 2 条、第 3 条，《企业破产法》第 18 条第 1 款，《工程款优先权批复》第 1 条、第 2 条规定，判决如下：确认原、被告签订的协议书有效；被告广信公司于本判决生效 10 日内向原告永××交付百度城二期 1B-2917 号房屋。案件受理费 100 元，由被告广信公司负担。

如不服本判决，可以在判决书送达之日起 15 日内，向法院递交上诉状，并按对方当事人或者代表人的人数提出副本，上诉于山东省高级人民法院。

实务经验总结

消费性房屋买受人对所购房屋所享有的物权期待权，本质上仍属于债权。物权优先于债权，是民法的一项基本原则。但基于消费者生存利益至上的考虑，赋予了消费性买受人所享有的物权期待权优先于抵押权。我国对消费性买受人的利益保护规定最早来源于《工程款优先权批复》。

对于消费性购房人的物权期待权，在没有任何公示手段的情况下，仍赋予超级优先权，是依据权利层次理论，生存权优先于财产权的原则，但其突破了物权优先于债权的一般原则，因此应严格区分是否属于消费性购房。对于非居住用途及非自然人的购房者，因其不具有居住利益，不享有上述超级优先权。因此，基于生存权优先于财产权的原则，在判断购房者权利与抵押权人权利何者优先时，与购买行为是否发生在抵押设定前后并无关系，仍取决于其是一般购房人还是消费性购房人。

七、消费者不因二套房而丧失优先权

裁判主旨

关于耿××就涉案房产是否享有购房消费者优先权的问题。《工程款优先权批复》第 2 条规定，"消费者交付购买商品房的全部或者大部分款项后，承包人就该商品房享有的工程价款优先受偿权不得对抗买受人"。该规定对交付购买商品房全部或者大部分款项的消费者予以优先保护是基于生存利益大于经营利益的社会政策原则，为保护消费者的居住权而设置的特殊规定。本案中，耿××已经与广信公司签订《商品房买卖（预售）合同》，且耿××已经向广信公司支付了全部购房款，并办理了预告登记，广信公司并无证据证明该房产系投资性房产，故在耿××已经支付全部购房款的情况下，一审法院认定耿××属于上述法律规定所保护的商品房消费者，并据此取得涉案房产的所有权或者优于其他债权人的优先权利并无不当。

关键词： 消费者　二套房

基本案情[1]

上诉人广信公司因与被上诉人耿××破产债权确认纠纷一案，不服山东省威海市中级人民法院（2019）鲁 10 民初 14 号民事判决，向法院提起上诉。法院依法组成合议庭对本案进行了审理。案件现已审理终结。

上诉人广信公司上诉请求：（1）撤销一审判决，改判驳回耿××的诉讼请求；（2）耿××承担本案诉讼费用。

事实和理由：一审判决认定耿××就涉案房产办理的预告登记具有破产保

---

[1] 案例索引：（2019）鲁民终 1953 号。

护的效力，广信公司应继续交付涉案房产属认定事实不清，适用法律错误。（1）涉案房产办理的预告登记不具有破产保护的效力。①预告登记不发生物权变动的法律效力。预告登记是为保全一项以将来发生不动产物权变动为目的的请求权，而非物权，并不产生物权变动的效力。且涉案房产在广信公司破产重整时尚未建成和办理所有权登记，耿××未取得涉案房产所有权。②办理涉案房产预告登记不影响广信公司管理人行使解除《商品房买卖（预售）合同》的权利。预告登记的目的是保全债权请求权将来能够得到履行，以实现物权变动的目的，预告登记是以债权请求权的存在为前提，当债权请求权消灭时，预告登记也随之消灭。依据《最高人民法院关于适用〈中华人民共和国物权法〉若干问题的解释（一）》第5条以及《物权法》第20条第2款的规定，是否办理预告登记，并不影响其依附的债权关系的解除，即使已办理预告登记，广信公司管理人仍有权解除《商品房买卖（预售）合同》，预告登记依法失效。（2）涉案房产在广信公司破产案件中属二套房，不符合消费者优先保护的条件。根据相关法律规定、广信公司管理人制定的《房产审核标准》以及法院裁定批准的重整计划，广信公司破产重整案中在百度城拥有唯一一套用于个人居住的房产才能确定享有消费者优先权，其余不符合消费者条件的商品房买卖合同不再继续履行。耿××在广信公司开发的百度城二期购买的涉案第二套房产属于投资性房产，因不符合消费者条件不应予以优先保护，广信公司依法不应再继续履行合同并交付涉案房产。（3）广信公司管理人根据《房产审核标准》编制的重整计划草案已经债权人会议表决通过，并由法院裁定生效。该重整计划草案对全体债权人具有法律约束力，且具有强制执行的效力。根据该生效的重整计划草案，涉案房产无法再交付。（4）涉案房产在广信公司破产重整时尚未竣工，不具备交付条件，客观上无法继续履行。根据《企业破产法》第18条的规定，对于未履行完毕的合同，管理人有权予以解除。另外，如果继续履行涉案商品房买卖合同，会损害广大债权人的合法权益。涉案房产在广信公司破产重整时尚未竣工，广信公司管理人需继续投资建设至竣工才能达到交付条件，因继续建设而投入的资金依法属于共益债务。在此情形下，如果商品房买卖合同继续履行，则系用继续建设资金对债权人进行个别清偿，违反了《企业破产法》的公平原则。

被上诉人耿××辩称：请求驳回上诉，维持原判。

耿××向一审法院起诉请求：继续履行交付耿××在广信公司破产重整前购

买的位于百度城 1B-1502 的房产。

一审法院认定事实：2014 年 12 月 4 日，耿××、广信公司签订《威海市商品房买卖（预售）合同》，约定耿××购买广信公司开发的百度城 1B-1502 房产，建筑面积 45.94 平方米，总价款为 389 951 元。

2014 年 12 月 18 日，耿××作为借款人、广信公司及案外人高×作为保证人与威海市××银行签订《房屋担保借款合同》，约定威海市××银行同意向耿××提供人民币借款贰拾叁万叁仟元，该借款只用于耿××购买座落于百度城 1B-1502 的住宅，建筑面积 45.94 平方米；支付方式为贷款人受托支付，借款人不可撤销地授权贷款人将全部借款以本合同约定的用途划至广信公司的结算账户内。

关于涉案房款是否支付的问题，一审庭审中，广信公司认可耿××已付清百度城 1B-1502《威海市商品房买卖（预售）合同》约定的全部房款，但其中包括返租租金 89 500 元。一审诉讼中，双方均同意，若法院判决广信公司交付房屋，则返租问题另行处理。

2015 年 1 月 4 日，耿××就涉案百度城 1B-1502 房产办理预购商品房预告登记。

2016 年 6 月 29 日，一审法院裁定广信公司破产重整。

广信公司进入破产程序后，广信公司管理人认为，因耿××在广信公司开发的百度城小区内有两套房产，耿××不享有消费者优先权，决定不再向其交付涉案百度城 1B-1502 房产，并在广信公司管理人网站公示。

一审法院另查明，耿××在广信公司开发的百度城二期另有一套房产，房号为 6-1001，该房产在广信公司被裁定破产重整前已交付。

一审法院再查明，涉案房产百度城 1B-1502 所在的建设工程已经单体竣工验收合格，具备交付条件。

一审法院认为，该案的争议焦点为：广信公司是否应该继续履行双方签订的《威海市商品房买卖（预售）合同》并向耿××交付房产。

《物权法》第 20 条规定："当事人签订买卖房屋或者其他不动产物权的协议，为保障将来实现物权，按照约定可以向登记机构申请预告登记。预告登记后，未经预告登记的权利人同意，处分该不动产的，不发生物权效力。预告登记后，债权消灭或者自能够进行不动产登记之日起 3 个月内未申请登记的，预告登记失效。"《最高人民法院关于适用〈中华人民共和国物权法〉若干问题的解释（一）》第 5 条规定："买卖不动产物权的协议被认定无效、被撤销、被解除，或者预告登记的权利人放弃债权的，应当认定为物权法第 20 条第 2 款所称的'债权消灭'。"本案中，耿××、广信公司双方签订《威海市商品房买卖（预售）合同》，约定耿××购买涉案百度城 1B-1502 房产，耿××已经按照合同约定支付房款，并就涉案房产办理了房屋预告登记。

依照上述规定，未经预告登记的权利人即耿××同意，处分该不动产的，不发生物权效力。《企业破产法》第 18 条第 1 款规定："人民法院受理破产申请后，管理人对破产申请受理前成立而债务人和对方当事人均未履行完毕的合同有权决定解除或者继续履行，并通知对方当事人。管理人自破产申请受理之日起 2 个月内未通知对方当事人，或者自收到对方当事人催告之日起 30 日内未答复的，视为解除合同。"本案中，耿××就涉案百度城 1B-1502《威海市商品房买卖（预售）合同》已履行给付房款的全部义务，根据上述规定，广信公司管理人不能解除涉案《威海市商品房买卖（预售）合同》，并且涉案《威海市商品房买卖（预售）合同》不存在合同无效或被撤销的情形，预告登记所依据的债权未消灭，预告登记未失效，在广信公司进入破产程序后，耿××就涉案房产办理的预告登记具有破产保护的效力，广信公司仍应当继续履行涉案百度城 1B-1502《威海市商品房买卖（预售）合同》。故耿××要求继续履行双方签订的百度城 1B-1502《威海市商品房买卖（预售）合同》并向其交付房产的诉讼请求符合法律规定，一审法院予以支持。

综上所述，依照《物权法》第 20 条、《企业破产法》第 18 条、《最高人民法院关于适用〈中华人民共和国物权法〉若干问题的解释（一）》第 5 条规定，一审法院判决：广信公司继续履行其与耿××签订的百度城 1B-1502《威海市商品房买卖（预售）合同》，并于判决生效后 10 日内向耿××交付百度城 1B-1502 房屋。案件受理费 100 元，由广信公司负担。

法院二审期间，当事人未提交新证据。法院对一审查明的事实予以确认。

法院认为，二审争议的焦点问题是：涉案商品房买卖合同是否应当继续履行。首先，关于涉案商品房预告登记的效力问题。所谓预告登记，是指为保全一项旨在取得、变更和消灭不动产物权的请求权，限制债务人重复处分该不动产而为的登记。在商品房预售买卖中，为了保障将来取得房屋所有权，买方可以依法办理预告登记，虽然预告登记的对象并非物权本身，而是将来房产物权变动的请求权，但通过预告登记，可以使预告登记保全的请求权具备对抗第三人的效力，因此预告登记具有物权化的效力，可以使买方对卖方处分房产的行为进行限制。对此，我国法律亦有明确规定。《物权法》第20条规定，"当事人签订买卖房屋或者其他不动产物权的协议，为保障将来实现物权，按照约定可以向登记机构申请预告登记。预告登记后，未经预告登记的权利人同意，处分该不动产的，不发生物权效力。预告登记后，债权消灭或者自能够进行不动产登记之日起3个月内未申请登记的，预告登记失效"。《最高人民法院关于适用〈中华人民共和国物权法〉若干问题的解释（一）》第5条规定，"买卖不动产物权的协议被认定无效、被撤销、被解除，或者预告登记的权利人放弃债权的，应当认定为物权法第20条第2款所称的'债权消灭'"。

本案中，涉案《威海市商品房买卖（预售）合同》签订之后，广信公司已就涉案房产办理了房屋预告登记，故依据上述法律规定，耿××取得了对抗第三人的房屋预告登记效力，非经耿××同意，广信公司处分涉案房屋的行为不发生物权变动的法律效力。另外，依据《企业破产法》第18条第1款的规定："人民法院受理破产申请后，管理人对破产申请受理前成立而债务人和对方当事人均未履行完毕的合同有权决定解除或者继续履行，并通知对方当事人。管理人自破产申请受理之日起2个月内未通知对方当事人，或者自收到对方当事人催告之日起30日内未答复的，视为解除合同。"本案中，耿××已经依据《威海市商品房买卖（预售）合同》的约定支付了全部购房款，广信公司也对涉案房屋办理了预告登记，故在法院裁定广信公司破产重整前，双方当事人对各自合同义务均已履行完毕，广信公司管理人无权依据上述法律规定解除涉案《威海市商品房买卖（预售）合同》，且该合同亦不存在无效或被撤销的情形。故涉案债权未消灭，预告登记亦未失效，仍具有破产保护的效力。

其次，关于耿××就涉案房产是否享有购房消费者优先权的问题。《工程款优先权批复》第2条规定，"消费者交付购买商品房的全部或者大部分款项后，承包人就该商品房享有的工程价款优先受偿权不得对抗买受人"。

该规定对交付购买商品房全部或者大部分款项的消费者予以优先保护是基于生存利益大于经营利益的社会政策原则，为保护消费者的居住权而设置的特殊规定。本案中，耿××已经与广信公司签订了《威海市商品房买卖（预售）合同》，且耿××已经向广信公司支付了全部购房款，并办理了预告登记，广信公司并无证据证明该房产系投资性房产，故在耿××已经支付全部购房款的情况下，一审法院认定耿××属于上述法律规定所保护的商品房消费者，并据此取得涉案房产的所有权或者优于其他债权人的优先权利并无不当。

综合以上分析，耿××享有涉案房产预告登记的破产保护效力和涉案房产的优先权，且涉案房产现已具备交付条件，故广信公司在进入破产重整程序后，应继续履行涉案《威海市商品房买卖（预售）合同》并交付涉案房屋。

综上所述，上诉人广信公司的上诉请求不能成立，应予驳回；一审判决认定事实清楚，适用法律正确，应予维持。依照《民事诉讼法》第 170 条第 1 款第 1 项规定，判决如下：驳回上诉，维持原判。二审案件受理费 100 元，由上诉人广信公司负担。

本判决为终审判决。

实务经验总结

（1）在房地产企业重整程序中，购房人购买两套以上住宅并已支付超过合同总价款 50% 以上的价款，是否对第二套房产享有消费性优先权？依照《工程款优先权批复》第 2 条规定，并没有对消费者所购买的第二套住宅予以限制。一般认为，之所以赋予消费者优先权，是基于消费者生存利益至上原则，而消费者所购买的第二套住宅显然与生存利益无关，因此并不享有优先权。只保护消费者所购买的一套住宅，直接依据为《执行异议和复议规定》第 29 条规定，即"所购商品房系用于居住且买受人名下无其他用于居住的房屋"。

（2）本案中法院以已经办理了预告登记且支付了全部价款为由，直接认定其享有破产保护效力和涉案房产的优先权，却回避了所涉房产为消费者名下第二套房产的问题，对其进行了模糊处理，说理部分缺乏说服力。在法院的正常执行程序中，依照《执行异议和复议规定》第 29 条的规定，对第二套房产是不予保护的，但进入破产程序中却对第二套房产进行了保护，造成了同一问题的不平等对待。2019 年 11 月 8 日最高人民法院印发的《全国法院民商事审判工作会议纪要》第 125 条，对法院在执行《执行异议和复议规定》第 29 条中规定"所购商品房系用于居住且买受人名下无其他用于居住的房屋"如何理解时认为，商品房消费者名下虽然已有 1 套房屋，但购买的房屋在面积上仍然属于满足基本居住需要的，可以理解为符合该规定的精神。对干如何认定是为了满足基本居住需要，可考察买受人家人情况，如家人较多，确为适当改善居住条件，也应支持。因此，对于二套房问题，应考察是否为居住需要来决定是否予以优先保护。

八、以房抵债并要求交付属于个别清偿，应予驳回

裁判主旨

（1）本案中，孙××基于广信公司的以房抵债行为而形成购房事实，根据其已知广信公司将涉案房产抵顶其借款本息等具体情形，其购房目的在于实现债权，并非为生活、居住需要，结合孙××的资金出借人身份，可以认定孙××并不属于上述规定所保护的商品房消费者。综上，孙××和广信公司之间签订的涉案商品房买卖合同虽然合法有效，但是孙××并未据此取得涉案房产的所有权或者优于其他债权人的优先权利。（2）孙××的诉讼请求属于个别清偿请求，有违破产程序的相关制度。《企业破产法》第 16 条规定，"人民法院受理破产申请后，债务人对个别债权人的债务清偿无效"，而公平清理破产企业的债权债务系破产程序的基本宗旨。

本案中，广信公司进入破产程序后，孙××起诉请求交付涉案房产并办理过户登记，系通过诉讼方式提出清偿债务的权利主张，属于对其进行个别清偿的诉讼请求，与前述破产程序的宗旨和相关规定均不符。综上，孙××未取得涉案房产的所有权或者优于其他债权人的优先权利，一审法院驳回其关于广信公司继续交付涉案房产并办理过户登记的诉讼请求，并无不当。

关键词：以房抵债　交付　个别清偿

基本案情[1]

上诉人孙××因与被上诉人威海广信房地产开发有限责任公司（以下简称广信公司）及原审第三人柳××破产债权确认纠纷一案，不服山东省威海市中级人民法院（2018）鲁 10 民初 68 号民事判决，向法院提起上诉。法院依法组成合议庭对案件进行了审理。案件现已审理终结。

---

[1] 案例索引：（2019）鲁民终 1947 号。

上诉人孙××上诉请求：（1）依法撤销一审判决第二项，改判广信公司继续履行房屋买卖合同，交付涉案房屋；（2）广信公司承担本案一审、二审诉讼费。

事实和理由：（1）孙××与广信公司2016年2月25日签订房屋买卖合同的事实已被一审法院认定，孙××付清了全部购房款，广信公司先后向柳××和孙××出具了购房款收据，并分别办理了平账手续，即孙××与广信公司协商同意以借款之债与商品房买卖合同之债进行债的抵销。但一审法院却认定孙××没有支付购房款，与事实不符。（2）一审法院将债的抵销行为认定为以房抵债行为错误。孙××与广信公司原为借款法律关系，后双方当事人签订了商品房买卖合同，该借款已经转化为房地产买卖合同中的应付房款，发生了债的抵销。（3）孙××与广信公司的房产买卖以及债的抵销行为均发生在2015年10月30日即广信公司破产6个月以前，因涉案房屋买卖需要，孙××与柳××经协商，通过广信公司对房屋买卖的主体进行了变更，这与广信公司是否破产无关。退一步讲，即使孙××与广信公司2016年2月25日签订的是独立的商品房买卖合同，但双方当事人已经对柳××应付广信公司的购房款与广信公司应付孙××的借款进行了债务抵销，依照《最高人民法院关于审理企业破产案件若干问题的规定》的相关规定，特定物买卖中，尚未转移占有但相对人已完全支付对价的特定物不属于破产财产，一审法院将涉案房产列为企业破产财产进行破产清算属于错误认定。

被上诉人广信公司辩称：（1）孙××与广信公司签订《商品房买卖（预售）合同》系因广信公司无法偿还其借款本息，孙××与广信公司签订《顶房协议》系进行以物抵债，而非出于购房意图，且孙××并未按商品房买卖合同的约定向广信公司支付购房款。因此，孙××与广信公司之间的以房抵债行为和房屋买卖行为相互关联，孙××主张其以对广信公司的借款支付购房款的实质是在履行涉案《顶房协议》，以消灭金钱债务为目的。（2）涉案房产在破产时不具备交付条件，应属于破产财产。（3）对于双方当事人均未履行完毕的合同，广信公司管理人依法享有解除权。根据《企业破产法》第18条的规定，本案中孙××并未实际支付购房款，广信公司客观上也无法交付房屋，因此广信公司管理人依法有权解除商品房买卖合同。（4）涉案房产办理的预告登记不具有破产保护的效力。首先，预告登记不发生物权变动的法律效力。预告登记是为保全一项以将来发生不动产物权变动为目的的请求权的不动产登记，预告登记所登记的不是现实的不动产物权，而是将来发生不动产物权变动的请求权，预告登记使这一请求权具有物权的排他效力。因此预告登记所登记的是一项请求权，而非物权本身，该登记并不产生物权变动的效力。且涉案商品房在广信公司被裁定破产重整时尚未建成，未办理所有权登记，因此孙××未取得涉案商品房的物权。其次，办理房产预告登记不影响广信公司管理人解除《商品房买卖（预售）合同》。预告登记的目的是保全债权请求权将来能够得到履行，以实现物权变动的目的。预告登记是以债权请求权的存在为前提，当请求权消灭时，预告登记也随之消灭。依据《最高人民法院关于适用〈中华人民共和国物权法〉若干问题的解释（一）》第5条以及《物权法》第20条第2款的规定，是否办理预告登记并不影响其依附的债权关系的解除，即使已经办理预告登记，管理人仍有权解除商品房买卖合同。（5）退而言之，孙××即使已支付购房款，但继续履行《商品房买卖（预售）合同》将构成个别清偿，损害其他债权人的合法权益。此外，《工程款优先权批复》第2条及《执行异议和复议规定》第29条，均是基于生存利益大于经营利益的社会政策原则，为保护消费者的居住权而设置的特殊规定。本案中，孙××购房的目的在于实现金钱债权，并非为生活、居住需要，不应属于上述法律规定所保护的普通住房消费者。

原审第三人柳××未提交书面陈述意见。

孙××向一审法院起诉请求：（1）确认孙××与广信公司之间的《商品房买卖（预售）合同》有效，责令广信公司继续履行房屋买卖合同、交付房屋，房屋价值533 562元；（2）判令广信公司承担本案诉讼费用。

一审法院认定事实：孙××与柳××系母子关系，孙××曾为广信公司员工。

2013年6月14日，孙××与广信公司签订《借款合同》，孙××向广信公司出借款项100万元，借款期限自2013年6月14日至2014年6月14日，借款利息按年息20%计算。到期后，广信公司未能按约偿还借款。

2015年7月31日，柳××与广信公司签订《商品房买卖（预售）合同》，约定由柳××购买百度城1C-3909室，面积113.62平方米，单价为每平方米4696元，总购房款533 562元。该《商品房买卖（预售）合同》于2016年2月25日被注销。

2015年8月18日，孙××向广信公司总经理提交以房抵顶借款的申请，该申请载明因孙××于2013年6月14日借给广信公司100万元，现已逾期且欠付部分利息，申请用百度城二期 1B-4114 室和 1C-3909 室抵顶此借款……1C-3909 室，留自己住，申请金额抵顶借款（价格执行内部员工政策）。广信公司总经理在该申请上签字。

2015 年 10 月 29 日，孙××与邵×向广信公司提交申请书，载明邵×（介绍人：孙××）于 2013 年 6 月借给广信公司 100 万元，收据在孙××名下，借款期限 1 年，现已超过期限，多次催要，广信公司一直未付，至 2015 年 11 月 1 日共欠付本息 63.7 万元，现邵×本人申请用广信公司百度城二期 1B-2720，面积 102.27 平方米，房款 51 万元抵顶。

2015 年 10 月 29 日，孙××与广信公司签订《顶房协议》，广信公司将 1C-3909 号、1B-2720 号房产抵顶给孙××，其中涉案 1C-3909，面积 113.62 平方米，顶账单价 4696 元，房屋总价 533 562 元。

2016 年 2 月 25 日，孙××与广信公司签订《商品房买卖（预售）合同》，约定由孙××购买百度城 1C-3909 室房产，面积 113.62 平方米，单价为每平方米 4696 元，总购房款 533 562 元；付款方式约定为，签订合同前，买受人已向出卖人支付定金 53 000 元，该定金于合同签订时抵作商品房价款，买受人采取商业贷款方式支付购房款，应于 2016 年 2 月 25 日前支付首期房款 53 562 元，余款 480 000 元向银行申请贷款支付。同日，广信公司向孙××出具收款收据，记载交款单位为孙××，金额 533 562 元，收款事由为百度城二期房款（1C-3909）。但孙××并未实际付款，而是以广信公司所欠孙××借款抵顶。上述《商品房买卖（预售）合同》已办理网签备案，并于 2016 年 4 月 11 日办理预购商品房预告登记。

2016 年 6 月 29 日，广信公司经一审法院裁定破产重整。涉案房产在法院裁定破产重整时尚未建成，不具备办理房屋产权登记条件。

一审法院认为，该案的争议焦点为：（1）孙××、广信公司签订的《商品房买卖（预售）合同》的效力；（2）在破产程序中，涉案《商品房买卖（预售）合同》是否应继续履行。

关于争议焦点（1）。孙××与广信公司签订的《商品房买卖（预售）合同》，系双方当事人真实意思表示，不违反法律、行政法规的强制性规定，应认定合法有效，孙××请求确认涉案《商品房买卖（预售）合同》合法有效的诉讼请求，符合法律规定，一审法院予以支持。

关于争议焦点（2）。本案中，在广信公司无力偿还孙××借款的情况下，经孙××申请，双方达成以物抵债的合意并签订《顶房协议》，约定广信公司将涉案房产抵顶给孙××，并对抵顶房产的面积与金额作出明确约定。其后，双方签订的涉案《商品房买卖（预售）合同》，系为履行《顶房协议》而签订，双方的真实意思表示仍为消灭债务，确保孙××债权获得清偿，并未产生和设定新的权利义务。对于涉案《商品房买卖（预售）合同》所约定的支付房款的义务，孙××并未实际履行，涉案房产在广信公司破产申请受理时未竣工不具备交付条件，广信公司交付房产的义务亦未履行。此案与最高人民法院第15批第72号指导案例的重要区别之一是广信公司已进入破产程序，因此相关法律关系应适用《企业破产法》的规定，该法为特别法，依据《企业破产法》第18条规定，破产申请受理前成立而双方均未履行完毕的合同，管理人依法有权决定解除，管理人自破产申请受理之日起2个月内未通知对方当事人的，视为解除合同，故涉案《商品房买卖（预售）合同》已依法被解除，尚未履行的合同义务，依法终止履行，因此孙××关于广信公司继续履行买卖合同、交付房屋的诉讼请求，无事实及法律依据，一审法院不予支持。

《物权法》第20条规定："当事人签订买卖房屋或者其他不动产物权的协议，为保障将来实现物权，按照约定可以向登记机构申请预告登记。预告登记后，未经预告登记的权利人同意，处分该不动产的，不发生物权效力。预告登记后，债权消灭或者自能够进行不动产登记之日起3个月内未申请登记的，预告登记失效。"《最高人民法院关于适用〈中华人民共和国物权法〉若干问题的解释（一）》第5条规定："买卖不动产物权的协议被认定无效、被撤销、被解除，或者预告登记的权利人放弃债权的，应当认定为物权法第20条第2款所称的'债权消灭'。"依据上述规定，预告登记的效力以债权有效存续为基础，预告登记所依据的买卖合同被解除时，属于债权消灭，该情形下预告登记依法失效。孙××办理涉案预购商品房预告登记所依据的《商品房买卖（预售）合同》依法被解除，预告登记效力所赖以维系的债权基础消灭，涉案预购商品房预告登记失效。

综上，孙××请求确认涉案《商品房买卖（预售）合同》合法有效的诉讼请求，符合法律规定，一审法院予以支持；孙××主张广信公司继续履行涉案合同、交付房屋的诉讼请求，无事实和法律依据，一审法院不予支持。依据《企业破产法》第18条，《物权法》第20条，《最高人民法院关于适用〈中华人民共和国物权法〉若干问题的解释（一）》第5条规定，一审法院判决：

（1）确认孙××与广信公司签订的《商品房买卖（预售）合同》有效；（2）驳回孙××的其他诉讼请求。案件受理费100元，由孙××负担。

法院二审期间，当事人未提交新证据。法院对一审查明的事实予以确认。法院认为，本案二审争议的焦点问题是：涉案商品房买卖合同是否应当继续履行。

首先，关于孙××与广信公司之间法律关系的性质和效力认定。（1）孙××与广信公司之间的法律关系应当认定为商品房买卖合同关系。涉案商品房买卖合同签订以前，孙××与广信公司之间存在民间借贷关系，借款到期后广信公司难以清偿债务时，广信公司与孙××签订《顶房协议》，将涉案房产在内的两套在建房产抵顶给孙××。此后孙××与广信公司签订了《商品房买卖（预售）合同》，并办理了预告登记，作为实现双方权利义务平衡的一种交易安排，根据合同自由原则，该交易行为并无不当。（2）孙××与广信公司的涉案商品房买卖合同应认定为有效。孙××和广信公司的涉案商品房买卖合同系双方当事人的真实意思表示，内容并未违反法律、行政法规的强制性规定，具有法律效力。

其次，关于广信公司管理人是否有权解除涉案商品房买卖合同的问题，即该合同是否符合《企业破产法》第18条规定的"债务人和对方当事人均未履行完毕的合同"。《合同法》第130条规定，"买卖合同是出卖人转移标的物的所有权于买受人，买受人支付价款的合同"。由此可见，孙××作为涉案商品房买卖合同关系的买方，其主要合同义务是支付购房价款，而其与广信公司签订商品房买卖合同时约定其支付定金，购房款采取商业贷款方式支付，但孙××并未按照合同约定向广信公司付款，而是以广信公司所欠其借款本息抵顶购房款项。合同约定支付定金以及购房款采取商业贷款方式支付，并不影响事后孙××以广信公司所欠其借款本息抵顶购房款的履行行为的法律效力，且广信公司为孙××开具了收到购房价款的收据，应认定孙××已经履行了支付购房款的全部义务，涉案商品房买卖合同并不属于破产申请受理前成立而债务人和对方当事人均未履行完毕的合同，管理人不应据此行使合同解除权。

一审判决对此认定不当，应予纠正。

再次，关于涉案商品房买卖合同应否继续履行的问题。（1）孙××就涉案房产不享有商品房购房消费者的优先权。《工程款优先权批复》第2条规定，"消费者交付购买商品房的全部或者大部分款项后，承包人就该商品房享有的工程价款优先受偿权不得对抗买受人"。该规定对交付购买商品房全部或者大部分款项的消费者予以优先保护是基于生存利益大于经营利益的社会政策原则，为保护消费者的居住权而设置的特殊规定。《执行异议和复议规定》第29条进一步规定，"金钱债权执行中，买受人对登记在被执行的房地产开发企业名下的商品房提出异议，符合下列情形且其权利能够排除执行的，人民法院应予支持：（一）在人民法院查封之前已签订合法有效的书面买卖合同；（二）所购商品房系用于居住且买受人名下无其他用于居住的房屋；（三）已支付的价款超过合同约定总价款的百分之五十"。孙××基于广信公司的以房抵债行为而形成购房事实，根据其已知广信公司将涉案房产抵顶其借款本息等具体情形，其购房目的在于实现债权，并非为生活、居住需要，结合孙××的资金出借人身份，可以认定孙××并不属于上述规定所保护的商品房消费者。综上，孙××和广信公司之间签订的涉案商品房买卖合同虽然合法有效，但是孙××并未据此取得涉案房产的所有权或者优于其他债权人的优先权利。（2）孙××的诉讼请求属于个别清偿请求，有违破产程序的相关制度。《企业破产法》第16条规定，"人民法院受理破产申请后，债务人对个别债权人的债务清偿无效"，而公平清理破产企业的债权债务系破产程序的基本宗旨。本案中，广信公司进入破产程序后，孙××起诉请求交付涉案房产并办理过户登记，系通过诉讼方式提出清偿债务的权利主张，属于对其进行个别清偿的诉讼请求，与前述破产程序的宗旨和相关规定均不符。综上，孙××未取得涉案房产的所有权或者优于其他债权人的优先权利，一审法院驳回其关于广信公司继续交付涉案房产并办理过户登记的诉讼请求，并无不当。

此外，关于孙××的权利救济问题。债务企业进入破产程序实质上构成阻却普通债权人主张继续履行合同的法定事由，并且广信公司进入破产程序之时，涉案房屋尚未竣工验收，也不符合实际交付并办理产权过户手续的条件，根据《合同法》第110条的规定，"当事人一方不履行非金钱债务或者履行非金钱债务不符合约定的，对方可以要求履行，但有下列情形之一的除外：（一）法律上或者事实上不能履行；（二）债务的标的不适于强制履行或者履行费用过高；（三）债权人在合理期限内未要求履行"，涉案商品房买卖合同虽然有效，但是属于法律上或者事实上不能履行的合同，孙××作为债权人可以向广信公司管理人申报相应的债权，并按《企业破产法》的相关规定实现权利。

最后，关于涉案商品房预告登记的问题。《物权法》第 20 条规定，"当事人签订买卖房屋或者其他不动产物权的协议，为保障将来实现物权，按照约定可以向登记机构申请预告登记。预告登记后，未经预告登记的权利人同意，处分该不动产的，不发生物权效力。预告登记后，债权消灭或者自能够进行不动产登记之日起 3 个月内未申请登记的，预告登记失效"。《最高人民法院关于适用〈中华人民共和国物权法〉若干问题的解释（一）》第 5 条规定，"买卖不动产物权的协议被认定无效、被撤销、被解除，或者预告登记的权利人放弃债权的，应当认定为物权法第 20 条第 2 款所称的'债权消灭'"。案件中，鉴于涉案商品房买卖合同属于《合同法》第 110 条所规定的法律上或者事实上不能履行的合同，孙××需要按《企业破产法》的相关规定实现权利，一审法院确认涉案商品房的预告登记失效并无不当。

综上，孙××的上诉请求不能成立，应予驳回；一审判决认定事实清楚，适用法律虽有部分错误，但判决结果并无不当，应予维持。依照《民事诉讼法》第 170 条第 1 款第 1 项规定，判决如下：驳回上诉，维持原判。二审案件受理费 100 元，由上诉人孙××负担。

本判决为终审判决。

实务经验总结

（1）在房地产重整案件中，对于消费性购房者给予优先权，是基于生存利益至上原则而予以的特别规定，对于消费性购房者应进行严格区分。以房抵债所形成的债权是否具有优先权，应还原至基础法律关系，需要考察所抵之债的保护顺位，认定是否具有优先权。而本案中，以房所抵之债为借款关系所形成，该借款为无财产担保债权，为普通债权。因此，本案以房抵债所形成的债权，并无优先权。

（2）《企业破产法》第 16 条规定，进入破产程序后，对个别债权人的清偿无效。意味着所有的债权人均需向管理人申报，所有债权人均要按照重整计划规定的偿债方案受偿。如其对管理人的审查意见有异议，可以向法院提出债权确认之诉，而非提起债权的给付之诉，否则就构成个别清偿，违背了《企业破产法》对债权公平清偿的原则。

（3）笔者认为，企业进入破产程序，构成了对阻却所有合同继续履行的法定事由。《企业破产法》只是赋予了管理人对于双方均未履行完毕合同的选择解除权，对于债权人已经履行完毕的合同，实质上在进入破产程序后即已经视为法定解除，债权人依照《企业破产法》第 53 条规定向管理人申报债权，由管理人予以审查并提交债权人会议核查。

九、债务企业进入破产程序实质上构成阻却普通债权人主张继续履行合同的法定事由

裁判主旨

债务企业进入破产程序实质上构成阻却普通债权人主张继续履行合同的法定事由，并且广信公司进入破产程序之时，涉案房屋尚未竣工验收，也不符合实际交付并办理产权过户手续的条件，根据《合同法》第 110 条"当事人一方不履行非金钱债务或者履行非金钱债务不符合约定的，对方可以要求履行，但有下列情形之的除外：（一）法律上或者事实上不能履行；（二）债务的标的不适于强制履行或者履行费用过高；（三）债权人在合理期限内未要求履行"的规定，涉案商品房买卖合同虽然有效，但是属于法律上或者事实上不能履行的合同，王××作为债权人可以向广信公司管理人申报相应的债权，并按《企业破产法》的相关规定实现权利。

关键词： 继续履行　阻却　预告登记

基本案情[1]

上诉人王××因与被上诉人威海广信房地产开发有限责任公司（以下简称广信公司）破产债权确认纠纷一案，不服山东省威海市中级人民法院（2018）鲁 10 民初 340 号民事判决，向法院提起上诉。法院于 2019 年 6 月 19 日立案后，依法组成合议庭进行了审理。案件现已审理终结。

上诉人王××上诉请求：（1）撤销一审判决第二项，确认涉案预售合同的标的为消费用房；（2）判令广信公司继续履行涉案《商品房买卖合同》，履行涉案商品房的交付义务；（3）本案诉讼费用由广信公司承担。

---

[1] 案例索引：（2019）鲁民终 1388 号。

事实和理由：（1）因广信公司欠王××100万元，故王××于2015年12月7日用50万元借款债权抵顶了50万元购房款债务。广信公司于2018年9月6日不认可该抵销行为，超过了法律规定的异议时效。即便抵销无效，亦不能支持。一审法院不认可王××以抵销方式支付的50万元购房款错误。（2）王××购买涉案房屋是用来居住的，是为使用房屋而购买。用房是目的，房款的支付方式是履行合同的手段，不能以支付方式确定房屋用途。因此，涉案商品房是消费用房。王××已支付了全部的购房款，依法对涉案房屋享有优先受偿权。（3）涉案商品房有确定的小区、楼号、楼层和面积，是与其他房屋相区别的特定物。根据《最高人民法院关于审理企业破产案件若干问题的规定》第71条第5项规定，特定物不是破产财产。既然不是破产财产，广信公司就无权收回，其应履行涉案商品房的交付义务。（4）王××已支付了涉案房屋的全部款项，办理了预告登记手续，履行完毕了应有义务，本案不应适用《企业破产法》第18条第1款之规定解除合同。（5）本案的买卖协议合法有效，未被合法解除，权利人王××未放弃债权，预告登记效力已然存在，一审法院不应适用《最高人民法院关于适用〈中华人民共和国物权法〉若干问题的解释（一）》第5条规定排除涉案商品房预告登记物权的效力。

被上诉人辩称：本案系以涉案房屋抵顶广信公司欠付的款项，双方的真实意思表示意在消灭债务，且付款金额不符合审核规则，因此，破产管理人依照重整计划草案收回王××所购房屋。

王××向一审法院起诉请求：（1）王××与广信公司就威海市百度城1C-1316号房屋签订的商品房买卖合同有效；（2）王××在广信公司的破产重整案件中系消费性购房人，上述商品房买卖合同不得解除，应继续履行。

一审法院认定事实：2013年10月17日，王××与广信公司签订《民间借款合同》，约定广信公司向王××借款200万元，借款期限为6个月，自2013年10月17日起至2014年4月16日止。

2015年12月7日，王××向广信公司账户转款35万元，附言及用途一栏填写为"房款"。同日，广信公司向王××出具收款收据两份，金额分别为50万元、35万元，收款事由记载为"百度城二期房款（1C-1316）"。

2015年12月8日，王××与广信公司签订《商品房买卖（预售）合同》，约定王××购买百度城1C-1316号，房屋建筑面积135.66平方米，商品房单价6265.66元，总价款为85万元。其后，双方就涉案《商品房买卖（预售）合同》办理了网签备案，并于 2016 年 5 月 16 日办理了预购商品房预告登记。

2016 年 6 月 29 日，一审法院裁定受理广信公司破产重整申请。2016 年 7 月 27 日，王××向广信公司管理人申报债权 74 万元，债权计算清单一栏记载为：本金 50 万元，利息 24 万元，合计 74 万元；债权发生情况一栏记载为：2013 年借 200 万元，已还 100 万元（2014 年 4 月 18 日），剩下 100 万元用 50 万元抵顶百度城 1C-1316 号，个人交 35 万元解除查封，办理备案登记，广信公司还欠 50 万元。

2018 年 9 月 6 日，广信公司管理人向王××发送《关于补充申报债权的通知》，通知王××百度城 1C-1316 号房屋预售合同不再履行，并通知王××重新申报债权。

另查明，广信公司主张王××转账汇入的 35 万元为支付涉案房产的解押资金，王××主张该款为购房款，是广信公司要求其支付该款用以解除抵押。

一审法院认为，王××与广信公司签订的《商品房买卖（预售）合同》系双方当事人的真实意思表示，不违反法律、行政法规的强制性规定，应认定合法有效。故王××请求确认《商品房买卖（预售）合同》有效的诉讼请求，一审法院予以支持。

王××与广信公司间存在民间借贷关系，在广信公司未偿还借款的情况下，王××与广信公司达成以物抵债的合意并签订涉案《商品房买卖（预售）合同》，以涉案房产抵顶广信公司尚欠王××的借款，双方的真实意思仍为消灭债务，确保王××债权获得清偿，故王××仅为解除抵押之需要而支付款项 35 万元，余款并未实际履行，涉案房产在广信公司破产申请受理时未竣工不具备交付条件，广信公司交付房产的义务亦未履行。依据《企业破产法》第 18 条规定，破产申请受理前成立而双方均未履行完毕的合同，管理人依法有权决定解除，故广信公司管理人以通知书的方式通知王××解除上述《商品房买卖（预售）合同》，符合法律规定。

《物权法》第 20 条规定："当事人签订买卖房屋或者其他不动产物权的协议，为保障将来实现物权，按照约定可以向登记机构申请预告登记。预告登记后，未经预告登记的权利人同意，处分该不动产的，不发生物权效力。预告登记后，债权消灭或者自能够进行不动产登记之日起 3 个月内未申请登记的，预告登记失效。"《最高人民法院关于适用〈中华人民共和国物权法〉若干问题的解释（一）》第 5 条规定："买卖不动产物权的协议被认定无效、被撤销、被解除，或者预告登记的权利人放弃债权的，应当认定为物权法第20条第2款所称的'债权消灭'。"依据上述规定，预告登记的效力以债权有效存续为基础，预告登记所依据的《商品房买卖（预售）合同》被解除后，债权消灭，该情形下预告登记依法失效。本案中，王××办理涉案预购商品房预告登记所依据的《商品房买卖（预售）合同》已依法解除，预告登记效力所赖以维系的债权基础消灭，涉案预购商品房预告登记失效。

根据《工程款优先权批复》规定，消费者交付购买商品房的全部或者大部分款项后，其债权优先于建设工程价款优先权。《执行异议和复议规定》第29条规定，金钱债权执行中，买受人对登记在被执行的房地产开发企业名下的商品房提出异议，符合下列情形且其权利能够排除执行的，应予支持：一是在查封之前已签订合法有效的书面买卖合同；二是所购商品房系用于居住且买受人名下无其他用于居住的房屋；三是已支付的价款超过合同约定总价款的百分之五十。王××所支付的款项不足百分之五十，不足以认定其为已产生物权期待权的消费性买受人，因此王××要求继续履行合同、交付房屋的请求无事实和法律依据，一审法院不予支持。

综上，依据《企业破产法》第18条，《物权法》第9条、第20条，《最高人民法院关于适用〈中华人民共和国物权法〉若干问题的解释（一）》第5条之规定，一审法院判决：（1）确认王××与广信公司签订的《商品房买卖（预售）合同》有效；（2）驳回王××的其他诉讼请求。案件受理费100元，由王××负担。

二审中当事人没有提交新证据。法院二审认定的事实与一审认定的事实一致。

法院认为，本案二审的争议焦点是涉案商品房买卖合同是否应该继续履行。

首先，关于涉案商品房买卖合同是否属于《企业破产法》第18条所规定的"债务人和对方当事人均未履行完毕的合同"，或者说，管理人是否有权依据该条规定解除涉案商品房买卖合同。《合同法》第130条规定，买卖合同是出卖人转移标的物的所有权于买受人，买受人支付价款的合同。由此可见，王××作为涉案商品房买卖合同关系的买方，其主要合同义务是支付购房价款，而其与广信公司签订商品房买卖合同时已经形成了将50万元借款本金转为购房价款的合意，并另行交付了35万元购房款，且在对账以后由广信公司为其重新开具了收到购房价款的收据。如前所述，作为实现双方权利义务平衡的一种交易安排，人民法院在认定合法有效的情况下，应当得出王××已经实际履行了支付购房款的合同义务，不宜要求王××另行向广信公司重新支付购房款。因此，涉案商品房买卖合同并不属于破产申请受理前成立而债务人和对方当事人均未履行完毕的合同，管理人也没有权利据此行使合同解除权。

其次，关于涉案商品房买卖合同应否继续履行的问题，或者说，广信公司及其管理人是否应该继续交付涉案房产并办理过户登记的问题。对此，法院认为，第一，王××的诉讼请求属于个别清偿请求，有违破产程序的相关制度。《企业破产法》第1条规定："为规范企业破产程序，公平清理债权债务，保护债权人和债务人的合法权益，维护社会主义市场经济秩序，制定本法。"第16条规定，人民法院受理破产申请后，债务人对个别债权人的债务清偿无效。据此，公平清理破产企业的债权债务系破产程序的基本宗旨。案件中，广信公司进入破产程序后，王××起诉请求交付涉案房产并办理过户登记，系通过诉讼方式提出清偿债务的权利主张，显然属于对其进行个别清偿的诉讼请求，与前述破产程序的宗旨和相关规定均不符。第二，王××就涉案房产不享有优先受偿的权利。《工程款优先权批复》第2条规定，消费者交付购买商品房的全部或者大部分款项后，承包人就该商品房享有的工程价款优先受偿权不得对抗买受人。该规定对交付购买商品房全部或者大部分款项的消费者予以优先保护是基于生存利益大于经营利益的社会政策原则，为保护消费者的居住权而设置的特殊规定。《执行异议和复议规定》第29条进一步规定，金钱债权执行中，买受人对登记在被执行的房地产开发企业名下的商品房提出异议，符合下列情形且其权利能够排除执行的，人民法院应予支持：①在人民法院查封之前已签订合法有效的书面买卖合同；②所购商品房系用于居住且买受人名下无其他用于居住的房屋；③已支付的价款超过合同约定总价款的50%。王××基于广信公司的以房抵债行为而形成购房事实，其购房目的在于实现债权，并非为生活、居住需要，结合王××的资金出借人身份，法院认为王××并不属于上述规定所保护的商品房消费者。综上，王××和广信公司之间签订的涉案商品房买卖合同虽然合法有效，但是，王××并未据此取得涉案房产的所有权或者优于其他债权人的优先权利。一审法院驳回其关于广信公司继续交付涉案房产的诉讼请求，并无不当。

再次，关于王××的权利救济问题。债务企业进入破产程序实质上构成阻却普通债权人主张继续履行合同的法定事由，并且广信公司进入破产程序之时，涉案房屋尚未竣工验收，也不符合实际交付并办理产权过户手续的条件，根据《合同法》第110条"当事人一方不履行非金钱债务或者履行非金钱债务不符合约定的，对方可以要求履行，但有下列情形之一的除外：（一）法律上或者事实上不能履行；（二）债务的标的不适于强制履行或者履行费用过高；（三）债权人在合理期限内未要求履行"的规定，涉案商品房买卖合同虽然有效，但是属于法律上或者事实上不能履行的合同，王××作为债权人可以向广信公司管理人申报相应的债权，并依据《企业破产法》的相关规定实现权利。

最后，关于涉案商品房的预告登记问题。《物权法》第20条规定，当事人签订买卖房屋或者其他不动产物权的协议，为保障将来实现物权，按照约定可以向登记机构申请预告登记。预告登记后，未经预告登记的权利人同意，处分该不动产的，不发生物权效力。预告登记后，债权消灭或者自能够进行不动产登记之日起3个月内未申请登记的，预告登记失效。《最高人民法院关于适用〈中华人民共和国物权法〉若干问题的解释（一）》第5条规定："买卖不动产物权的协议被认定无效、被撤销、被解除，或者预告登记的权利人放弃债权的，应当认定为物权法第20条第2款所称的'债权消灭'。"本案中，鉴于涉案商品房买卖合同属于《合同法》第110条所规定的法律上或者事实上不能履行的合同，王××需要依据《企业破产法》的相关规定实现权利，一审法院确认涉案商品房的预告登记失效并无不当。

综上，王××的上诉请求不能成立，应予驳回；一审判决认定事实清楚，适用法律正确，应予维持。依照《民事诉讼法》第170条第1款第1项规定，判决如下：驳回上诉，维持原判。二审案件受理费100元，由上诉人王××负担。

实务经验总结

（1）在双务合同中，一般认为，只有守约方享有合同解除权，违约方并不享有合同解除权。但《合同法》第110条规定，对于不履行非金钱债务的违约方，赋予一定条件下的合同解除权。如果债权人属于普通债权人，并不具有优先受偿权，虽然债务人构成了违约，但其进入破产程序，属于法律上不能履行，能够阻却合同继续履行。如对于普通债权人的合同继续履行，实际上构成对普通债权人的个别清偿，管理人有权选择解除合同。

（2）对于破产程序中的双务合同，如果双方均未履行完毕，管理人可根据《企业破产法》第 18 条的规定，选择继续履行或解除。而对于债权人已经完全履行其义务的合同，就不属于双方均未履行完毕的合同，管理人不能依据《企业破产法》第 18 条的规定解除合同。但是，债权人此时仅仅是对破产企业享有债权，应当依据《企业破产法》的相关规定向管理人申报债权以实现其权利，至于如何清偿，则根据其债权性质依照《企业破产法》规定的清偿顺序予以清偿。举例来说，借款合同属于双务合同，出借人已经将款项支付给借款人，如果借款人进入破产程序，即使在破产受理前已经有生效的法律文书要求立即偿还借款，在此情况下，管理人也不可能履行借款合同，向债权人偿还借款，出借人只能向管理人申报债权，由管理人依法进行审查。这与房地产破产企业要求商品房买卖合同中买受人申报债权并无区别，上述债权也应向管理人申报并由管理人进行审查，其并不能主张继续履行原商品房买卖合同，而应向管理人申报非金钱债权。对于消费性购房者最终取得房屋，也仅仅是债权的一种清偿行为，而并非是继续履行原购房合同行为。因此，对于双方均未履行完毕的合同，管理人会依据是否增加债务人财产的原则决定是否解除，而对于债权人已经履行完毕的合同，企业进入破产程序，实际上已经对上述合同全部予以了解除，债权人只能依法申报债权，由管理人对债权予以审查，所有债权人均需根据财产分配方案或重整计划进行偿债，不存在继续履行单独某个合同的行为，否则就构成个别清偿。

十、债权人对破产受理前已交付的商铺享有物权期待权

裁判主旨

本案中，游××与威海中天房地产有限责任公司（以下简称中天公司）于 2012 年 10 月 17 日签订涉案《商品房买卖合同》，游××支付了全部价款，并于 2013 年 1 月 8 日办理了预购商品房预告登记。2014 年 7 月，中天公司将涉案房屋交付游××，房屋交付之后，风险责任已经转移，双方交易已经完成，合同目的已经实现，因此，游××对涉案房屋享有物权期待权，依法应予保护。

关键词： 交付　物权期待权

基本案情[1]

原告游××与被告中天公司破产债权确认纠纷一案，法院于 2018 年 10 月 22 日立案后，依法适用普通程序，公开开庭进行了审理。原告游××及委托诉讼代理人、被告中天公司之委托诉讼代理人到庭参加了诉讼。案件现已审理终结。

游××向法院提出诉讼请求：（1）依法确认游××对中天公司开发的文登区龙都丽景小区 1—7 号商业网点房不属于中天公司的破产财产，并依法确认对该栋房产享有业主权益；（2）判令中天公司协助游××办理房屋过户手续。

事实与理由：游××于 2012 年 10 月 17 日购买中天公司开发的龙都丽景小区 1—7 号商业网点房。2017 年 6 月 6 日，中天公司被裁定重整，游××向管理人申报债权，管理人对游××的业主债权和房产过户申报请求不予确认。游××认为，其已向中天公司购买的涉案的商业网点房，均已通过交付首付款及银行按揭方式全额付清了购房款，且该宗房产中天公司已交付游××使用多年，游××已多年出租给他人使用。由于中天公司未办理综合验收手续，致房产过户手续至今无法办理。

依据《最高人民法院关于审理企业破产案件若干问题的规定》第 71 条第 5 项"特定物买卖中，尚未转移占有但相对人已完全支付对价的特定物"不属于破产财产的规定，该栋商业网点房不属于中天公司破产财产的范围。

依据《最高人民法院关于审理建筑物区分所有权纠纷案件具体应用法律若干问题的解释》第 1 条规定，"依法登记取得或者根据物权法第二章第三节规定取得建筑物专有部分所有权的人，应当认定为物权法第六章所称的业主。基于与建设单位之间的商品房买卖民事法律行为，已经合法占有建筑物专有部分，但尚未依法办理所有权登记的人，可以认定为物权法第六章所称的业主"。故，认定游××享有该栋商业网点房的业主权益有充分的法律依据。

《企业破产法》第 18 条明确规定："人民法院受理破产申请后，管理人对破产申请受理前成立而债务人和对方当事人均未履行完毕的合同有权决定解除或者继续履行，并通知对方当事人……"该规定明确表明，一方当事人对

---

[1]　案例索引：（2018）鲁 1003 民初 5060 号。

合同义务已履行完毕，在合同具备履行条件的情况下，管理人无权决定解除合同或债务人不继续履行合同约定的义务，即管理人对案件所涉合同不具有解除权。而被告应继续履行案件所涉相关合同规定的义务，为维护其合法权益，故提起诉讼。

中天公司辩称：依据企业破产法相关司法解释的规定，对于已办理预售备案但未取得不动产物权登记的预售房产，在房地产公司破产后，仍属于破产企业的债务人财产。对于此类合同在破产程序中是否应履行，所购房产在破产程序中是否应交付，要看购房人在破产程序中享有的债权清偿是否有优先于普通债权的权利。依据企业破产法相关司法解释，交付了全部或者大部分房款的消费性购房者，才享有优先于普通债权的权利，而游××主张的涉案房产性质为商业，该房产系用于商业性经营，而非用于个人消费的生活所需，因此不享有优先于普通债权的权利。

当事人围绕其诉讼请求依法提交了证据，法院组织当事人进行了质证，对当事人无异议的证据，法院予以确认并在卷佐证。对当事人无异议的事实，法院确认如下：

2012年10月17日，游××与中天公司签订包括涉案文登区龙都丽景小区1—7号商业网点房在内的《商品房买卖合同》5份，其中涉案合同约定，中天公司将其开发的文登区龙都丽景小区1—7号商业网点房出售给游××，合同约定房屋建筑面积为187.66平方米，单价为每平方米15 000元，总价款2 814 900元，付款方式为2012年10月17日支付人民币1 414 900元，余款1 400 000元申请贷款后付清。中天公司承诺交付房屋期限为2013年12月30日前。

合同签订后，游××通过银行转账和银行按揭贷款的方式付清了房款，原文登市房地产交易与产权监理处就涉案房产于2013年1月8日办理了预购商品房预告登记。游××于2014年7月28日缴纳了涉案房屋的专项维修基金，中天公司向游××交付房屋，后游××与案外人签订房屋租赁合同将涉案房产出租。

2017年6月6日，中天公司进入破产重整程序。游××向管理人申报债权，管理人经核查认为游××对文登龙都丽景小区1—7号商业网点房仍属于债务人中天公司财产，游××不享有消费性购房优先权，故不予交付。

法院认为：

（1）关于涉案房产的性质。买受人游××对文登龙区都丽景小区1—7号商业网点房已办理预购商品房预告登记，根据《企业破产法》第20条规定，当事人签订买卖房屋或者其他不动产物权的协议，为保障将来实现物权，按照约定可以向登记机构申请预告登记。预告登记后，未经预告登记的权利人同意，处分该不动产的，不发生物权效力。预告登记后，债权消灭或者自能够进行不动产登记之日起3个月内未申请登记的，预告登记失效。故预告登记制度创设的目的在于保障买受人预期物权的实现。依预告登记的方式进行登记后，不动产的所有人违背预告登记所为的变更及处分不动产的行为就会无效，预告登记的目的就会实现，故预告登记对房屋具有保全效力，是为保全一项以将来发生房产物权变动为目的的请求权，由请求权人向登记机关申请而进行的预先登记。预告登记本身并不能替代正式的房产物权变动登记。因此在条件成就、期限到来或者其他物权变动的条件具备时，当事人应当办理正式的物权变动登记。《物权法》第9条规定："不动产物权的设立、变更、转让和消灭，经依法登记，发生效力；未经登记，不发生效力，但法律另有规定的除外。"故涉案房产未转为正式登记，仍属于债务人中天公司财产。

（2）管理人对案涉房屋的商品房买卖合同的解除权问题。《企业破产法》第18条规定，人民法院受理破产申请后，管理人对破产申请受理前成立而债务人和对方当事人均未履行完毕的合同有权决定解除或者继续履行。依据上述规定，管理人仅对破产申请受理前成立而合同双方均未履行完毕的合同有权决定解除。本案中，游××已经向中天公司支付了涉案房屋的全部款项，故对于涉案商品房买卖合同，中天公司管理人并无解除权。

（3）关于争议房屋是否应优先转移登记的交付问题。同样《物权法》第9条规定了不动产登记的效力，但应区分不动产登记的内部和外部效力，不动产物权变动是法律行为及其他法律事实的产物，不是登记机关登记行为的产物，不动产物权登记是不动产物权变动的"要件"而非"原因"。法律将登记作为物权变动的生效要件，但对发生争议的不动产物权归属的最终判断，应当依赖于对物权变动原因的法律事实的审查。本案中，游××与中天公司于2012年10月17日签订涉案《商品房买卖合同》，游××支付了全部价款，并于2013年1月8日办理了预购商品房预告登记。2014年7月，中天公司将涉案房屋交付游××，房屋交付之后，风险责任已经转移，双方交易已经完成，合同目的已经实现，因此，游××对涉案房屋享有物权期待权，应予依法保护。

综上所述，依照《物权法》第9条、第20条，《企业破产法》第1条、

第30条、第53条、第58条,《破产法司法解释二》第1条、第2条规定,判决如下:(1)涉案房屋威海市文登区龙都丽景小区1—7号商业网点房具备所有权登记条件,一个月内,中天公司协助游××办理房屋所有权登记手续。(2)驳回游××的其他诉讼请求。案件受理费100元,由游××负担。

实务经验总结

(1)对于购买商业性质的商铺购房者,一般认为不属于消费性购房者,并不享有消费性优先权。特别是在破产程序中,对于尚未交付商铺的购房者的债权,一般认定为普通债权。商品房买卖合同属于双务合同,购房人的义务为支付购房款,售房人的义务为交付房屋并为购房人出具办理产权登记的相关材料。其中售房人的主要义务为交付房屋,为购房人出具办理产权登记的相关材料仅仅是购房合同的附随义务。在购房者已经支付全部购房款,售房人已经交付房屋的情况下,标的物风险已经转移,双方的合同主要义务已经履行完毕,虽然尚未办理产权转移登记手续,但购房人已经对房屋合法占有。在本案中,所涉及的商铺的购房款已经全部付清,并且商铺已经交付使用多年,且办理了预告登记,在此情况下,认定购房者对此享有物权期待权,符合当前社会的普遍认知。

(2)房地产项目,在工程竣工后,由建设单位组织施工总包单位、设计单位、监理单位、勘察单位等进行工程竣工验收,验收合格被称为单体竣工验收合格;在房产项目全部完工后,还需要一个综合验收程序,只有综合验收合格方可办理初始确权登记,之后才可办理房产证。工程单体竣工验收合格后至综合验收合格前,时间一般较长,有的项目还是分期开发,单体竣工验收可以分期进行,但综合验收是整体进行,因此,实践中存在大量的已单体竣工验收合格,但尚未进行综合验收的楼盘。

房地产行业惯例是,单体竣工验收合格即可向购房人交付房产。所以,房地产企业破产案件中,存在大量的已单体竣工验收合格,但尚未通过综合验收的房产,当然也无法办理产权证。

我们认为,管理人还是应该尊重行业惯例,对于已经交付给业主的房产,管理人不应解除合同;即使购房者尚未付清房款,也应继续催收房款,而不应要求返还房产。因为房产交付使用后,业主一般都会进行装修,也开始交付物业费、水电费等。管理人如果解除合同,不但极易引发群体信访事件,也与广大群众的普遍认知相悖。

此外，《最高人民法院关于审理建筑物区分所有权纠纷案件具体应用法律若干问题的解释》（法释〔2009〕7 号）第 1 条第 2 款规定，已经合法占有建筑物专有部分，但尚未依法办理所有权登记的人，可以认定为物权法第六章所称的业主。参照这一规定，可以认为，已经交付的房产的购房者属于业主，管理人当然也不宜收回房产。

需要强调一点，房产交付必须是合法交付，如果是权利人擅自强占房产，或权利人与债务人双方恶意串通交付房产的，则涉嫌损害全体债权人的合法权益。对于此类交付，应审查涉案的房产是否是合法占有。

十一、债权人对已交付的抵账房产享有物权期待权

裁判主旨

2012 年 10 月 18 日，上诉人与被上诉人签订《商品房买卖合同》，被上诉人购买上诉人位于文山东路 90 号（财富大厦）1 单元 1301 室至 1309 室的房屋，涉案房产被上诉人已于 2016 年 5 月占有使用，因上诉人尚欠被上诉人借款，二审期间，上诉人管理人经调查认定被上诉人应付房款与上诉人应付借款完成了合同法上的抵销。涉案房屋交付之后，风险责任已经转移，双方交易已经完成，办理物权登记虽然是不动产物权变动的"要件"，但在双方买卖合同中仅为合同附随义务，因此，上诉人对涉案房屋享有物权期待权，应予依法保护。

关键词： 抵销 交付 物权期待权

基本案情[1]

上诉人威海博大房地产开发有限公司（以下简称博大公司）因与被上诉人威海××有限公司（以下简称××公司）破产债权确认纠纷一案，不服山东省威海市文登区人民法院（2018）鲁 1003 民初 6191 号民事判决，向法院提起上诉。法院于 2019 年 7 月 18 日立案后，依法组成合议庭进行了审理。案件现

---

〔1〕 案例索引：（2019）鲁 10 民终 1652 号。

已审理终结。

博大公司上诉请求：撤销一审判决，并驳回被上诉人的诉讼请求。事实和理由：（1）一审法院混淆了民法上的抵销权与破产法上的抵销权，把被上诉人在向管理人申报债权时债权表上的明确主张以及原告起诉状中的表述，明确为向债务人主张的抵销，被上诉人是在破产之前向债务人行使了民法上的抵销权，管理人是不需要严格按照企业破产法规定的时限来行使审查权的。原审判决中第 11 页到第 12 页部分，一审法院完全把被上诉人向债务人主张抵销权等同于向管理人主张。（2）诉争房产应属于上诉人的债务人财产。被上诉人虽然与上诉人签订购房合同购买财富大厦 11、12、13 层房产，但截至 2018 年 7 月 10 日法院受理上诉人破产重整之日，被上诉人所购房产并未办理不动产登记，依据《物权法》的规定，在上诉人进入破产程序时，被上诉人并未取得所购房产的物权，而仅享有对博大公司的债权，相关房产仍属于上诉人破产程序中的债务人财产。2002 年《最高人民法院关于审理企业破产案件若干问题的规定》第 71 条被 2013 年《破产法司法解释二》第 2 条删除不再适用。（3）本案诉争的商业地产房产已经交付使用，在破产程序中是否应当从债务人财产中向债务人优先支付存在较大争议，根据《执行异议和复议规定》第 28 条、第 29 条，管理人认为在房地产企业破产中，自然人购买的一套住宅在破产程序中优先于其他债权人受偿。案件中，被上诉人是否享有物权期待权，法律上并没有明确规定，存在较大争议。

××公司答辩称：（1）被上诉人认为管理人已经默示认可了抵销的结果，一审结果并无不当，依法应当维持。案件所涉及的被上诉人享有的抵销权，无论依据《合同法》还是《企业破产法》的规定，都是一种法定抵销权，是一种形成权，单方作出抵销的意思表示，即生效，答辩人与上诉人直接互负的债权债务皆是金钱给付，是同种类同品质标的物，依据《合同法》第 99 条和《企业破产法》第 40 条的规定，涉案抵销权无论在破产重整案件受理前后，皆是法定抵销权，抵销的意思表示是一种单方法律行为，只要抵销权人向交叉债权人作出抵销的意思表示，即产生消灭互负债务的效果。管理人清晰知晓被上诉人抵销的意思表示，无论抵销行为最开始发生在什么时间，只要相对人知晓即可发生抵销的法律后果，被上诉人在 2018 年 8 月 13 日向管理人提交的债权申报表中，清晰指出 2017 年底抵销的事实，该抵销的意思表示和法律行为性质是明确的，管理人在收到债权申报表当日即清晰知晓相应的抵销的意思表示。管理人有义务在知悉被上诉人抵销的意思表示后，及时明确地作出相应法律行为，管理人已经默示抵销行为的成立，其无权推翻自己认可的事实，更无权以不作为的方式剥夺侵害被上诉人的法定权利，审核抵销的事实是否成立和向管理人提交的通知是否成立，均为管理人的职责，在案件中，管理人既没有向被上诉人提出抵销不成立的表示，也没有依据《最高人民法院关于适用〈中华人民共和国合同法〉若干问题的解释（二）》第24条的规定，在3个月内向人民法院提起诉讼；也未按《破产法司法解释二》第42条规定的3个月内向法院提出抵销不能成立的诉讼；也未按（2017）鲁1003民初4555号生效判决书所确定的在2017年12月之前被上诉人对上诉人享有到期债权8 954 657元及利息的数额来确认被上诉人享有的债权数额，因此可以认定管理人对被上诉人提出的抵销已经进行了认可。（2）一审法院认定被上诉人对诉争房产的占有正确，上诉人的上诉理由不能成立。（3）一审判决认定诉争房产不属于上诉人的财产事实清楚、法律适用正确，依法应当予以维持。（4）一审判决实现了法律效果、政治效果和社会效果三者的统一，应当予以维持。综上，一审判决事实认定清楚，法律适用正确，判决结果公平、合理，依法应当予以维持。

××公司向一审法院起诉请求：确认××公司所购位于文山东路90号的财富大厦1单元1101至1109室、1201至1209室、1301至1309室的房产不属于博大公司的破产财产（庭审中变更为"不属于博大公司的债务人财产"）。

一审法院认定事实：2011年，××公司与博大公司签署了《商品房买卖合同》，约定由××公司买受博大公司开发的位于文山东路90号（财富大厦）1单元1101至1109室、1201至1209室的房屋，2012年12月31日前交付房屋，合同总价款为1350万元。2011年10月11日前，××公司向博大公司支付了全部购房款。2015年4月，××公司装修后入住了该房产。2012年10月18日，××公司与博大公司签署了《商品房买卖合同》，约定由××公司买受位于文山东路90号（财富大厦）1单元1301至1309室的房屋，2013年12月31日前交付房屋，合同总价款为600万元，合同约定了付款方式为"一次性付款"，合同补充协议约定，××公司应于2012年10月30日一次性向博大公司支付100万元，2013年3月30日前支付500万元。该合同签订前后（2012年3月27日至2013年2月18日），博大公司多次向××公司借款共计600万元。2016年5月，××公司装修后入住了该房产。博大公司所开发的财富大厦项目至今仅完成了隐蔽工程及主体结构验收，未完成单体竣工验收和综合竣工验收。××公司所购房产未办理不动产登记。2018 年 7 月 10 日一审法院根据博大公司的申请，裁定受理了博大公司破产重整一案。

双方当事人争议的焦点问题为：（1）讼争的 1301 至 1309 室的房款是否已经交付。（2）讼争的房产是否已经合法交付买受人。（3）讼争的房产是否属于债务人财产。

关于"讼争的 1301 至 1309 室的房款是否已经交付"，××公司主张已经通过抵销的方式付清了房款。为证明其主张提交了以下证据。证据 1：一审法院（2017）鲁 1003 民初 4555 号民事判决书，证明双方之间存在借贷关系，博大公司欠××公司 8 954 657 元及利息、诉讼费等。证据 2：××公司分别于 2018 年 8 月 13 日和 2018 年 11 月 5 日向博大公司管理人提交的债权申报表，申报表中均提出 2017 年 12 月 26 日博大公司同意在借款及利息中扣除 600 万元用以抵顶××公司购买财富大厦第 13 层房款。经质证，博大公司认为，××公司在债权申报表中记载的"2017 年 12 月 26 日博大公司同意在借款及利息中扣除 600 万用于抵顶××公司购买财富大厦 13 层的房款"没有证据支持，不予认可。抵销通知应当发出正式的书面通知，债权申报表并非属于破产受理后向管理人提出的抵销通知。××公司则认为，××公司在 2017 年 12 月即向博大公司主张了抵销，抵销行为应当自 2017 年生效。××公司在 2018 年 8 月 13 日的债权申报中明确告知了管理人上述抵销行为，意思表示明确。如果管理人认为抵销行为不成立，应当在审核债权申报的同时告知××公司。至庭审之日，博大公司管理人并未提出任何异议。因此，××公司认为博大公司管理人已经认可了 2017 年 12 月的抵销。

关于"讼争的房产是否已经合法交付买受人"，××公司认为双方争议的第 11—13 层楼已经交付××公司并由××公司实际占有使用。为证明其主张，××公司提交了以下证据。证据 1：一审法院（2016）鲁 1003 民初 3665 号民事判决书和威海中院（2018）鲁 10 民终 130 号民事判决书，证明讼争楼房已经交付给××公司。证据 2：讼争的第 13 层楼的装修合同以及装修费用单据，证明第 13 层是××公司装修后实际占有使用的。证据 3：博大公司向××公司代收水电费通知单，证明博大公司认可第 11—13 层楼由××公司占有使用。证据 4：威海市文登公证处出具的（2018）鲁威海文登证民字第 16340 号公证书，证明第 11—13 层楼由××公司使用的现状。证据 5：文登区××美容中心营业执照（经营者于××也就是××公司法定代表人），证明第13层楼是××公司的关联企业在使用。经质证，博大公司对××公司提交的证据的真实性没有异议，博大公司也承认第11、12层楼由××公司实际占有使用，第13层由××公司的关联企业占用。博大公司认为××公司是在没有达到交付的条件下就占有使用，当时博大公司处于经营混乱的状态，具体怎么交付的不清楚。

关于"讼争的房产是否属于债务人财产"，××公司认为讼争房产依法不属于债务人所有，不应认定为债务人财产。理由如下：

（1）从双方商品房买卖合同签订、履行的基本事实来看：①双方签署的商品房买卖合同合法有效。②××公司已足额支付全部购房款，××公司的合同义务已经履行完毕。③涉案商品房已交付××公司使用，博大公司的主要合同义务也已履行完毕。

（2）涉案商品房所有权属于××公司，不属于债务人财产：①涉案商品房具有物权属性。②依据《物权法》第142条规定，涉案商品房所有权属于××公司。③依据最高人民法院民事执行相关司法解释规定，涉案商品房的财产权利不属于博大公司所有，博大公司无权处分。④依据最高人民法院针对山东省高级人民法院就处置济南彩石山庄房屋买卖合同纠纷案请示的答复（2014）执他字第23、24号精神，涉案商品房不属于博大公司的财产。⑤依据《最高人民法院关于审理企业破产案件若干问题的规定》涉案商品房不应被认定为博大公司的财产。《最高人民法院关于审理企业破产案件若干问题的规定》第71条规定："下列财产不属于破产财产：……⑥尚未办理产权证或者产权过户手续但已向买方交付的财产……"该规定现仍有效且未与现行法律、规定相抵触，应作为审理案件的依据。⑥依据《破产法司法解释二》，涉案商品房不属于债务人财产。《破产法司法解释二》第2条规定："下列财产不应认定为债务人财产：……④其他依照法律、行政法规不属于债务人的财产。"涉案商品房根据以上合同法、物权法以及司法解释等的规定，所有权属于××公司，依法不属于债务人的财产，不应认定为债务人财产。

（3）博大公司主张涉案商品房权利没有合法程序及合法依据：①涉案商品房买卖合同合法有效，管理人没有解除权。②涉案商品房所有权不属于博大公司，不是债务人财产。③博大公司没有涉案商品房的取回权。

（4）将涉案商品房排除在债务人财产之外符合公平、诚实信用等基本原则，也有利于文登的稳定和发展。

博大公司认为××公司所购房产属于博大公司债务人财产。××公司虽然与博大公司签订购房合同买博大公司所开发的财富大厦第 11、12、13 层三层房产，但截至 2018 年 7 月 10 日法院受理博大公司破产重整之日时，××公司所购房产并未办理不动产登记，依据《物权法》第 9 条第 1 款之规定："不动产物权的设立、变更、转让和消灭，经依法登记，发生效力；未经登记，不发生效力，但法律另有规定的除外。"现行《企业破产法》中对于此类未能办理不动产登记的预售房产的权属问题并未作出特殊规定，而《物权法》的上述条文仅排除"法律另有规定的除外"，该除外条款仅可适用于法律规定，而最高人民法院出台的司法解释与之相矛盾的规定不能作为该除外条款的适用范围。《执行异议和复议规定》第 28 条、第 29 条系不动产买受人物权期待权的规定，并非不动产权属规定。因此，对其权属认定应适用《物权法》的上述规定。即在博大公司进入破产程序时，××公司并未取得对所购房产的物权，而仅享有对博大公司的债权，相关房产的物权仍属于博大公司，为博大公司的债务人财产。

关于 2002 年《最高人民法院关于审理企业破产案件若干问题的规定》第 71 条对于确定是否属于债务人财产的问题。《最高人民法院关于审理企业破产案件若干问题的规定》系在现行《企业破产法》颁布施行以前最高人民法院出台的关于企业破产方面的司法解释，该司法解释虽未被明文废止，但其中内容与其后颁布施行的《企业破产法》及其司法解释明显相矛盾，矛盾的部分不应再行适用。《最高人民法院关于审理企业破产案件若干问题的规定》第 71 条规定："下列财产不属于破产财产：（一）债务人基于仓储、保管、加工承揽、委托交易、代销、借用、寄存、租赁等法律关系占有、使用的他人财产；（二）抵押物、留置物、出质物，但权利人放弃优先受偿权的或者优先偿付被担保债权剩余的部分除外；（三）担保物灭失后产生的保险金、补偿金、赔偿金等代位物；（四）依照法律规定存在优先权的财产，但权利人放弃优先受偿权或者优先偿付特定债权剩余的部分除外；（五）特定物买卖中，尚未转移占有但相对人已完全支付对价的特定物；（六）尚未办理产权证或者产权过户手续但已向买方交付的财产；（七）债务人在所有权保留买卖中尚未取得所有权的财产；（八）所有权专属于国家且不得转让的财产；（九）破产企业工会所有的财产。"而 2013 年施行的《破产法司法解释二》第 2 条规定："下列财产不应认定为债务人财产：（一）债务人基于仓储、保管、承揽、代销、借用、寄存、租赁等合同或者其他法律关系占有、使用的他人财产；（二）债务人在所有权保留买卖中尚未取得所有权的财产；（三）所有权专属于国家且不得转让的财产；（四）其他依照法律、行政法规不属于债务人的财产。"从上述两个条文可以看出，两者均是针对同一问题作出的解释，即在破产程序中哪些性质的财产应当排除在破产财产之外。而两者相比，《破产法司法解释二》第2条仅是将《最高人民法院关于审理企业破产案件若干问题的规定》第71条其中的三项予以保留而删除了其余的五项，《破产法司法解释二》第48条规定："本规定施行前本院发布的有关企业破产的司法解释，与本规定相抵触的，自本规定施行之日起不再适用。"前述两个法条是对同一问题的不同规定，应当适用《破产法司法解释二》，即《最高人民法院关于审理企业破产案件若干问题的规定》第71条中被《破产法司法解释二》第2条所删除的内容不再适用。况且在被删除的五项中，关于抵押物是否属于破产财产的问题，在现行《企业破产法》及司法实践中对于抵押物仍属于破产财产并无争议，仅是其权利优先于普通债权，从这一点也可看出，《破产法司法解释二》第2条制定时删除的五项应当理解为该五项已不再适用。

一审法院认为，××公司、博大公司对于双方之间已形成商品房买卖合同关系，××公司购买博大公司开发的财富大厦第11—13层楼房，并且所购楼房已由××公司占有使用的事实不存在争议，该事实清楚，一审法院予以认定。双方当事人争执的焦点有三个，一是第13层楼的房款是否已经付清；二是所购楼房是否已经交付给××公司；三是《最高人民法院关于审理企业破产案件若干问题的规定》第71条第6项是否可以继续适用，以作为本案定案的依据。

关于第一个争执焦点，××公司提交的一审法院（2017）鲁1003民初4555号民事判决书，证明××公司在博大公司破产前对博大公司享有到期债权8 954 657元及利息，在此前提下，××公司在2018年8月13日和2018年11月5日向博大公司管理人提交的债权申报表中均提出2017年12月26日博大公司同意在借款及利息中扣除600万元用以抵顶××公司购买财富大厦第13楼房款。××公司没有提交证据证实2017年12月26日博大公司同意在借款及利息中扣除600万元用以抵顶××公司购买财富大厦第13楼房款，对于该事实一审法院不予认定。但是××公司以债权申报明细表向博大公司管理人表达行使抵销权的意思表示是明确的。且在本案开庭审理时亦明确提出了抵销主张。

破产抵销权作为法定抵销权是指债权人在破产申请受理前对债务人即破产人负有债务的，无论是否已到清偿期限、标的是否相同，均可在破产财产最终分配确定前向管理人主张互相抵销的权利。它是一种形成权，形成权是一种单方法律行为，抵销权应当通过当事人的明确意思表示行使。抵销的意思表示自到达相对人时即发生法律效力。当事人之间如因抵销权发生争议，则应通过诉讼程序解决。故××公司的抵销主张，理由正当、证据充分，一审法院予以支持。博大公司关于抵销通知应当发出正式的书面通知，债权申报表并非属于破产受理后向管理人提出抵销通知的辩解，一审法院不予采纳。

关于第二个争执焦点，双方对讼争的楼房已经由××公司及其关联企业占有使用不存争议，××公司提交的证据尤其是博大公司通知××公司缴纳第11—13层楼房的水电费的通知单清楚表明博大公司对于讼争楼房已经交付××公司使用是明知的、认可的。尽管博大公司辩称当时博大公司处于经营混乱的状态，具体怎么交付的不清楚，但是不能据此推定讼争楼房系××公司非法强行占有，应认定为双方合意交付。财富大厦工程未能按期竣工验收并合法交付，责任完全在博大公司，与××公司无关。故对于博大公司"财富大厦项目至今仅完成了主体结构竣工验收，未完成单体竣工验收和综合竣工验收，消防等关系到居住使用安全的设施均未完成施工和验收，财富大厦并不具备交付使用的条件。无论××公司当初是如何自博大公司处取得并实际占用该房产，都不影响××公司并非是合法占有使用房产的事实"的辩解，一审法院不予采纳。

关于第三个争执焦点，《企业破产法》实施后，作为人民法院审理破产案件司法经验总结的《最高人民法院关于审理企业破产案件若干问题的规定》并未被最高人民法院明令废止，并且《破产法司法解释二》第2条规定的情形并未否定《最高人民法院关于审理企业破产案件若干问题的规定》第71条第6项的适用，两者并不抵触。故××公司关于《最高人民法院关于审理企业破产案件若干问题的规定》第71条第6项现仍有效且未与现行法律、规定相抵触，应作为审理案件的依据的主张一审法院予以支持。

综上所述，依照《企业破产法》第30条、第40条，《破产法司法解释二》第41条第1款、第42条，《最高人民法院关于审理企业破产案件若干问题的规定》第71条第6项的规定，经审判委员会研究决定，判决：确认××公司所购位于文山东路90号的财富大厦1单元1101至1109室、1201至1209室、1301至1309室的房产不属于博大公司的债务人财产。

　　法院二审查明，（1）被上诉人一审主张的诉讼请求本意是，涉案房产权利是被上诉人的。（2）二审期间，上诉人管理人经调查，认定涉案 13 层房产在破产受理之前已经通过房款和借款中的 600 万元完成了合同法上的抵销。

　　法院认为，本案争议焦点为：在破产程序中，涉案房产的权利归属。

　　《物权法》第 9 条规定：“不动产物权的设立、变更、转让和消灭，经依法登记，发生效力；未经登记，不发生效力，但法律另有规定的除外……”该条规定了不动产登记的效力，但应区分不动产登记的内部和外部效力，不动产物权变动是法律行为及其他法律事实的产物，不是登记机关登记行为的产物，不动产物权登记是不动产物权变动的“要件”而非“原因”。法律将登记作为物权变动的生效要件，但对发生争议的不动产物权归属的最终判断，应当依赖于对物权变动原因的法律事实的审查。案件中，2011 年，上诉人与被上诉人签订《商品房买卖合同》，被上诉人××公司购买上诉人开发的位于文山东路 90 号（财富大厦）1 单元 1101 至 1109 室、1201 至 1209 室的房屋，被上诉人交付了全部购房款并占有使用涉案房产；2012 年 10 月 18 日，上诉人与被上诉人签订《商品房买卖合同》，被上诉人购买上诉人位于文山东路 90 号（财富大厦）1 单元 1301 室至 1309 室的房屋，涉案房产被上诉人已于 2016 年 5 月占有使用，因上诉人尚欠被上诉人借款，二审期间，上诉人管理人经调查认定被上诉人应付房款与上诉人应付借款完成了合同法上的抵销。涉案房屋交付之后，风险责任已经转移，双方交易已经完成，办理物权登记虽然是不动产物权变动的“要件”，但在双方买卖合同中仅为合同附随义务，因此，上诉人对涉案房屋享有物权期待权，应予依法保护。

　　《企业破产法》第 30 条规定：“破产申请受理时属于债务人的全部财产，以及破产申请受理后至破产程序终结前债务人取得的财产，为债务人财产。”案件中，涉案房产仍登记在上诉人名下，根据上述规定，涉案房产仍属于上诉人“债务人财产”，被上诉人一审提出的诉讼请求表述不准确，但其本意仍为主张涉案房产的权利，一审对被上诉人的诉讼请求未予释明且在判决主文中仍表述为不属于“债务人财产”不当，法院予以指正。《企业破产法》第 40 条与《合同法》第 99 条虽然都规定了抵销权，但二者在行使主体、程序等方面均有不同，一审法院根据被上诉人在债权申报表上曾行使合同法上的抵销权的表述认定被上诉人行使了破产法上的抵销权不当，法院予以指正。

　　综上所述，上诉人要求撤销一审判决并驳回被上诉人的诉讼请求的上诉请求，无事实和法律依据，法院不予支持。一审判决虽然在事实认定和适用法律上均有瑕疵，但裁判结果正确。依照《民事诉讼法》第 170 条第 1 款第 1 项、《最高人民法院关于适用〈中华人民共和国民事诉讼法〉的解释》第 334 条规定，判决如下：

驳回上诉，维持原判。

实务经验总结

（1）一般认为，在破产程序中，以物抵债所形成的债权，并不产生优先于其他普通债权的权利。但在抵债物已经交付的情况下，风险责任已经转移，双方交易已经完成，办理物权登记虽然是不动产物权变动的"要件"，在双方买卖合同中仅为合同附随义务，因此，上诉人对涉案房屋享有物权期待权，不同于普通债权，可以获得优先清偿，应予依法保护。

（2）在房地产破产案件中，对于抵债房屋的交付是否以房屋具备交付条件为合法交付，实践中存在争议。在本案中，法院认为未能按期竣工验收并合法交付，责任完全在博大公司，房屋是否经竣工验收，并不影响××公司合法占有使用房产。

十二、抵债房产的权利人，不属于消费者

阅读提示

房地产开发企业破产的案件，在法院受理破产之前，开发商一般都存在用房产抵债的情形。针对抵债房产，行业内的习惯做法是，债权人一般都会指定一个具体的自然人与开发商直接签订《商品房买卖（预售）合同》。在人民法院受理破产后，因为债权清偿率一般较低、清偿时间较长，抵账房产的权利人一般会要求优先履行以房抵债合同、交付抵账房产，以确保其权益最大化。

根据《工程款优先权批复》的规定，建设工程价款优先受偿权优先于抵押权；但对于已交付全部或部分房款的消费者来说，消费者的权利优先于建设工程价款优先受偿权。由此推导出，应给予消费者以优先保护，这种做法，在目前房地产企业破产案件中，已经得到了普遍的认可。因此，许多债权人经常以抵债房产的权利人属于消费者为由，要求优先履行以房抵债合同、交

付抵债房产。

上述问题具有一定的普遍性，且涉及债权人人数较多、债权金额较大，涉及的法律关系复杂，如处理不好，会严重影响破产工作的推进。

裁判主旨

抵债房产权利人系以房抵债行为而形成购房事实的，其购房目的在于实现债权，并非为生活、居住所需，抵债权利人不属于消费者。

关键词： 抵债房产　消费者

基本案情 [1]

威海市中级人民法院于 2016 年 6 月 29 日受理威海广信房地产开发有限责任公司（以下简称广信公司）破产重整案。

广信公司因资金紧张，向路×× 借款，截至 2015 年 12 月 10 日，广信公司尚欠路×× 人民币 50 万元，利息 12.8 万元，因广信公司逾期未能还本付息，为保障路×× 的合法权益，签订《还款承诺书》对借款事实作出说明并对还款计划作出承诺。2016 年 3 月 14 日和 2016 年 5 月 10 日，广信公司分别与路××签订两份《威海市商品房（预售）合同》，广信公司将其开发建设的威海市××项目的两套房产（以下简称该两套房产）出售给路××，房产价格分别为636 956 元和 422 298 元。

就该两套房产，路×× 并未向广信公司实际支付房款。广信公司向路×× 出具了房款收据 2 张（一张 636 956 元、一张 422 298 元），合计 1 059 254 元。

广信公司与路×× 签订的《威海市商品房（预售）合同》，已在房地产行政主管部门办理了预售合同备案登记。

该两套房产在法院受理广信公司破产时并未竣工，不具备办理产权证的条件。

2019 年 4 月 15 日，路×× 向威海市中级人民法院提起诉讼，请求确认路××在广信公司破产重整一案中属于消费性购房人。

---

〔1〕　案例索引：威海市中级人民法院（2019）鲁 10 民初 88 号；山东省高级人民法院（2019）鲁民终 2539 号。

裁判结果

关于路××在广信公司破产程序中是否属于消费性购房人的问题，一审法院认为，根据《消费者权益保护法》的规定，消费者为生活消费需要购买、使用商品或者接受服务，其权益受该法保护。根据《工程款优先权批复》的规定，消费者交付购买商品房的全部或者大部分款项后，其债权优先于建设工程价款优先权。本案中，路××与广信公司签订的《还款承诺书》内容证实，路××作为广信公司的债权人，在广信公司无力偿还其借款的情况下，签订《威海市商品房买卖（预售）合同》的目的是消灭债务，确保路××债权获得清偿，并非为生活需要而购买商品房。此外，广信公司出具收款收据的行为及路××提交的其他证明并不能证明路××向广信公司实际支付价款。因此，路××享有的权利并非基于消费关系，路××不享有消费者权利。路××关于消费者优先权的主张，无事实和法律依据，一审法院不予支持。

一审法院判决：驳回路××的诉讼请求。

路××不服一审判决，向山东省高级人民法院提起上诉。二审法院认为，对消费者予以优先保护，是基于生存权利益大于经营利益的社会政策原则，为保护消费者的居住权而设定的特殊规定。本案中，路××基于与广信公司之间的以房抵债行为而形成购房事实，其购房目的在于实现债权，并非为生活、居住所需；再结合路××的出借人身份，不予认定路××的消费性购房人身份。

二审法院判决驳回上诉，维持原判。

实务经验总结

消费者的权利一般来讲属于生存权，基于生存权大于普通债权的社会价值考虑，给予消费者一定的优先保护，目前已经成为司法界的普遍认识，最高人民法院相关司法解释对此也多次作出相关规定。

例如，《最高人民法院关于人民法院民事执行中查封、扣押、冻结财产的规定》第5条、第6条、第7条的规定，即是对消费者的一种特别保护，使消费者在作为被执行人的情况下，给予其生存权、居住权、基本生活保障的特别保护。《工程款优先权批复》第2条规定，消费者交付购买商品房的全部或者大部分款项后，其债权优先于建设工程价款优先权；该规定进一步明确了消费者生存权优先保护的司法理念。《执行异议和复议规定》第20条、第

29 条，也从不同角度对消费者生存权优先保护进行了详细规定。

基于上述规定及其内涵的司法理念，在房地产企业破产案件中，对于各类已销售、但在企业破产时尚办理房产过户的房产，管理人一般都会区分类别，依法给予消费者优先保护。如此一来，抵债房产涉及的权利人，考虑到普通债权清偿率一般较低、清偿时间较长，就会以抵债房产权利人属于消费者为由，要求优先履行以房抵债合同、交付抵债房产，以确保其权益最大化。

根据上述法院判例，抵债房产的权利人，其与开发商之间签订的房产买卖合同并非是真实的房产买卖关系，而是系以房抵债行为而形成购房事实的，其购房目的在于实现债权，并非为生活、居住所需，抵债权利人不属于消费者。

此外，根据上述司法解释的内涵，即使符合消费者条件，购房业主也需要付款达到 50% 以上，才能要求优先履行《商品房买卖（预售）合同》、交付涉案房产。对于实际付款金额不足 50% 的消费者，我们认为，消费者无权要求优先履行《商品房买卖（预售）合同》、交付涉案房产，此种情形下，属于双方均未履行完毕的合同的情形，管理人可以依据《企业破产法》第 18 条的规定，解除《商品房买卖（预售）合同》，不再交付涉案房产。

另外，对于符合消费者条件的业主，《商品房买卖（预售）合同》如被管理人解除，根据消费者优先权保护理念，我们认为，对于消费者已经交付给债务人的房款本金，也应给予消费者优先保护。

十三、建设工程价款优先受偿权行使期限

裁判主旨

根据涉案建设工程施工合同的约定，工程款支付的前提条件是经第三方审核。而在合同实际履行过程中，直到 2018 年 4 月 10 日之后，审计公司才经一审法院调解交付审计报告，双方当事人的工程价款数额在此之前处于不明确的状态，也未达到合同约定的付款条件。此外，威海中天房地产有限公司作为造价咨询合同的委托方，负有支付审计费的义务，故审计报告延迟出具的原因应归咎于威海中天房地产有限公司，其该行为导致××建设公司的工程尾款迟迟得不到支付，现其以此为由主张××建设公司丧失优先权，有违诚实

信用原则。

关键词：建设工程价款优先受偿权 6 个月

基本案情[1]

上诉人威海中天房地产有限公司（以下简称中天公司）因与被上诉人威海××建设有限公司（以下简称××建设公司）建设工程价款优先受偿权纠纷一案，不服威海市文登区人民法院（2018）鲁 1003 民初 3754 号民事判决，向法院提起上诉。法院于 2019 年 9 月 24 日立案后，依法组成合议庭进行了审理。案件现已审理终结。

中天公司上诉请求：撤销原判第一项，依法改判确认××建设公司对中天公司享有普通债权 17 718 710.5 元。

事实与理由：中天公司对于原判决认定的欠付××建设公司的工程款数额 17 718 710.5 元并无异议，但××建设公司对该款项并不享有建设工程价款优先受偿权，应为普通债权。《施工合同司法解释二》第 22 条规定：承包人行使建设工程价款优先受偿权的期限为 6 个月，自发包人应当给付建设工程价款之日起算。涉案工程施工合同第 7 条是对工程进度款支付方式的约定，根据《最高人民法院建设工程施工合同司法解释（二）理解与适用》一书中的释义，建设工程施工合同对工程进度款支付方式的约定，往往因工程施工的复杂性而难以按照合同约定的进度款支付时间作为实际的应付款之日。因此建设工程施工合同中约定的工程进度款支付时间，不能作为双方对于应付款之日的明确约定，应视为双方对于应付款之日约定不明。在双方对于应付款之日约定不明的情况下，应参照《施工合同司法解释一》第 18 条规定："利息从应付工程价款之日计付。当事人对付款时间没有约定或者约定不明的，下列时间视为应付款时间：（一）建设工程已实际交付的，为交付之日；（二）建设工程没有交付的，为提交竣工结算文件之日；（三）建设工程未交付，工程价款也未结算的，为当事人起诉之日。"××建设公司施工的工程于 2012 年即已完成单体验收后交付给中天公司，此时中天公司对××建设公司施工工程已经实际控制，有条件对其行使占有、使用、收益的权利。在这种情况下，发

---

〔1〕 案例索引：（2019）鲁 10 民终 2349 号。

包人已经受益了，但仍然欠付承包人工程价款，双方的权利义务并不对等，此时作为发包人的中天公司应当向作为承包人的××建设公司支付工程价款。对于××建设公司施工工程造价，虽然第三方造价审计机构一直未能出具审计报告，但在承包方已提交竣工结算文件的情况下，第三方出具审计结果的时间其已无法掌握，第三方始终不出具造价审计报告与发包方拖延不予结算情形类似，此时不应影响承包人主张工程款的权利。即前述条文所规定，即使工程未交付，只要承包人向发包人提交了竣工结算文件，即便发包人不予结算或第三方不予审计，承包人仍可以以提交竣工结算文件之日作为应付款之日主张工程款及利息。因此，不能因第三方未出具工程造价审计结果而认定未到应付工程款之日。综上，中天公司所欠付××建设公司的工程款应以工程交付之日为应付款之日，而××建设公司所享有的建设工程价款优先受偿权也应从此时起算，至2017年6月6日中天公司进入破产程序已超过6个月，中天公司所欠付××建设公司的工程款应不享有建设工程价款优先受偿权。因此，原判决认定××建设公司享有建设工程价款优先受偿权错误，应予改判。

××建设公司辩称：其享有建设工程价款优先受偿权。××建设项目管理公司起诉中天公司与××建设公司索要审计费一案，三方于2018年4月10日达成调解协议，同年4月12日，××建设公司与××项目管理公司进行了对账，同年4月19日，××建设公司向××项目管理公司支付审计咨询费20万元，此时才取得审计报告。直到此时双方之间的工程价款才最终完全确定，中天公司的诉讼代表人也是依据该审计报告确定的价款，于2018年7月3日向××建设公司发出债权初步审核函，××建设公司于同年7月4日收到，于次日即对普通债权表示异议，并且向中天公司的诉讼代表人寄出了回函。2018年8月2日，一审法院受理该案。因此，××建设公司行使权利时间点紧密衔接，完全是在行使优先权的期限之内。

××建设公司向一审法院提出诉讼请求：请求确认××建设公司对中天公司开发的龙都丽景住宅小区工程20 461 566.90元的建设工程价款享有优先受偿权。

一审法院认定事实：2009年3月30日，文登市××公司（后改制为××建设公司）中标中天公司开发的龙都丽景住宅小区5#、6#、9#楼（后更改为5#、6#、7#楼）工程。双方于2009年9月1日签订龙都丽景首期工程施工合同，合同约定了工程施工范围，承包方式为包工包料，开工日期为 2009 年 7 月 20 日，竣工日期为 2010 年 10 月 20 日。

双方约定了工程计价依据以及进度款支付办法。其中工程量按竣工实际发生量计取，土建安装工程单价按山东省有关规定计取等。特别约定工程进度款支付办法为：（1）首期支付时间：××建设公司完成一期工程全部主体结构 8 层。其完成的项目应符合设计及规范要求，××建设公司向中天公司报送已完成的施工进度报表（并附相关项目计量计价的具体数据），中天公司在收到报表后 15 个工作日内按审核量的 80% 支付工程进度款，以后的工程进度款按月支付，××建设公司于每月 30 日前将当月完成的工程量编制预算上报中天公司。中天公司收到××建设公司上报的进度预算后在 15 个工作日内按审核量的 80% 支付进度款。若××建设公司施工任务不能在约定施工计划时间内完成的，则工程款仅按审核量 70% 支付。若次月施工进度能将上月补上，工程款拨付可一并考虑。（2）一期工程全部经相关权威部门验收合格，且竣工工程内业资料全部移交给中天公司后 15 个工作日内按结算审核的已完工工程量价款的 90% 支付工程款；完成竣工验收备案并办理竣工决算手续后的 30 日内，工程款支付至双方确认的第三方审核工程总造价的 97%。（3）上述所有工程款的计算均应扣除 4% 的优惠下浮点。

根据管理人提交的建设工程质量监督报告记载，龙都丽景住宅小区 5# 商住楼开工时间为 2008 年 8 月 10 日，竣工验收时间为 2012 年 10 月 9 日，竣工验收合格。管理人未获取 6#、7# 楼竣工验收材料，但其竣工时间约同于 5# 楼。2013 年 4 月 1 日，××建设公司编制建筑工程预（结）算工程造价表。2013 年 10 月，中天公司与山东××建设项目管理有限公司签订了山东省工程造价咨询合同，约定对××建设公司施工的 5#、6#、7# 楼进行审计，该合同约定了审计费的收取标准，并确定于 3 个月内完成审计。合同签订后，山东××建设项目管理有限公司如约进行了审计，因拖欠审计费，山东××建设项目管理有限公司未向中天公司交付审计报告。后山东××建设项目管理有限公司诉至一审法院，要求××建设公司、中天公司支付审计费，经一审法院调解，三方于 2018 年 4 月 10 日达成审计费支付协议，山东××建设项目管理有限公司亦交付了审计报告。

2017 年 6 月 6 日，一审法院以（2017）鲁 1003 民破（预）2-1 号民事裁定书，裁定对中天公司进行重整并指定山东利得清算事务有限公司作为管理人接管财产。根据审计结果，管理人与××建设公司对其已承建的部分的工程款经审计确定为 62 877 028 元，按双方约定最终结算价格下浮 4%，计算工程款为 60 361 947 元。截至 2014 年 11 月 7 日前，中天公司累计支付工程款 42 643 236.5 元，尚欠 17 718 710.5 元，自 2014 年 11 月 8 日至破产重整受理日 2017 年 6 月 6 日期间按同期银行贷款利率计算的延期付款利息为 2 742 856.4 元，本息合计 2 131 803.6 元。请求予以确认债权为建设工程优先权。

一审法院认为，建设工程合同是承包人进行工程建设，发包人支付价款的合同。本案中，××建设公司承建中天公司开发的龙都丽景小区 5#、6#、7# 楼，双方签订了建设工程施工合同，经山东××建设项目管理有限公司审计确认总工程款按合同约定的下浮结算价计为 60 361 947 元，兑除双方认可的已付工程款 42 643 236.5 元，尚欠 17 718 710.5 元，事实清楚，一审法院予以认定。关于××建设公司要求支付利息，因工程款最终确定于破产案件受理后，故尚不具备利息起算条件，对其支付延付利息的请求，不予支持。

本案争议的焦点问题为××建设公司对该工程款是否享有优先权。《施工合同司法解释二》规定，与发包人订立建设工程施工合同的承包人，根据《合同法》第 286 条规定请求其承建工程的价款就工程折价或者拍卖的价款优先受偿的，人民法院应予支持。承包人行使建设工程价款优先受偿权的期限为 6 个月，自发包人应当给付建设工程价款之日起算。本案双方当事人约定了工程款的计算及支付办法，虽然工程早已于 2013 年竣工，但双方合同明确约定，工程款支付以"双方确认的第三方审核工程总造价"的下浮比例确认。据此，××建设公司向中天公司提交了建筑工程预（结）算工程造价表，中天公司委托第三方山东××建设项目管理有限公司进行审计，因中天公司不支付审计咨询费的原因，三方于 2018 年 4 月 10 日达成审计费支付协议，山东××建设项目管理有限公司才交付了审计报告。故中天公司与××建设公司工程款最终明确于破产后，××建设公司根据该审计报告依法申报债权，并诉至一审法院，并未超出应支付工程款优先权起算的 6 个月期限，故××建设公司对所欠工程款应享有优先权。

作为破产确认案件，建设工程优先权尚受消费性购房者优先债权的影响，其所享有优先权的工程价款应系其承建工程的范围内兑除消费性购房者优先债权之外的部分受偿；其次该优先权亦影响抵押权的实现，抵押权只有在兑除上述两个优先权之外的部分才能优先受偿。管理人在核算三者款项时应予明确，以免超出总的建设工程价值范畴。

综上所述，依照《合同法》第 269 条、第 286 条，《企业破产法》第 44 条、第 58 条，《施工合同司法解释二》第 17 条、第 22 条规定，判决：（1）确认××建设公司对中天公司享有建设工程款优先受偿债权 17 718 710.5 元；（2）驳回××建设公司超出标准部分的诉讼请求。案件受理费 100 元，由中天公司负担。

二审中，双方当事人均未提交新证据。中天公司对于××建设公司答辩意见中的一系列时间节点均无异议。

法院对一审查明的其他事实予以确认。

法院认为，《施工合同司法解释二》规定，承包人行使建设工程价款优先受偿权的期限为 6 个月，自发包人应当给付建设工程价款之日起算。本案中，根据涉案建设工程施工合同的约定，工程款支付的前提条件是经第三方审核。而在合同实际履行过程中，直到 2018 年 4 月 10 日之后，审计公司才经一审法院调解交付审计报告，双方当事人的工程价款数额在此之前处于不明确的状态，也未达到合同约定的付款条件。此外，中天公司作为造价咨询合同的委托方，负有支付审计费的义务，故审计报告延迟出具的原因应归咎于中天公司，其该行为导致××建设公司的工程尾款迟迟得不到支付，现其以此为由主张××建设公司丧失优先权，有违诚实信用原则。因此，××建设公司提起诉讼并主张建设工程价款优先受偿权，并未超过 6 个月的除斥期间。中天公司主张从工程交付时开始计算，缺乏依据，法院不予采纳。

综上，中天公司之上诉请求不能成立，应予驳回；原判决认定事实清楚，适用法律正确，但判决主文未明确表述××建设公司享有建设工程价款优先受偿权的客体为××建设公司所施工工程，且表述为建设工程价款优先受偿债权，表述不规范，予以纠正。依照《民事诉讼法》第 170 条第 1 款第 2 项规定，判决如下：

（1）维持威海市文登区人民法院（2018）鲁 1003 民初 3754 号民事判决第二项，即驳回××建设公司超出标准部分的诉讼请求；

（2）变更威海市文登区人民法院（2018）鲁 1003 民初 3754 号民事判决第一项为：确认××建设公司对其所施工的中天公司开发建设的龙都丽景住宅小区 5 号楼、6 号楼、7 号楼工程在 17 718 710.5 元范围内享有建设工程价款优先受偿权。

一审案件受理费 100 元、二审案件受理费 100 元，均由中天公司负担。本判决为终审判决。

实务经验总结

（1）《合同法》第 286 条规定，承包人对其承建的工程，除按照建设工程的性质不宜折价、拍卖的以外，建设工程的价款就该工程折价或者拍卖的价款享有优先受偿权。但并未对建设工程价款优先受偿权的期限以及期限起算日进行规定。《工程款优先权批复》规定，承包人行使优先权的期限为 6 个月，自建设工程竣工之日或者建设工程合同约定的竣工之日起计算。《施工合同司法解释二》新规定，承包人行使建设工程价款优先受偿权的期限为 6 个月，自发包人应当给付建设工程价款之日起算。

（2）实务中如何认定应当给付建设工程价款之日，是个比较复杂的问题。在上述案件中，法院以合同约定工程总造价为第三方审核的工程总价下浮 4%，在第三方未出具工程造价审计报告的情况下，付款条件不成就，在 2018 年 4 月第三方出具工程造价审计报告后，为应当给付建设工程价款之日，承包人起诉未超过 6 个月，因此承包人未丧失建设工程价款优先受偿权。但本案中，承包人诉讼请求中要求自 2014 年 11 月 8 日开始计算利息，可认为承包人主张的应付款之日为 2014 年 11 月 8 日，其在 2018 年提起诉讼，似乎已经超过 6 个月。基于此点，法院驳回其主张利息的请求。

（3）实践中，建设工程施工合同中对工程价款的支付约定，往往因工程施工中的工期顺延、设计变更等原因的复杂性而难以确定合同所约定的付款日，在此情况下应参照《施工合同司法解释一》第 18 条规定："利息从应付工程价款之日计付。当事人对付款时间没有约定或者约定不明的，下列时间视为应付款时间：（一）建设工程已实际交付的，为交付之日；（二）建设工程没有交付的，为提交竣工结算文件之日；（三）建设工程未交付，工程价款也未结算的，为当事人起诉之日。"确认为应给付建设工程价款之日。

所涉法律法规、司法解释关键条款汇总

《中华人民共和国物权法》（节选）

（2007 年 10 月 1 日施行）

第九条　不动产物权的设立、变更、转让和消灭，经依法登记，发生效力；未经登记，不发生效力，但法律另有规定的除外。依法属于国家所有的自然资源，所有权可以不登记。

第十五条　当事人之间订立有关设立、变更、转让和消灭不动产物权的合同，除法律另有规定或者合同另有约定外，自合同成立时生效；未办理物权登记的，不影响合同效力。

第二十条　当事人签订买卖房屋或者其他不动产物权的协议，为保障将来实现物权，按照约定可以向登记机构申请预告登记。预告登记后，未经预告登记的权利人同意，处分该不动产的，不发生物权效力。预告登记后，债权消灭或者自能够进行不动产登记之日起三个月内未申请登记的，预告登记失效。

第二十八条　因人民法院、仲裁委员会的法律文书或者人民政府的征收决定等，导致物权设立、变更、转让或者消灭的，自法律文书或者人民政府的征收决定等生效时发生效力。

《中华人民共和国合同法》（节选）

（1999 年 10 月 1 日施行）

第四十四条　依法成立的合同，自成立时生效。法律、行政法规规定应当办理批准、登记等手续生效的，依照其规定。

第五十二条　有下列情形之一的，合同无效：（一）一方以欺诈、胁迫的手段订立合同，损害国家利益；（二）恶意串通，损害国家、集体或者第三人利益；（三）以合法形式掩盖非法目的；（四）损害社会公共利益；（五）违反法律、行政法规的强制性规定。

第七十七条 当事人协商一致，可以变更合同。法律、行政法规规定变更合同应当办理批准、登记等手续的，依照其规定。

第一百一十条 当事人一方不履行非金钱债务或者履行非金钱债务不符合约定的，对方可以要求履行，但有下列情形之一的除外：（一）法律上或者事实上不能履行；（二）债务的标的不适于强制履行或者履行费用过高；（三）债权人在合理期限内未要求履行。

第一百四十二条 标的物毁损、灭失的风险，在标的物交付之前由出卖人承担，交付之后由买受人承担，但法律另有规定或者当事人另有约定的除外。

第二百八十六条 发包人未按照约定支付价款的，承包人可以催告发包人在合理期限内支付价款。发包人逾期不支付的，除按照建设工程的性质不宜折价、拍卖的以外，承包人可以与发包人协议将该工程折价，也可以申请人民法院将该工程依法拍卖。建设工程的价款就该工程折价或者拍卖的价款优先受偿。

《中华人民共和国企业破产法》（节选）
（2007 年 6 月 1 日施行）

第一条 为规范企业破产程序，公平清理债权债务，保护债权人和债务人的合法权益，维护社会主义市场经济秩序，制定本法。

第十八条 人民法院受理破产申请后，管理人对破产申请受理前成立而债务人和对方当事人均未履行完毕的合同有权决定解除或者继续履行，并通知对方当事人。管理人自破产申请受理之日起二个月内未通知对方当事人，或者自收到对方当事人催告之日起三十日内未答复的，视为解除合同。管理人决定继续履行合同的，对方当事人应当履行；但是，对方当事人有权要求管理人提供担保。管理人不提供担保的，视为解除合同。

第三十条 破产申请受理时属于债务人的全部财产，以及破产申请受理后至破产程序终结前债务人取得的财产，为债务人财产。

第三十八条 人民法院受理破产申请后，债务人占有的不属于债务人的

261

财产，该财产的权利人可以通过管理人取回。但是，本法另有规定的除外。

第四十四条　人民法院受理破产申请时对债务人享有债权的债权人，依照本法规定的程序行使权利。

第四十八条　债权人应当在人民法院确定的债权申报期限内向管理人申报债权。债务人所欠职工的工资和医疗、伤残补助、抚恤费用，所欠的应当划入职工个人账户的基本养老保险、基本医疗保险费用，以及法律、行政法规规定应当支付给职工的补偿金，不必申报，由管理人调查后列出清单并予以公示。职工对清单记载有异议的，可以要求管理人更正；管理人不予更正的，职工可以向人民法院提起诉讼。

第五十三条　管理人或者债务人依照本法规定解除合同的，对方当事人以因合同解除所产生的损害赔偿请求权申报债权。

第五十八条　依照本法第五十七条规定编制的债权表，应当提交第一次债权人会议核查。债务人、债权人对债权表记载的债权无异议的，由人民法院裁定确认。债务人、债权人对债权表记载的债权有异议的，可以向受理破产申请的人民法院提起诉讼。

《中华人民共和国消费者权益保护法》（节选）

（1994 年 1 月 1 日施行）

第二条　消费者为生活消费需要购买、使用商品或者接受服务，其权益受本法保护；本法未作规定的，受其他有关法律、法规保护。

第三条　经营者为消费者提供其生产、销售的商品或者提供服务，应当遵守本法；本法未作规定的，应当遵守其他有关法律、法规。

《最高人民法院关于适用〈中华人民共和国物权法〉
若干问题的解释（一）》（节选）

（2011 年 9 月 26 日施行）

第五条　买卖不动产物权的协议被认定无效、被撤销、被解除，或者预告登记的权利人放弃债权的，应当认定为物权法第二十条第二款所称的"债权消灭"。

第七条　人民法院、仲裁委员会在分割共有不动产或者动产等案件中作出并依法生效的改变原有物权关系的判决书、裁决书、调解书，以及人民法院在执行程序中作出的拍卖成交裁定书、以物抵债裁定书，应当认定为物权法第二十八条所称导致物权设立、变更、转让或者消灭的人民法院、仲裁委员会的法律文书。

《最高人民法院关于建设工程价款优先受偿权问题的批复》（节选）
（2002 年 6 月 27 日施行）

一、人民法院在审理房地产纠纷案件和办理执行案件中，应当依照《中华人民共和国合同法》第二百八十六条的规定，认定建筑工程的承包人的优先受偿权优于抵押权和其他债权。

二、消费者交付购买商品房的全部或者大部分款项后，承包人就该商品房享有的工程价款优先受偿权不得对抗买受人。

四、建设工程承包人行使优先权的期限为六个月，自建设工程竣工之日或者建设工程合同约定的竣工之日起计算。

《最高人民法院关于人民法院办理执行异议和复议案件若干问题的规定》（节选）
（2015 年 5 月 5 日施行）

第二十条　金钱债权执行中，符合下列情形之一，被执行人以执行标的系本人及所扶养家属维持生活必需的居住房屋为由提出异议的，人民法院不予支持：

（一）对被执行人有扶养义务的人名下有其他能够维持生活必需的居住房屋的；

（二）执行依据生效后，被执行人为逃避债务转让其名下其他房屋的；

（三）申请执行人按照当地廉租住房保障面积标准为被执行人及所扶养家属提供居住房屋，或者同意参照当地房屋租赁市场平均租金标准从该房屋的变价款中扣除五至八年租金的。

执行依据确定被执行人交付居住的房屋，自执行通知送达之日起，已经给予三个月的宽限期，被执行人以该房屋系本人及所扶养家属维持生活的必需品为由提出异议的，人民法院不予支持。

第二十九条　金钱债权执行中，买受人对登记在被执行的房地产开发企业名下的商品房提出异议，符合下列情形且其权利能够排除执行的，人民法院应予支持：

（一）在人民法院查封之前已签订合法有效的书面买卖合同；

（二）所购商品房系用于居住且买受人名下无其他用于居住的房屋；

（三）已支付的价款超过合同约定总价款的百分之五十。

《最高人民法院关于审理建筑物区分所有权纠纷案件
具体应用法律若干问题的解释》（节选）

（2009 年 10 月 1 日施行）

第一条　依法登记取得或者根据物权法第二章第三节规定取得建筑物专有部分所有权的人，应当认定为物权法第六章所称的业主。

基于与建设单位之间的商品房买卖民事法律行为，已经合法占有建筑物专有部分，但尚未依法办理所有权登记的人，可以认定为物权法第六章所称的业主。

《最高人民法院关于人民法院民事执行中查封、扣押、
冻结财产的规定》（节选）

（2005 年 1 月 1 日施行）

第 5 条　人民法院对被执行人下列的财产不得查封、扣押、冻结：

（一）被执行人及其所扶养家属生活所必需的衣服、家具、炊具、餐具及其他家庭生活必需的物品；

（二）被执行人及其所扶养家属所必需的生活费用。当地有最低生活保障标准的，必需的生活费用依照该标准确定；

（三）被执行人及其所扶养家属完成义务教育所必需的物品；

（四）未公开的发明或者未发表的著作；

（五）被执行人及其所扶养家属用于身体缺陷所必需的辅助工具、医疗物品；

（六）被执行人所得的勋章及其他荣誉表彰的物品；

（七）根据《中华人民共和国缔结条约程序法》，以中华人民共和国、中

华人民共和国政府或者中华人民共和国政府部门名义同外国、国际组织缔结的条约、协定和其他具有条约、协定性质的文件中规定免于查封、扣押、冻结的财产;

（八）法律或者司法解释规定的其他不得查封、扣押、冻结的财产。

第六条　对被执行人及其所扶养家属生活所必需的居住房屋,人民法院可以查封,但不得拍卖、变卖或者抵债。

第七条　对于超过被执行人及其所扶养家属生活所必需的房屋和生活用品,人民法院根据申请执行人的申请,在保障被执行人及其所扶养家属最低生活标准所必需的居住房屋和普通生活必需品后,可予以执行。

《最高人民法院关于审理建设工程施工合同纠纷案件适用法律问题的解释》（节选）
（2005年1月1日施行）

第十八条　利息从应付工程价款之日计付。当事人对付款时间没有约定或者约定不明的,下列时间视为应付款时间:

（一）建设工程已实际交付的,为交付之日;

（二）建设工程没有交付的,为提交竣工结算文件之日;

（三）建设工程未交付,工程价款也未结算的,为当事人起诉之日。

《最高人民法院关于审理建设工程施工合同纠纷案件适用法律问题的解释（二）》（节选）
（2019年2月1日施行）

第二十二条　承包人行使建设工程价款优先受偿权的期限为六个月,自发包人应当给付建设工程价款之日起算。

《最高人民法院关于审理企业破产案件若干问题的规定》（节选）
（2002年9月1日施行）

第七十一条　下列财产不属于破产财产:

（一）债务人基于仓储、保管、加工承揽、委托交易、代销、借用、寄存、租赁等法律关系占有、使用的他人财产；

（二）抵押物、留置物、出质物，但权利人放弃优先受偿权的或者优先偿付被担保债权剩余的部分除外；

（三）担保物灭失后产生的保险金、补偿金、赔偿金等代位物；

（四）依照法律规定存在优先权的财产，但权利人放弃优先受偿权或者优先偿付特定债权剩余的部分除外；

（五）特定物买卖中，尚未转移占有但相对人已完全支付对价的特定物；

（六）尚未办理产权证或者产权过户手续但已向买方交付的财产；

（七）债务人在所有权保留买卖中尚未取得所有权的财产；

（八）所有权专属于国家且不得转让的财产；

（九）破产企业工会所有的财产。

《最高人民法院关于适用〈中华人民共和国企业破产法〉若干问题的规定（二）》（节选）

（2013 年 9 月 16 日施行）

第二条 下列财产不应认定为债务人财产：

（一）债务人基于仓储、保管、承揽、代销、借用、寄存、租赁等合同或者其他法律关系占有、使用的他人财产；

（二）债务人在所有权保留买卖中尚未取得所有权的财产；

（三）所有权专属于国家且不得转让的财产；

（四）其他依照法律、行政法规不属于债务人的财产。

参考文献

专 著

1. 最高人民法院民事审判第二庭编著：《最高人民法院关于企业破产法司法解释理解与适用》，人民法院出版社 2007 年版。

2. 最高人民法院民事审判第二庭编著：《最高人民法院关于企业破产法司法解释（三）理解与适用》，人民法院出版社 2019 年版。

3. 最高人民法院民事审判第一庭编著：《最高人民法院建设工程施工合同司法解释的理解与适用》，人民法院出版社 2004 年版。

4. 最高人民法院民事审判第一庭编著：《最高人民法院建设工程施工合同司法解释（二）理解与适用》，人民法院出版社 2019 年版。

5. 最高人民法院民事审判第一庭编著：《最高人民法院关于审理商品房买卖合同纠纷案件司法解释的理解与适用》，人民法院出版社 2003 年版。

6. 最高人民法院物权法研究小组编著：《〈中华人民共和国物权法〉条文理解与适用》，人民法院出版社 2007 年版。

7. 最高人民法院民事审判第一庭编著：《最高人民法院物权法司法解释（一）理解与适用》，人民法院出版社 2016 年版。

8. 最高人民法院民事审判第一庭编著：《最高人民法院建筑物区分所有权、物业服务司法解释理解与适用》，人民法院出版社 2009 年版。

9. 最高人民法院民事审判第二庭编著：《全国法院民商事审判工作会议纪要理解与适用》，人民法院出版社 2019 年版。

相关法律法规及司法解释等

1. 中华人民共和国企业破产法（2007 年 6 月 1 日实施）

2. 中华人民共和国合同法（1999 年 10 月 1 日实施）

3. 中华人民共和国物权法（2007 年 10 月 1 日实施）

4. 最高人民法院关于适用《中华人民共和国企业破产法》若干问题的规定（一）（2011 年 9 月 26 日施行）

5. 最高人民法院关于适用《中华人民共和国企业破产法》若干问题的规定（二）（2013 年 9 月 16 日施行）

6. 最高人民法院关于适用《中华人民共和国企业破产法》若干问题的规定（三）（2019 年 3 月 28 日施行）

7. 最高人民法院全国法院破产审判工作会议纪要（2018 年 3 月 4 日）

8. 山东省高级人民法院企业破产案件审理规范指引（试行）（2019 年 9 月 26 日）

9. 中华全国律师协会律师担任破产管理人业务操作指引

10. 北京市第一中级人民法院北京破产法庭破产重整案件办理规范（试行）（2019 年 12 月 30 日）

11. 四川省高级人民法院关于审理破产案件若干问题的解答（2019 年 3 月 20 日）

12. 深圳市中级人民法院审理企业重整案件的工作指引（试行）（2019 年 3 月 25 日）

13. 深圳市中级人民法院破产案件债权审核认定指引（2017 年 9 月 4 日）

14. 最高人民法院关于审理商品房买卖合同纠纷案件适用法律若干问题的解释（2003 年 6 月 1 日施行）

15. 最高人民法院关于执行程序中计算迟延履行期间的债务利息适用法律若干问题的解释（2014 年 8 月 1 日施行）

16. 最高人民法院关于审理企业破产案件若干问题的规定（2002 年 9 月 1 日施行）

17. 最高人民法院关于税务机关就破产企业欠缴税款产生的滞纳金提起的债权确认之诉应否受理问题的批复（2012 年 6 月 4 日）

18. 最高人民法院关于建设工程价款优先受偿权问题的批复（2002 年 6 月 27 日施行）

19. 最高人民法院关于审理建设工程施工合同纠纷案件适用法律问题的解释（2005 年 1 月 1 日施行）

20. 最高人民法院关于审理建设工程施工合同纠纷案件适用法律问题的解释（二）（2019 年 2 月 1 日施行）

21. 最高人民法院关于人民法院办理执行异议和复议案件若干问题的规定（2015 年 5 月 5 日施行）

22. 最高人民法院关于人民法院民事执行中查封、扣押、冻结财产的规定（2005 年 1 月 1 日施行）

23. 最高人民法院关于审理建筑物区分所有权纠纷案件具体应用法律若干问题的解释（2009 年 10 月 1 日施行）

24. 最高人民法院关于适用《中华人民共和国物权法》若干问题的解释（一）（2016 年 3 月 1 日施行）

25. 最高人民法院全国法院民商事审判工作会议纪要（2019 年 11 月 14 日）

作者分工

郑琳，山东大学 2000 级法学专业学士，律师，山东泰祥律师事务所主任。

（第一章房地产企业重整的意义、第七章破产衍生诉讼案例解析第一节）

闫飞，山东大学 1993 级工民建专业学士，律师、一级建造师。

（第三章债权的申报、审查与确认第二节、第四章财产调查与管理、第七章破产衍生诉讼案例解析）

孙建生，山东大学 2009 级法律硕士，律师、注册会计师。

（第六章重整程序、第七章破产衍生诉讼案例解析第二节）

王升，烟台大学 2013 级法律硕士，律师，山东泰祥（威海）律师事务所主任。

（第三章债权的申报、审查与确认第二节）

侯登辉，山东大学 2004 级法学专业学士，律师。

（第二章接受法院指定并接管债务人，第三章债权的申报、审查与确认第二节、第三节，第五章债权人会议）

张宇石，西南政法大学 2006 级新闻学专业学士、法学专业学士，律师。

（第一章房地产企业破产重整的意义）

丛菡，安徽财经大学 2011 级法律硕士，律师。

（第五章债权人会议）

孙婷婷，上海海事大学 2012 级民商法专业硕士，律师、注册会计师、保荐代表人。

（第三章债权的申报、审查与确认第一节、第二节）